主任保育士・副園長・リーダー
に求められる
役割と実践的スキル

今井和子
[編著]

ミネルヴァ書房

はじめに

　つね日頃，保育現場にいて「このままでいいのか？」と大きな疑問をかかえていたことが，主任保育士の役割についてでした。現在の園で主任に求められている役割をあげてみますと，まず保育の質の向上をはかるスーパーバイザーとして，次に人材育成のリーダー，すなわち職員間のチームワーク力を発揮させていく役割，園長の業務サポートおよび園長と全職員をつなぐパイプ役，園全体の環境整備および安全対策などの運営管理，難しい保護者支援の窓口として，さらに地域の子育て支援の普及，などなどその業務の多さです。しかもその内容は，難易度の高い責任のあるものばかりです。いったい誰がこの超人的な役割を果たせるのでしょう。そしてこの多岐にわたる主任業務が制度的にはなんら明確化されていないことが，保育界のじつに大きな課題ではないかとずっと考えつづけてきました。

　1982年（昭和57）に全国社会福祉協議会全国保母会（現　全国保育士会）は，主任保母実態調査を実施し，主任保母の53％がクラスを担任し，そのうえに多くの仕事を担っている実態を明らかにしました。そこから主任保育士をフリー化する運動を展開していきました。1998年（平成10）には園児91名以上の園に対しては主任のフリー化の予算を国でつけることになりましたが，主任保育士のおかれている現状には，まだまだほんとうに厳しいものがあります。

　全国各地でおこなわれる主任研修会に講師として参加させていただき，ますますその思いを強くしてきました。まず公立保育園では，正規職員が少なくなり非正規職員が5割以上であるところが多くなっていること，また非正規職員の他にも短時間勤務保育者（パートタイマー）など多様な雇用形態の職員が働くなかで，勤務体制を保持し，子どもたちの生活を守っていかなければなりません。園全体の職員会議には出席していないという一部の非正規職員やパート職員に園の方針や重要事項，保育課程の理解を得ることなどは至難の業でしょう。一方，私立保育園は主任保育士の年齢層としては20代から60代以上，年齢や保育経験の幅など，その力量に大きな差がみられるなか，勤続5年以上経つと主任保育士を任されることもあり，指導者としての力量不足や戸惑い，求められる役割がわからないなど，そもそも主任保育士とは何かを学ぶ機会もないまま従事している人もいます。とくに，私立保育園は理事長，園長の意向で主任保育士に求められるものが異なったりすることもあります。また，支援事業を複数おこなっているところには，補助金というかたちで主任保育士が配置されるようになりましたが，配置基準としての主任保育士の位置づけはありません。

　そこでこの本では，主任保育士がその重責をいかに網羅していくかを説くのではなく，主任の担い手（各部署のリーダーたちをはじめとするすべての保育者）を視野に，その役割を共有化し支え合う関係性を築き，体制づくりをすすめていけないものかと考えています。そのためには，いま求められる主任保育士の一つひとつの仕事の中身を整理し明確にしていくことが必須です。この本ではそれを第1～6章に整理し，実践例を紹介しながら具体的な方法を述べてみました。人材こそ園の財産，それぞれの保育者が得意分野を活かしながら主任の役割を協同します。クラス担任だけでも大変なのに主任の仕事を協同するなどとんでもないと思われる方も多々いらっしゃることでしょう。当然かもしれません。けれどもよく，園全体の仕事や行事の係などを経験した保育者が，「それをやってみてはじめて園全体を視野に入れた自分なりの考えをもてるようになった。それまでは自分のクラスのこと

i

しか考えられなかった」と人が変わったように話してくれることがあります。これまでクラス担任兼主任だった主任保育士も「フリーになってはじめて園全体のことがみえてきて，自分の立場を自覚できるようになった」と語られることがあります。

　園の重要な仕事を人と協同することによって自分の，自分たちの保育に灯りがともり，これまでとは違う視野でクラスのことをみつめ直すことができるようになるのではないでしょうか。したがって，読者対象は決して主任だけではなく，リーダーを務められているあなたにも，そのリーダーを支える職員のみなさんにも読んでいただきたいのです。

　執筆者はみんな現場の経験者です。園長の立場から，悩み多き主任の立場から，あるいは副園長の立場から，悩み，ときにはやりがいを見出しながら取り組んできたことを分析し，述べてもらいました。きっとなんらかのヒントや共感を得ていただけるのではないかと思います。

　主任，リーダー保育者の読者の方々が，いま一番悩んでいること，難しい壁に突き当たって困っているところから，その章を開いて読んでいただくのも一案だと思います。あるいはご自分の得意な分野をより専門的にしていきたいという思いで章を選んで読んでくださるのもいいでしょう。

　またこの本では主任の役割として述べていますが，認定こども園では副園長が主任を兼ねているところも多々あり，以後副園長を併記するようにしました。そして「保育者」は，保育士，保育教諭，幼稚園教諭を表しています。

　さて，この本を出版する際，執筆者で話し合ったことを紹介します。

　「確かに主任は保育の"要"となる存在。けれど，決して職員集団は縦社会ではないよね。民主的なチームをつくることを最も意識して働くことが求められる集団でなくてはならないと思う。職員や保育者が個性を発揮させながらもみんなで協力して保育をつくりだしていけること，そのことがこんなにも楽しいものかと感じられたらいいね。

　まず主任が職員みんなと打ちとける努力をしてほしい。相手に関心をもって，自らの失敗談などを語ることによって引き出されていくものがある。そういう意味で主任の役割はつなげる力といえるのではないかと思う。職員が園のビジョンのもとにしっかりつながり合っていく。子どもたちはそんな大人の関係性のなかで育ち，自分たちの人間関係に活かしながら生きている存在だもの。園はまさしく子どもたちの社会化のモデルだよ。だから，主任だけがすべてをかかえ込みその責務を果たしていくのではなくて，職員一人ひとりがしっかり考える協同組織をつくることが大切だと思う。

　子どもと共に生きる，大人の生き方が大事にされることが，揺るぎない保育文化を築いていくことになる！　これを柱に据えた本にしよう」。

　昨年の4月より子ども子育て支援新制度がスタートし，保育制度の大転換期を迎えました。こんなときこそ，主任・副園長の役割を考え直し，園の保育文化をより一層生き生きしたものにしていく学び合いが，各地各園で展開されていくことを願ってやみません。

　また，この本の企画から編集まで一手に引き受けまとめてくださった，ミネルヴァ書房の河野菜穂氏に厚く御礼申し上げます。

2016年3月

今井和子

目 次

はじめに

第1章　子どもたちがかかえている問題点と保育園の果たすべき役割　1

第1節　次世代育成を目指す……………………………………………………1
1. 日本の子どもたちが直面している課題………………………………1
2. 保育の質を高めるとは…………………………………………………3

第2節　新制度下，乳幼児教育の目指すものは何か…………………………6
1. 保育理念・目標の再考…………………………………………………6
2. 子どもの権利を守る砦とは……………………………………………8
3. 養護という視点…………………………………………………………8
4. 自己評価は保育の振り返りと連携から………………………………9
5. 乳幼児教育とは何か……………………………………………………11
6. 事例から考える主任の役割（同僚性）………………………………13

第3節　主任・副園長の悩みと喜び……………………………………………14
1. 主任・副園長に立ちはだかる壁………………………………………15
2. 主任・副園長の役割とやりがい………………………………………16

第4節　園長と主任・副園長（リーダー層）との関係………………………27
1. 園長との関係づくり……………………………………………………27
2. 保育園の役割の共有化と保育文化の構築……………………………30
3. 乳幼児教育と保護者や地域を支える役割……………………………33

第2章　子どもを観る目，保育を観る目を育てる　37

第1節　発達の共通理解と保育の喜びを高め合う……………………………37
1. 子どもの発達の特性や発達過程を理解する…………………………37
2. 園のすべての子どもを肯定的に観る…………………………………39
3. 保育の喜びの輪を広げる………………………………………………43

第2節　保育課程（全体的な計画）と指導計画の点検・指導………………44
1. 幼児期の教育・保育で最も大切にしたいもの………………………44
2. 保育課程（全体的な計画）の作成と見直し…………………………45
3. 指導計画作成の際の指導援助…………………………………………47

第3節　記録の点検と学び合い······66
　① 書き手との対話······66
　② 短時間で効率的に書く方法······67
　③ 日誌が書けない保育者に必要な援助······69
　④ 配慮の必要な子どもの記録······70
　⑤ 記録の点検と指導，その実際······70
　⑥ 記録（日誌や児童票）を園内研修に活かす······75
　⑦ 書くことは感動の保存······76
第4節　行事の考え方······77
　① 行事の二面性について······77
　② 行事の種類・分類······77
第5節　保育の発信と伝達，日常の共有化······78
　① エピソード記録のあゆみ（菜の花保育園の実践）······78
　② 遊びこそ豊かな学び······88
　③ 保護者と共に"あゆみノート"······90

第3章　職員相互のスキルアップ　　97

第1節　職員会議の活性化······97
　① 話し合える土壌づくり······97
　② 主任の役割と工夫（菜の花保育園の実践）······100
第2節　課題を共有化する園内研修······106
　① 園内研修とは······106
　② 園内研修のマネジメント（運営管理）······108
　③ テーマの選定······109
　④ 方法・計画······111
　⑤ 園内研修のまとめ方······113
　⑥ 園内研修の展望······115
第3節　園独自ですすめる園内の公開保育（小羊保育園の実践）······116

第4章　職員間のチームワークを育む　　125

第1節　なぜチームワーク保育が大切か······125
　① 有機的なチームワークづくり······125
　② 子どもも保育者も保護者も変わる······127
　③ 理想とするリーダー像······129

第2節　新人保育者の指導援助 …………………………………………………130
　　① 保育士1カ月の新人の悩み ………………………………………………130
　　② 保育を目指す最近の学生たち ……………………………………………131
　　③ 語り合いの大切さ …………………………………………………………132
　　④ 主任・副園長の役割 ………………………………………………………132
　第3節　園長，副園長，主任，保育者それぞれの立場を尊重しつながり合う……135
　　① 園長と副園長の立場 ………………………………………………………135
　　② 園長，主任，保育者の立場 ………………………………………………135
　第4節　保育士，他の職員の相談支援 …………………………………………137
　　① 多職種の協力・協働 ………………………………………………………137
　　② 保育者のメンタルヘルス …………………………………………………139

第5章　保護者との連携と地域・他機関との協同をはかる　　143

　第1節　日頃からのコミュニケーションの積み重ねが大切 …………………143
　　① 保護者との行き違い ………………………………………………………143
　　② 朝，夕の登降園時が重要なカギ
　　　　──主任・副園長としておさえておいてほしいこと ……………………146
　　③ 降園時は心の通い合いを豊かに …………………………………………148
　第2節　保護者行事で連帯の喜びを ……………………………………………150
　　① 保護者の保育参加をはかる ………………………………………………150
　　② これからの園行事に求められるもの ……………………………………152
　　③ 子どもとの関係性を意識した行事 ………………………………………156
　第3節　連絡帳の有効活用 ………………………………………………………158
　　① 連絡帳の役割 ………………………………………………………………158
　　② 保護者との相互信頼を育む連絡帳の書き方 ……………………………159
　第4節　保護者からの相談対応・苦情対応を考える …………………………164
　　① 苦情は宝 ……………………………………………………………………164
　　② 保護者理解を深めるために ………………………………………………166
　　③ ひかり保育園の実践 ………………………………………………………167
　第5節　地域や他機関・小学校との連携 ………………………………………171
　　① 地域における子育て支援 …………………………………………………171
　　② 発達に遅れのある子どもと家庭の支援 …………………………………173
　　③ 要保護，要支援の子どもと家庭の支援 …………………………………175
　　④ 小学校との連携 ……………………………………………………………177

第6章 「保育の環境づくり」とその見直し　179

- **第1節 環境を通しておこなう保育**……179
  - ① 子どもの主体性を尊重する……179
  - ② 応答的な環境構成……180
  - ③ 「保育の環境」4つの項目を基に環境を見直す……180
  - ④ 保育の中核となる園独自の文化の創造……182
  - ⑤ 園独自の文化について考える……184
- **第2節 共有の場は主任保育士たちの出番**……186
  - ① エントランスは園の顔──保護者の目線を子ども目線に変える……186
  - ② 廊下の見直し……186
  - ③ 園庭環境を考える……188
- **第3節 子どもの主体性を育む環境**……192
  - ① 子どもたちの絵をみんなで楽しむ（ひかり保育園の実践）……192
  - ② 園の装飾を見直す（かもめこども園の実践）……197
- **第4節 安全な環境の点検と整備**……202
  - ① 怪我をさせないことが安全保育？……202
  - ② 園には安全配慮や「リスクマネジメント（危機管理）」の義務がある……204
  - ③ 事故が起きたときの対応……205
  - ④ 子どもたちの運動能力，体力を伸ばす保育を柱にする……205
- **第5節 ヒヤリハットの整理と活かし方**……208
  - ① 大きな事故に隠されたヒヤッとハッとする瞬間……208
  - ② ヒヤリハット事例の分析結果（恵和保育園の実践）……208

参考文献……214

第1章 子どもたちがかかえている問題点と保育園の果たすべき役割

1 次世代育成を目指す

❶ 日本の子どもたちが直面している課題

　多くの人が21世紀こそ「子どもの世紀に」と願っていましたが，日本の子どもたちはいまや精神面でのウェルビーイングが大きな問題になっています。それは，乳幼児にとって一番安心できる，心身の拠り所であってほしい「家庭」が崩壊しつつあることが第一にあげられます。その背景として，親の離婚や貧困，さらに親が過酷な労働時間を強いられていることにより，親子の接触や会話がきわめて少なくなっています。また親の育児経験不足が子どもたちに過剰なストレスを与えてしまい，子どもの発達に見合った子育てがなされていないのが現状です。わが子を産むまでほとんど子どもと接する体験がなく，出産と同時に親になり，何もわからないまま孤育てをしていかなければならないという社会環境の貧しさが，子育ての困難さに拍車をかけています。親が子どもの育ちのプロセスを知らないために子どもに過度な要求や期待をかけ，思い通りにすすまないと焦ったり，怒ったり，その結果，親子の愛着形成がうまくいかないことが育児放棄や虐待につながりかねません。

　「国連から見た日本の子どもの権利状況」のパンフレットが2010年６月に作成されています。そこには日本の子どもたちの深刻な問題点が指摘されています。その一つ，ユニセフの調査では，日本の15歳の子どもの約30％が寂しいと感じており，さらに15歳の子どもの約40％が親との会話がなく，小学５，６年生の約19％しか幸福感を感じていないという結果が紹介されています。さらに教育現場での過当競争が子どもを追いつめていること，子どもたちには遊びの経験がきわめて減っていることが指摘されています。

　日本では教育における競争が激しすぎるため，子どもに重い負担を強いている結果，いじめ，精神障害，不登校，中途退学，自殺などを助長しています。総じて現在の日本の子どもたちの一番大きな問題点は，自己肯定感が育っていないということが考えられます。

　自己肯定感というのは，「自分は自分のままでいい」「自分は成長していく存在だ」「自分には生きる価値がある」「いまをより良く，前向きに生きていこう」とする自尊感情や自信を包含する心の総体です。この自己肯定感は本来人間に備わっているもの

ではなく，周りの人との関わりのなかで培われます。自己肯定感をもつことによって，「自分を支えてくれる人がいる」「自分は孤立していない」「人と共に在ることは楽しい」という他者信頼も育っていきます。このことが豊かなコミュニケーションを育み，前向きに生きる原動力になっていきます。

ところが日本の子どもたちはその自己肯定感の育ちが危うくなっています。そのことはさまざまなデータから明らかになっています。たとえば資料1の2013年3月「高校生の心と体の健康調査」（財団法人一ツ橋文芸教育振興協会・日本青少年研究所）をみてみると，「私は価値のある人間だと思う」という設問に対して，日本の高校3年生は，わずか36.1％しか「そう思う（全くそうだ・まあそうだ）」という回答を出していません。これには唖然としてしまいます。他国の子どもたちと比較しても異常に低い数字だといわれています。さらに，2015年5月5日の『朝日新聞』の朝刊によると，日本の15歳未満の子どもが占める割合は，総人口のわずか12.8％，これは世界最低水準とも述べられています。深刻な少子化問題をかかえるなか，せっかく生まれてきた子どもたちの自己肯定感の育ちが危ぶまれ，さらにいじめの拡大・低年齢化，そして70万人から100万人いるともいわれるひきこもりの子どもたちの現状において，われわれ大人がいま最も考えなければならないことは，「日本の子どもたちを次の時代の担い手としてしっかり育てられるのか？」ということではないでしょうか。

資料1　日本の高校生，米中韓と比べ自己肯定感が低い傾向

自分自身をどう思うかについて，「私は価値のある人間だと思う」と回答したのは，日本の36.1％に対し，米国89.1％，中国87.7％，韓国75.1％。「自分が優秀だと思う」と回答したのは，日本15.4％に対し，米国87.5％，中国67.0％，韓国46.8％，そのほかの自己評価に関しても米国や中国，韓国の高校生と比べるとすべての項目について低く評価している。

日本の高校生は，他国と比べ自己肯定感が低く，将来に不安を感じ，自分の力で社会が変えられないと感じている傾向にあるといえる。

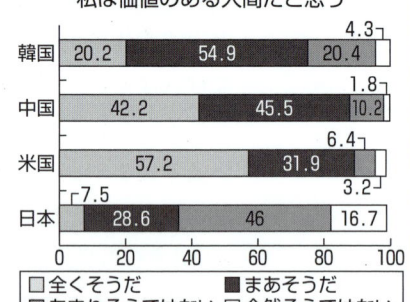

私は価値のある人間だと思う

	全くそうだ	まあそうだ	あまりそうではない	全然そうではない
韓国	20.2	54.9	20.4	4.3
中国	42.2	45.5	10.2	1.8
米国	57.2	31.9	6.4	—
日本	7.5	28.6	46	16.7 / 3.2

出所：「高校生の心と体の健康調査」財団法人一ツ橋文芸教育振興協会・日本青少年研究所，2013年3月。

資料2　日本の子ども33年連続減少　総人口の12.8％，世界最低水準

15歳未満の子どもの数は1633万人（2015年4月1日現在）で，前年より16万人減ったと総務省が4日発表した。33年続けての減少。総人口に占める割合は12.8％と40年連続の下落で，世界で最低水準だった。

「こどもの日」にあわせ，国勢調査などから推計した。子ども人口は1950年に統計を取り始め，過去最低を更新。81年の2760万人を境に減少。97年以降は65歳以上の人口を下回っている。

男女別では，男子836万人，女子797万人だった。年齢別では12～14歳が351万人▽9～11歳が333万人▽6～8歳が319万人▽3～5歳が316万人▽0～2歳が314万人と，年齢が低いほど少なくなっている。

全人口のうちの割合は，74年の24.4％から下落が続く。都道府県別（2014年10月現在）では沖縄の17.6％が最も高く，滋賀14.8％，佐賀14.3％と続いた。低いのは秋田の10.9％で，東京11.3％，

都道府県別の子どもの割合（％）

〈高い順〉	〈低い順〉
1　沖縄　17.6	1　秋田　10.9
2　滋賀　14.8	2　東京　11.3
3　佐賀　14.3	3　北海道　11.6
4　愛知　14.1	4　高知　11.8
5　宮崎　13.8	5　青森　11.9

> 北海道11.6％だった。同省は「沖縄は子育て世代の人口の割合が高く、秋田は高齢者の割合が高い」とみる。
> 　子ども人口が前年より増えたのは、東京（9千人）と沖縄（1千人）の2都県のみ。福島は6千人減だが、一昨年の1万1千人減より小幅だった。福島県は「少しずつだが除染が進み、子どもを連れた避難者が戻りつつある」という。
> 　同省によると、子どもの割合は米国が19.5％、中国16.4％、韓国15.1％で、人口4千万人以上の30カ国で日本が最低だった。（高橋淳）

出所：『朝日新聞』（2015年5月5日）。

❷ 保育の質を高めるとは

　保育の質を考える前にまず「保育とは何か？」について考えてみます。保育所保育指針の冒頭（1）保育の目標には「子どもが現在を最も良く生き、望ましい未来をつくり出す力の基礎を培う」とあります。また保育所保育の特性は「養護及び教育を一体的に行うこと」であり、両者は切り離せるものではなく、養護が基礎となって教育が展開されていくと述べられています。養護とはいまさら述べるまでもなく「生命の保持及び情緒の安定を図る」ために大人が行う援助や関わり、そのねらいには、一人一人の子どもが、周囲から主体として受け止められ、主体として育ち、自分を肯定する気持ちが育くまれていくようにすると明記されています。教育は「発達の援助」であり、そのキーワードは遊び込む力、言い換えれば遊びに夢中になれる力を養っていくことだと思います。"おもしろい" "楽しい" "ワクワクドキドキ" これらの感情が豊かに育っていくのが遊びです。熱中する遊びは、大脳（前頭前野）を活発にし、脳の資質を高める働きがあります。この大脳こそ意志、感情、意欲をつかさどる人間らしい発達を促す大事な中枢です。

　養護と教育が一体的に展開されるという意味は、保育者などが子どもを一人の人間として尊重し、情緒の安定をはかり、生き生きと遊びを展開できる力を養うことです。それによって、子どもたちが自己肯定感や生きる喜び、望ましい未来をつくりだす力の基礎を養っていきます。それを支えていくのが保育者の役割だと思うのです。子どもを一人の人間として尊重する、これは言葉ではよくいわれますが、私はアルフォンス・デーケン氏が述べていた以下の「人間の尊厳とは？」を心に刻み保育に携わってきました。

> 人間であることの尊厳とは？
> ・人間は自分で考えることができる
> ・人間は、自分の考えに従って生き方を自由に選択することができる
> ・人間は愛することができる

　さてそれでは質の高い保育とは、具体的に何を意味するのか考えてみましょう。園内研修の折などに、それをテーマに職員のみなさんの考えを聞いてみるのもいいかもしれません。

　筆者は以下の3点について考えています。

> ①子どもの目に見えない心の育ち（発達過程）に対する理解と，その適切な保育が展開できること
> ②いかなる保護者とも連帯したいと願って，保育を展開すること
> ③職員間のチームワークで園の保育力を高める

　まず①つ目は，日本の子どもたちがかかえている大きな問題が，前述の通り心の育ちの危さです。その他にもコミュニケーション力が育っていないこと，自分の思い通りにならない事態にぶつかるとすぐパニックになってしまうなど衝動的なこと，などがあげられます。衝動的というのは，思い通りにならない事態にぶつかったとき，原因は何かを考えようとせずパニックになってしまい，モノや人にあたることです。人は誰かによりかかりながら生きています。誰かが自分のことを受け止めてくれるという安心感があってこそ生きられるのだと思います。だから人間はほんとうに依存できるとき自立できるのだと思います。もし誰も自分を受け止めてくれなかったら，安定できないし自立していくこともできません。子どもたちはみな，大人に「理解してもらいたい」「悩みを聞いてもらいたい」というねがいを切実にもっています。それが叶わないと，不満や怒りとなり，子どもたち本来の"ねがい"が屈折して表現されてしまうのではないでしょうか。したがって保育者に求められる最も大切なことは「子どものほんとうのねがいにもとづいて彼らが主体的に挑戦し，葛藤しながらも自分で自分を変革し，自己肯定感を育んでいけるような保育をしていくこと」だと思うのです。

　人の心の発達にも育ちの道筋，共通性があります。その発達過程を理解し，彼らの真実のねがいを汲み取ってそれを支える保育がなされることが大切です。23年間保育園で生活してきた私が子どもたちから学んだこと，そして共働きをしながら駆け抜けてきた子育てを通して実感したこと，それは「保育も子育ても葛藤の連続だった」ということでした。子どもへの理解を深め，成長を支えていくには「子どもの葛藤とどう向き合い，乗り越えていくか。その際の親や保育者の確かな援助とは何かをつかむこと」でした。

　アメリカの発達心理学者であるE.H.エリクソンは，『幼児期と社会1』（みすず書房，1977年）の第7章に「人間の八つの発達段階」を示しています。人間の生涯の道のりを八つの期間に分け，それぞれの時期に出合う葛藤を「危機」とし，それらを乗り越えて得られる「徳」についても表記しています。子どもたちが危機的状況に陥っているときこそ，大人の援助が必要です。子どもが葛藤しているときこそ，「つらいね，いま，懸命に自分と闘っているのね」とその葛藤を肯定的に受け止め，安定させてあげる援助が必要です。とくに葛藤の多い2～3歳児の関わりは重要です。まだ言葉では表現できない自分の思いやつもりを，大人から受け止めてもらえたという心地よさをバネに，大人の思いを自分の心のなかに刻み込んでいく，すなわち自分のつもりやねがいを受け止められる心地よさと，相手の思いを受け止める心地よさ，その両方を育んでいきます。保育園で0歳から6歳までの子どもたちの育ちに向き合い「葛藤こそが生きる力の原動力，その克服の過程を経て，子どもたちは他者と共に生きる姿勢，

人への信頼や思いやりを育んでいく」ことを観てきました。子どもの心とじっくり向き合い豊かな対話を生み出していくことから相互信頼を築くコミュニケーションをスタートさせていく保育，それが質の高い保育の第一要件だと思います。

質の高い保育の②つ目，子育て支援というのは育児の代行ではありません。「子ども

木の箱トンネルからのぞきました（3歳）

が道筋を辿って成長していく過程を，保護者と共に喜び理解し合い，保護者の養育力を最大限支えていくこと」だと思います。ところが現在，保護者のおかれている社会的状況が劇的に変化し，保護者は家庭生活や仕事，子育てにいろいろな問題をかかえ，疲れきっている人，子育てに向き合えない人，自分勝手な要求ばかりしてくる人などが増えています。保護者が変わったというより，子育てを取り巻く社会全体が変化してしまったのです。そのため保護者は，忙しさ，生活の厳しさにより，子どもの心のなかにまで目を向けるゆとりをなくしています。保護者の困った行動などは親の悲鳴，SOSのサインであることが多いようです。その苦しさがクレームや子どもの生活習慣の乱れなどさまざまなかたちで表れているように思うのです。しかし保育園があって，保護者の悩みや，子どものねがい（思い）を受け止める時間や機会がもてれば，親が気づかなかった子どもの内面に目を向けてもらえるゆとりを取り戻すことができます。「受け止めるということは，相手の怒りや苦悩を理解したいという気持ちで最後まで聴く，まずは共感すること」ではないでしょうか。そうすることでクレームの裏側に隠された保護者のねがいや本音を読みとることができるかもしれません。

保育者は，保護者が日々の生活にゆとりを取り戻せるように，また子どもの育ちの豊かさ，子どもの存在の意味を再発見していけるように語り伝えること，言い換えれば保護者と「子どもの価値観を共有し合っていくこと」が大切なのではないでしょうか。保護者とつながり合えなければ，保育者は子どもの育ちに関われないのです。20年前までは，子どもが好きだから保育者になりたい，それが自分の天職だと考えて子どもとの関わりに邁進するだけでよかったのですが，現在はそれだけでは保育者としては不十分です。どんな保護者とも子どもをかすがいにつながらなければ子どもの育ちは保障されなくなっています。

そのためには日頃の子どもたちの行為を目に見える現象だけでとらえるのでなく，「○○ちゃんはなぜお友達に嚙みついてしまったのか？」などと行為の意味を考え，さらに目に見えない子どもの心の動きやそれを受け止めた保育者の思いを，その場にいない人たちに目に見えるものにし，伝えていくことが求められます（第5章第3節「連

絡帳の有効活用」の事例を参照）。

　質の高い保育の③つ目は，まず生き生きした職員集団であってほしいと思います。特定の人たちだけが園運営や保育の流れを取り仕切ってしまい，他の職員が自分の考えや意見も述べられないようでは，子どもたちの主体性も危ぶまれます。民主的な人間関係というのは，どの職員もそれぞれの立場で自己発揮し，それぞれの役割を意欲的に遂行し，考えの違いがあっても安心して意見を述べられる，いわゆるコミュニケーションが円滑であることではないでしょうか。主任・副園長はいつも職員一人ひとりがどのようにすれば自分の力を発揮できるようになっていくかを考え，職員みんなの援助者であってほしいものです。援助者というのは相手に関心を寄せることです。中堅，ベテラン保育者に圧倒されて遠慮がちな若い保育者，日誌が書けないと悩んでいる保育者，家庭に困難をかかえ退職すべきかどうかと悩んでいる職員，その気配を感じとったら主任・副園長の方から「お役に立てるかどうかわからないけど，話を聞かせて」と声をかけ，とにかく聴いてあげてほしいのです。言葉をかけることは「あなたのことを思っています」というメッセージ（心）をおくることです。

　また職員が，「子どもと一緒に生活すること（保育）が楽しい」と感じているでしょうか。そう思えない職員がいるとしたら，その原因を一緒に考え，支えてあげてほしいものです。このテーマについては第3章で詳しく取りあげています。

ここまでおいでベロベロバー

遊んでいると思わず笑いたくなるぼく…

いただきま〜す（うそっこに…）

2　新制度下，乳幼児教育の目指すものは何か

❶　保育理念・目標の再考

　新制度下ではさまざまな保育形態が生まれ，すべての子どもに対する公的支援がはじまりました。保育園や幼稚園のなかには認定こども園へ移行したところもありますが，子どもの最善の利益を目指すという意味ではどの施設も変わらないと思います。現に，「保育所保育指針」や「幼稚園教育要領」「幼保連携型認定こども園教育・保育

要領」などはその整合性が求められているため，ほとんど変わりません。

　このような動きのなかで，学校教育とは一線を画することになった保育園としての保育（養護と教育）ですが，見方によっては今後ますますそのあり方が問われてくるはずです。なぜなら新制度のなかで，保育園は保育内容においては「保育所保育指針」が変わっていないことや，児童福祉法第24条により市町村が保育の実施義務をおこなうという点において，大きな変化をさせなかったということが一つの答えだと思います。つまり，いまの社会において，福祉的側面の強い保育園としての機能をまだ存続させる必要性があったということです。しかし，補助金の出どころが一つになり，施設給付型になったことや地域を意識した支援を考えるという点については，認定こども園も同じ動きをしてきますから，いままで以上に園長を含めリーダー的立場にある人は地域を意識した運営をする必要があります。

　制度のことは苦手でも，幼児教育を学校教育に組み入れるしくみや，戦後の学校教育の変化，そして，いまの学校教育へスムーズな接続を目指す保育など，具体的なことを少し考えながらこの制度の見直しの意味を少しずつ理解していき，将来的にどのような施設として存続させるかということも考えていく必要があります。

　新制度のなかでいままでの保育園は現行制度がほぼ継続されましたが，企業が運営する保育園もどんどん増え，より開かれた運営が求められます。また，直接契約制度からも外されましたが，実施主体が各市町村になったことにより，地方行政の保育実施責任がはっきりと明確化されました。このことは，地域の行政との連携がいままで以上に求められるようになったという認識をもち，政策会議などを定期的に開いて連携をしていく必要があります。

　保育園が直接契約からはずれた経緯は，福祉的支援の必要な子どもに対して，事業者の意向による保護者との契約だけでは「子どもの権利」が保障されないという危惧もあったようです。たとえ保育園が幼保連携型になったとしても，このことは子どもへの差別をなくすためにも大切に守っていかなくてはならないと思います。このようなことから考えると，これからの保育園が目指すべき方向性については，大きく次の2点についておさえておく必要があると思います。

　一つには「子どもの権利」を守る砦としての位置づけがさらにより明確になったという意識をもった保育を目指す必要性があるということです。しかし，このやりとりも紆余曲折をしての現状維持という方向であり，将来的には幼保一元化へ向けての中間点という考え方もできます。それだけに，すべての子どもたちが平和で豊かな生活を送ることができる社会を構築するために，私たち保育関係者は改めてその責任の重さを受け止める必要があります。

　そして，もう一つは学校教育と保育が並列して混在するなかで，乳幼児教育とは何であるかという問いかけを繰り返しながら，これから未来を担う子どもたちにとって必要な生涯教育の基礎づくりに対する保育内容を，子どもはもちろん保護者や地域と共に創造していくことのできる組織を構築する力が必要になることです。

❷ 子どもの権利を守る砦とは

　子どもの権利を守るということを聞くと，いままでも保育園は子どもの権利を守るということを先頭に立ってやっていたことを否定されたように受け止める人がいるかもしれません。しかし，保育園が子どもの権利を奪っているというような立ち入り検査や告発本が繰り返し出版されるという出来事があることも事実で，改めて子どもの立場に立った保育内容を考える必要があります。その意味では大きな制度改革が起こったときに，社会が保育園をどのようにみているのか，何を求めているのかということを改めて考える必要があるということです。

　子どもの権利を考えていくと，これは個人の問題であって，集団性を求める手前で一人ひとりの心を理解し，それに対してていねいな対応をするという配慮は欠かせません。保育者の専門性が問われるとしたら，このような一人ひとりの発達を理解した個別支援に対して，どのくらい的確な対応ができるかということではないでしょうか。

　しかし，保育の場でも教育の場でも新人保育者たちが園から最初に求められるのは集団をうまくまとめる力になりがちです。このとき，子どもたち一人ひとりの気持ちを考えながら保育をするのと，子どもたちを集中させるスキルに腕を磨きながら保育をするのとでは集団の形成がまったく別なものになります。個々の気持ちに寄り添ってもらった子どもたちは安心感をもって，仲間に対する信頼関係を構築しながら楽しいつながり集団が出来上がっていきます。一方，保育者がつねにリーダーシップを発揮しすぎて指示が多くなり，子どもたちの判断を奪っていくようなかたちで子どもたちをまとめていった集団では，リーダーがいないときの子どもたちの関係性については保育者自身も信頼することが難しいのではないでしょうか。これは子どもが主体的に生活する体験をしていくと，失敗やトラブルに対する適応力も生まれますから，結果的に子どもたちがその仲間たちと一緒にいることで安心感をもてる「心地よい集団」が形成されやすくなるからです。このような関係性を意識した保育を心がけていけば子どもに対する早期の詰め込み教育も生まれてこないのではないでしょうか。子どもを信じ，その学び方を主体的なものにしていく保育は，将来に対する自己決定や新しいことに意欲的に挑戦する態度，問題解決能力，コミュニケーション力など，目に見えない力の獲得につながっていきます。

　しかし，子どもたちは本来大人のねがいに応えようとするので，保育者がはじめの数年間で子どもを集中させ，言うことを聞かせ，やらせる保育に染まってしまうと，それはもう子どもの気持ちを考えなくても，集団をまとめることができるテクニックを身につけてしまいます。それだけに，実習や新卒者にとっての職場での最初の教育は，単なる流れやスキルを身につけさせるだけでなく，子どもの権利を考えたその保育者の保育観を育てる重要な時期ともいえます。

❸ 養護という視点

　保育とは何か。それは「養護と教育である」。簡潔ですがこれは乳幼児教育をとらえた非常に奥の深い言葉だと思います。また，子どもの権利という部分ではこの保育

の特徴である「養護」という部分の取り組みがますます重要になってくると考えられます。

それは集団にうまくなじめない，自己中心的で他者の気持ちがわかりにくい，暴力的な表現が強い，指示待ちで自信がない，自分の気持ちをうまく表現できないなど，いまの保育現場のなかでは養護的視点の必要な子どもたちが非常に多くみられるようになったからです。このような子どもたちのSOSは日本中のさまざまな地域の保育者たちが日々感じている喫緊の保育課題であり，家庭も含めた支援が待ったなしで求められています。このような背景については，人間関係のとりにくい社会のなかでの子育てが非常に大変になっているという現実や，祖父母や地域との関係，夫婦関係，子育て文化の継承，化学物質，食生活，メディア情報などさまざまな原因があげられていますが，複合的な要素もあり，はっきりと特定することは難しいと思います。これを研究者たちだけに頼るのではなく，保育現場からも子どもたちの声として，これらの現状を社会にもっと発信し，子どもたちが育つステージをみんなで考えていく必要があると思います。

このような子どもたちへの対応は一人ひとりを養護しながら教育をしようとする保育園こそ適任であり，幼児教育を学校教育に組み込んでいこうとする新制度のなかでは難しい部分も多々あるのではないでしょうか。

この他，よく使われるようになった保育サービスという視点では，保護者の満足度はあがっても，子どもたちの支援につながるとは限りません。それだけに今後は単なる代行ではなく，子どもが一生涯関係をもつ家庭の養育力を向上させるために，子どもたちの最善の利益を一番に考え，保護者も一緒になって自立した子育てができるような，真の保育サービスを提供する必要があります。

❹ 自己評価は保育の振り返りと連携から

保護者や地域と共に子育てをするには開かれた保育現場にする必要があります。そのためには，保育の評価をできるだけ多くの人と共有しながら，子どもの権利をベースにして意識的に日々の保育を振り返り，自分たちが実践している保育内容について常に仲間と検証していく必要があります。このことを怠ると「いまの保育が一番いいんだ」という固定した保育内容となり，それを守るために現場が考えることを放棄したトップダウンの組織になります。保育者たちが現場での判断をしなくなるということは，子どもや地域，ひいては同僚の声まで聞こえなくなる組織になっていく危険性があります。

子どもたちが最初に出合う保育園は，小さな社会でもあり，子どもが真似をするモデルでもあるため，私たちは子どもたちの前でいかに平等や公平，人権などを意識した民主的な組織をつくっていくことができるかということを考えていく必要があります。そして，自ら学ぶ力の強い子どもたちにとっては，この人間関係をみせることこそが保育における大切な人的環境教育だという意識をもった保育内容にする必要があるのです。

それでは，このような意識をもって保育をするために，まったく新たな取り組みを考える必要があるかというと，そうではありません。いままでやってきた保育を意味づけし，何が大事であるかということをふまえながら振り返り，そのことを仲間と共有するという時間をつくりながら，連携を強めていく仕組みを構築すればいいのです。
　いまのように11時間開所が当たり前になる前は，1日の保育が終わった後には同僚たちとその日の子どもたちの情報交換や，先輩たちへの相談などができ，そのことが研修であったり，同僚性を高める時間でもあったりしていました。ところが，いまではそのようなゆとりの時間はまったくとれなくなりました。そのことを補うためにさまざまな知恵を絞り出す必要があるのです。そのためには行事の取り組み方や業務の省力化も考えながら，いま作成しているさまざまな記録の有効活用について，もう一度見直しをしてみる必要があります。具体的にいうと，日々の保育をどのように共有していけるかという課題への取り組みです。保育日誌などはコミュニケーションツールとして活用できるとても身近なデータです。保育者たちが書いた記録は子どもたちの育ちはもちろん，日々の保育の現場の振り返りを通して保育者の価値観までわかる貴重なデータであり，研修のデータにもなります。そのことを仲間と共有することによって，子どもの情報はもちろん，保育理念の確認までできるように工夫するのです。また，自分の書いた記録を仲間に読んでもらうということを繰り返すだけでも，連携がしやすくなります。
　私たちはいま，日常語り合うことや振り返ることすらなかなかできない，非常にタイトなスケジュールのなかで仕事をしています。保育者はみんな真面目で一生懸命仕事をしているのですが，一人でそのことをかかえ込むような働き方を続けても，徒労感が増すだけで，良い方向へは動いていきません。しかし，その真面目さを活かした語り合いが改善の突破口になるのです。

ひとりで食べるの上手でしょ！

　保育日誌などの活用は連携に必要な道具として非常に役立ちます。日誌には具体的な子どもの姿やエピソードを記入し，それを通してクラス内や園長，主任・副園長などと一緒に子どもや保育の様子が共有できれば，そのことで保育が変わっていく機会になるからです。もし，そのような記述がなければ書類の形式そのものを検討することも考える必要があります。そして，このような仕事を通して人間関係の向上を意識した仕組みをつくるのはリーダー層の役割だといえます。
　こうした振り返りや共有によって自分たちの保育の評価ができるようになれば，次にはそのことを外部に発信していくことを考えてください。発信するポイントとしては，保育園では子どもの権利をどのように意識しながら生活しているかという点です。私たちはいままで大人の都合で子どものことを決めてきたことが相当あります。今回の子ど

も・子育て支援新制度も子どものための資金を確保するという点では評価できますが，中身は大人の都合の方が優先されるため，社会のさまざまな仕組みが無意識のうちに大人にとって都合のいい生活様式になっていくのです。駅前のビルのなかに保育園ができれば喜ぶのは利用する保護者です。保育園が迷惑施設として考えられることも子ども時代を忘れた大人の都合です。そんな時代だからこそ，子どもがいることの楽しさを地域に向けて発信し，子どもの権利を大切にした保育を知ってもらう必要があるのです。そうすることによって，やがて保護者はもちろん地域の人びとや政治家までが，いま以上に子どものことを中心に考えるようになり，子どもがいることの幸せを感じられるように変化していくのではないでしょうか。子どものことを一番に考えた保育園の運営は，社会を変えるエネルギーになると信じて活動してください。

　それでは現実的にどのような情報発信をしたらいいのでしょうか。忙しいなかで新たに地域向けの書類を作成しなくても大丈夫です。それは園だよりや園開放，行事へのお誘いなどを通して，園児と地域の人たちをつなげていくことでいいのです。散歩のときには地域の人に声をかけたり，行事や食事に招待したりしながら一緒に遊ぶなかで，子どもと地域をつなげていくのです。そして，その活動を保護者の了解を得てホームページや回覧板などを利用して，保育園の良さをアピールしていきましょう。

❺ 乳幼児教育とは何か

１　保育の目指す方向

　新制度のなかでは認定こども園，幼稚園，そして保育園など，さまざまな施設ができましたが，それぞれに教育・保育要領が存在すると同時にさまざまな「教育」が混在しています。そのことについて小学校への接続ということを考えれば，すべての指針や要録に目を通して理解しておく必要があります。認定こども園への移行を考えていく場合でもそれらの制度では，園長や主任・副園長はこれらの課題に対してどのようなことが求められているのでしょうか。一方，多様な施設，事業所の参入が可能となる新制度は都市部での待機児童解消がねらいの一つになっていますが，都市部を外れるとすでに少子化がはじまっています。そのため，このままいけば認定こども園，幼稚園，保育園がいずれは同じ土俵で子どもたちをお客さんとして奪い合う市場原理が働くことは確かです。そのとき，無用な早期教育や一斉指導のなかで教え込む保育などをアピールして，子どもたちの時間を奪うのではなく，子どもの最善の利益を誰が守るかということを私たち保育関係者こそ示していく必要があると思います。そのためにも保護者との協働により平和で豊かな人間関係を構築しながら，子どもたちが安心して主体的な生活を送れるような保育をすることによって地域への影響力を高めていかなくてはなりません。いまは保育園を迷惑施設として受け止める人が多くなっていますが，私たちはもっと子どもたちのすばらしさを直接社会に届け，地域の人たちが子どもと共にいることを喜びに感じられるような保育をする必要があります。これらのことを考えていくときこそ主任・副園長の存在は大きいと思います。その意味では下記資料３の「幼保連携型認定こども園教育・保育要領」における策定の要点に

も目を通しておくことが役立ちます。

> **資料3　総則　認定こども園教育・保育要領における策定の要点**
> 1　幼稚園教育要領及び保育所保育指針との整合性の確保
> ・幼稚園教育要領及び保育所保育指針において，環境を通して行う教育及び保育が基本とされていることを踏まえ，幼保連携型認定こども園においても環境を通して教育及び保育を行うことを基本としたこと
> ・教育及び保育のねらいや内容等については，健康，人間関係，環境，言葉，表現の五つの領域から構成するものとしたこと
> 2　小学校教育との円滑な接続に配慮
> ・幼保連携型認定こども園における教育及び保育が，小学校以降の生活や学習の基盤の育成につながることに配慮し，乳幼児期にふさわしい生活を通して，創造的な思考や主体的な生活態度などの基礎を培うようにしたこと
> ・幼保連携型認定こども園の園児と小学校の児童の交流の機会を設けたり，小学校の教師との意見交換や合同の研究の機会を設けたりするなど連携を通じた質の向上を図るものとしたこと
> 3　幼保連携型認定こども園として特に配慮すべき事項の明示
> ・0歳から小学校就学前までの一貫した教育及び保育を園児の発達の連続性を考慮して展開していくものとしたこと
> ・園児の一日の生活の連続性及びリズムの多様性に配慮するとともに，保護者の生活形態を反映した園児の在園時間の長短，入園時期や登園日数の違いを踏まえ，園児一人一人の状況に応じ，教育及び保育の内容やその展開について工夫をするものとしたこと。特に，入園及び年度当初は，生活の仕方やリズムに十分に配慮するものとしたこと
> ・教育及び保育の環境の構成の工夫について，満3歳未満の園児と満3歳以上の園児それぞれ明示したこと

2　保育内容の検討

　いま日本の教育は世界の早い動きに対応した教育内容を展開するための教育改革がすすみ，大学から小学校までトップダウンの方向性が強くなってきました。これは21世紀型能力ということを考えての取り組みでもありますが，子どもたちの将来にはどんな能力が求められるかということを考えた授業を，いかに早く実効性をもった展開にすることができるかを考えています。このような流れは10年ごとに見直しをされる「保育所保育指針」に対しても当然関係してくるものと思います。

　たとえば学校教育のなかでは，子どもたちの主体的な活動，コミュニケーション力，仲間との協働の喜び，自己決定や問題解決能力，批判力などといった力がますます求められていくと思いますが，これは乳幼児からの保育にも関係している問題です。このような力は一方的に学ばせても身につくものではありません。そこで園では遊びを通したなかでの学びを工夫したり，このような変化に対してアンテナを張ったりしながら，みんなでよりよい保育内容を考えていく体質を生み出さなくてはなりません。そのときのキーパーソンにはやはり，現場経験の豊かなリーダー層の役割は大きいと思います。

　そのためにも園長や主任・副園長は教育以外にもアンテナを張って，さまざまな情報を収集し，それらのことを活かした園内研修へとつなげていく実践力が求められます。このとき，園長や主任・副園長にはリーダーシップが求められると思いますが，それと同じようにパートナーシップも発揮してすすめる必要があることを意識してみ

てください。伝えてやらせる組織ではなく，共に考えて自ら保育内容の再構築ができる組織を目指すことは，保育者自身にもそのようなクラス運営が大切であることを伝える機会につながっていきます。

❻ 事例から考える主任の役割（同僚性）

> **事例** 同僚性を意識した保育環境をつくる
>
> ①　5歳児の子どもが朝から担任に話しています。「先生，2歳児さんのクラスへ行きたい」同年齢のクラスのなかだとトラブルが起きやすい子が担任に話しています。小さいクラスへ遊びに行くと，普段見せないような穏やかな顔になったり，優しく小さい子の面倒をみながら接する子どもたちがたくさんいます。すると，そのクラスで先生からほめられるので，自己肯定感も高まるようで，とってもいい顔で過ごしています。
>
> ②　3歳児クラスで10時ごろからセミが羽化をはじめました。その様子を少しでも多くの子どもたちに見せてあげようと考えた担任は，いろいろなクラスに声をかけました。すると次々子どもたちが来て，そのクラスの子どもたちは後ろから見ることになってしまいました。それでもそのクラスの先生はニコニコしながら一緒に見ています。しばらくすると次々やってきた子どもたちも飽きはじめ，だんだん少なくなっていきました。しかし，そのなかに4人の5歳児が残っていて，羽化が済んだセミの羽の色が変わるまで見たいと言い出しました。羽化が済んだのは給食の時間でしたから，これから見ているとなると午睡の時間に入ってしまいます。それでもそのクラスの先生は受け入れてくれたので，その子たちは布団をもってきて，うれしそうに3歳児が寝ている部屋の隅に布団を敷き，その上に寝転んで，羽の色が変わるのを比較的静かにずっと見ていました。これは他クラスの担任が受け入れないと成立しない保育です。
>
> ③　発達の気になる3歳児が，別のクラスで過ごしたいと言い出しました。すると両クラスの担任が連携をして，1日その子は別の部屋で過ごすことが可能になりました。午前中の活動，給食，午睡，おやつまったくクラスのことを気にせず，別の部屋でうれしそうに過ごす子どもを見て，ねがいが叶ってとてもよかったと思いました。翌日，その子はまた行きたいと言い出すのではないかと思っていたのですが，きのうはきのうという感じで，一言も行きたいとも言わず自分のクラスで過ごしていました。おそらくねがいが叶わなかったらいつものように大声でしばらく泣き叫んでいたことでしょう。クラスの所属感や他者との関係をもっと高める必要もあることを感じました。

このような子どもの思いを中心にした連携は保育者のつながりを深めるだけでなく，自分のクラス以外の年齢の子どもの育ちも理解できるようになります。さらには，子どもの人間関係も広がります。これは保護者にも園全体で子どもを見てもらっている

泣く気持ちの共有が大事です

という印象が伝わり，安心感を与えることができるはずです。このような保育はやれそうでやっていないという園がかなりあるのではないでしょうか。

「子どもたちの人間関係は子どもたちが決める」という発想をもつと，子どもの居場所はいまよりもっと広がっていくはずです。同年齢で選択肢のない関係のなかだけで保育をすると，無意識のうちに子どもたちを自分のテリトリーのなかに囲い込むことになります。子どもに生活空間の選択肢が増えると，そのクラスが散歩に出かけた後に登園をした子どもがいても，他のクラスで過ごすことができます。個別の支援が必要な状況になったときにも隣のクラスに声をかけて助けてもらうこともできます。子どものことで相談したい場合でも，多くの人が関わっていると，子どもや保護者の情報をたくさん手にすることができます。普段は限られた人数で保育をしているため職員間の連携による助け合いが必要なのです。大人同士の関係性がいいと，保育という仕事も楽しくなります。このような関係を同僚性といいますが，それを高めることがよりよい人的環境をつくり，仲間との助け合いや，情報交流，研修，会議などが充実したものに変わっていきます。ただし，単なる仲良しの集団をつくってしまうと子どもではなく保育者にとって都合のいい同僚性になってしまうので，つねに新しい風を送り込みながら，開かれた同僚性を構築する必要があります。このような関係をつくるときに中立的な立場に立つ主任・副園長のコーディネーターとしての力が求められるのです。

3 主任・副園長の悩みと喜び

「聞いてください！　全然，子どもと関わることができないのです！」「たいへん！園長と保育士の間に入って板挟み状態です」「トラブルの保護者対応はみんな主任の責任になっています」「地域の苦情や対応もみんな主任の役割ですか!?」「支援の必要な子どもや家庭の責任を負わされてしまいました！」「フリーでクラスに入ることも多いけれど，ほとんど雑用ばかり！」……。こうした声をよく主任・副園長との会話のなかで耳にします。主任・副園長の悩みは尽きないということがよくわかります。

しかし，保育園のなかで重要な役割を担っている主任・副園長が「板挟みでたいへんだから……」「雑用はやりたくないから……」「責任が重いから……」という理由で

簡単に主任・副園長の役を降りることはできません。それは，当事者である主任・副園長自身が一番わかっていることです。誰かが担わなければならないことはよくわかっているものの，もう少しやりがいのある，仕事の成果がみえるようにできないものかと悩むのでしょう。たとえ，先輩の主任保育士に「ちゃんと園長が評価しているから」「保護者はわかっているから」「子どものためだから」と言われても，悩みやむなしい気持ちは解決されないでしょう。

ここでは，こうした主任・副園長の悩みを整理しながら，その役割と意義を考え，やりがいのもてる仕事として見直していきましょう。

❶ 主任・副園長に立ちはだかる壁

1　組織上の位置づけ

第一に主任・副園長は，組織の立場や位置が一般の保育者に比べ非常に大きくなります。保育園という組織のなかで，園長に次ぐ非常に重要な役割を果たすことになります。いわゆるナンバー２に位置づけられます。それだけ重い立場に位置しているにもかかわらず，保育園の代表としての立場は，当然，園長にあります。それは，保育園概要やパンフレットから，運動会のお知らせまで「園長　○○○○」と記載されます。その一方で，直接の保育の窓口，朝の受け入れにはじまって，連絡帳から帰りの保護者への引き渡しまで表面に出るのは，主としてクラス担任である一般の保育者となります。

主任・副園長の役割は，重要であり，欠かすことができないことはよくわかっていても，表面に出るのは園長であり，担任の保育者です。なかなか，重要度が表面化されずに，認められたり，報われたりする機会がないことも事実だと思います。主任・副園長に聞くと「表に出たいわけではないけれど，だんだんやりがいがなくなってしまって……」という答えが返ってきます。

2　とにかく忙しい

第二に，仕事の幅が急に広がり，多忙になることです。園内研修や若手の保育者への助言指導等，職員の育成に関すること，毎月の早番遅番などの当番やローテーションに関する園内の調整，クラス打ち合わせや職員会議の準備，行事担当保育者の手伝いや支援，クラスの担任保育者だけでは対応が困難な保護者対応，所在する自治体や関係機

午睡時間になると交代で事務所に集まり
保育者はそれぞれの仕事に専念

関からくる調査への回答のとりまとめ，自治体の所管課，児童相談所，保健所等関係機関，民生委員児童委員などとのコンタクトや調整，等々書ききれないほど，保育園内部のことから，地域や関係機関などの外部のことまで対応や処理を任されることがしばしばあります。また，内容も待ったなしのことが多く，その場の判断を求められることが少なくありません。

この他，年々，パソコンやメール，インターネットなどが発達して，便利にはなりましたが，その一方で調査物の回答期間が短くなり，保護者からの問い合わせも電話ではなくメールによるものが増えました。時間に関係なく，次々に情報が流れ込み，その対応に追われるのです。往々にして同時にいくつもの案件が生じ，どれもこれも手が回らなくなるという状況に陥りがちで，こうしたことが頻繁に重なれば，多忙になることも当然といえます。

③ 高いスキルが求められる

第三に，主任・副園長になると求められる仕事のスキルが一段と高くなります。それは，当然のことでもあります。クラス担任で対応できるものは，クラスで対応します。また，給食室で対応できるものは，給食室で対応します。主任・副園長が対応を求められるものは，クラスや給食室では対応のできない，困難性の高いものやトラブルに発展する可能性のもの，すでにトラブルとなって関係性がこじれているもの，社会的影響の大きいものなどになります。その対応には，保育内容の知識だけではなく，社会的規範や法的知識など，幅広い知識が必要になります。これまで培われてきた知識だけで対応できる内容もあるかもしれませんが，新たに必要になる知識も出てきます。こうした困難性の高い問題を解決していく力量が求められます。

❷ 主任・副園長の役割とやりがい

ここでは，こうした目の前の課題に主任・副園長としての役割にやりがいをみつけながら，どのように対応していけばよいのかを考えていきましょう。

① 職務代理としての役割

主任・副園長は，あまり表に出ることはないかもしれませんが，保育園において園長の次に保育園を代表する役割をもっています。ただし，そういわれても実感がともなわないことも事実でしょう。よく「縁の下の力持ち」といわれますが，実は縁の下だけではなく，いつでも職務代理として表に出ても困らないように準備しておくことが重要です。そのために主任・副園長は，必要不可欠な存在でもあるのです。

> **事例** 園長が入院，いきなり園長代理に！
>
> 今年から主任保育士に抜擢されたQ保育士は，園長に次ぐナンバー2の役割を担っています。これまでも一般の保育士としてクラス担任をもち，真面目で自己研鑽

をいとわず質の高い保育を実践している保育士として周囲からも一目置かれていたので，主任保育士になることも当然と思われていました。Q主任保育士は，早速，主任保育士の役割や保育のポイントを書いてある参考書を探しましたが，めぼしいものはありません。唯一「保育所保育指針解説」のなかに「主任」「主任保育士」という文字が出てきましたが，いずれもその前後に「施設長」という言葉があり，「主任保育士」単独の役割に言及しているところはありませんでした。

Q主任保育士は，児童の出席簿の管理や早番や遅番の当番表の作成，教材等物品の管理などを任されましたが，クラス担任をもたないフリーの保育士となったため，これまでと異なり，クラスという居場所を失った感じがしていました。

そこへ，会議で出張していた園長から「交通事故にあって足を骨折したのでしばらく入院しなければならず，申し訳ありませんが，園長代理をお願いします」という連絡が入りました。Q主任保育士は，驚くと同時に「主任保育士の役割だってよくわからないのに，いきなり園長代理をするようにと言われてもどうしたらいいのか……」と途方にくれました。

しかし，保育園の運営は待ってはくれません。園長代理として仕事をすすめなければなりません。そこではじめてわかったことは，園長の仕事が多岐多種にわたっていることやその仕事量の多いことです。「園長は一人でこんなにたくさんの仕事をこなしていたなんて……，どれも重要な仕事ばかりで，どれから手をつけてよいか……」と迷いましたが，とりあえず，締切の近いものや重要度の高いものなどから整理をし，優先順位をつけるようにしました。書類作成などについては，入院中の園長とメールのやりとりをしながらなんとか提出にこぎつけました。

園長の入院とは関係なく，保護者からの相談や要望もひっきりなしに入ります。クラスでの対応が難しい場合は，Q主任保育士も保護者の話を傾聴し，あわずず，焦らず，冷静に対応し，クラスの保育士にも適切なアドバイスをしました。

また，園長が入院中に子どもに怪我があってはいけないと思い，職員会議や打ち合わせでは，子どもの安全安心に十分に注意するように話しました。また，用務員にも保育所内で子どもがぶつかったり怪我をしたりするところがないか，点検を強化してもらいました。

関係機関からの連絡も多く，打ち合わせの日程調整も楽な仕事ではありませんでした。しかし，こうした状況やQ主任保育士の一生懸命な仕事ぶりもあって，「急な打ち合わせが入ってしまって，当番を変わってほしいのだけれども」と話すと他の保育士が「わかりました。私が代わります」と快く当番を交代してくれました。また，「来月の当番表の作成を手伝いましょうか」と自主的に申し出てくれる保育士も出ました。

Q主任保育士は，主任の仕事だけではなく，保育所の仕事すべてが，職員みんなに支えられて成り立っていることを実感しました。園長が退院し，職場に復帰したあかつきには，園長でなくてもできる仕事は自分が引き受けるように，また，内容

> によっては，自分（主任保育士）が案を作成し，園長が最終確認をしたのち処理する事務など，仕事の分担の見直しも相談したいと考えています。

　Q主任保育士のように，園長が入院をして園長代理を務めなければならない状況は，そうそうあるものではありませんが，主任・副園長の最も大切な役割は，いざというときに園長に代わって園長の仕事を務めることだと思います。つまり，主任・副園長を任命されたときから，そのことを念頭に置いて，園長の仕事を学んでいくことが大切です。たとえば，「もし自分が園長であったら，どう対応するだろうか？」と考えることもできます。「園長がこういう判断をしたのはなぜだろう？」と考え，ときには率直に園長に尋ねることもできるでしょう。こうして園長の立場に立って考えることも，主任・副園長ならではの役割だと思います。

　だからといって，主任としての仕事に慣れたら，あからさまに「園長の仕事を代わりますから教えてください」とは言えないでしょう。しかし「園長の仕事が大変なことは近くにいてよくわかります。園長の代わりをすることはできませんが，私にも手伝えることがあれば教えてください」と謙虚に申し出ることはできます。

　組織のうえでは，権限委譲といいますが，権限委譲には，役割分担と同時に責任の分担がともないます。Q主任保育士のように権限委譲により相当の責任を担うことで，仕事の優先順位をつけることや安全管理の確認を指示することなど，主体的に主任保育士として仕事に取り組むようになります。なかには，役割分担が明確ではないけれども必要な仕事の発見もでてきます。このようにこれまで誰も気がつかなかった新しい視点で仕事をつくりだしていくことや見つけていくこと，これこそが主任・副園長としての仕事のやりがいや意欲につながっていくのではないでしょうか。

　また，同時にそれは主任・副園長の仕事の権限委譲を考える機会でもあります。すぐに権限委譲することはないかもしれませんが，自分の仕事で代わってもらえるものと，園長と自分にしかできない仕事を整理しておくことや，いざというときのために自分の仕事のマニュアルを準備しておくことも主任・副園長として必要な心得です。

2 　仕事の処理能力の向上

　主任・副園長には，多岐多様にわたる仕事が割り振られるうえに，担当が決まっていなかったり，決められないことは往々にして主任・副園長の役割になる傾向があります。次々と任される仕事をどのように管理していくか，これまで以上に仕事の処理能力の向上が求められます。

> **事例**　一日のスケジュールを見える化！
>
> 　主任保育士のW保育士は，今年職場を異動になり，4月開園の新設保育園の主任保育士になりました。新設保育園ということで，何から何まで新しい施設の環境はたいへん気持ちの良いものでしたが，園長をはじめ全職員との新しい人間関係をつ

くっていかなくてはなりません。W主任保育士は，まず，できるだけ自分から子どもや保護者，職員にあいさつをしたり話しかけたりするようにして，コミュニケーションの機会を多くもつようにしました。

　新設保育園では，園長と主任保育士との事務の役割分担を話し合うところからはじまり，前の保育園では担当していなかった調理の食材注文などの事務も担当することになりました。

　新設保育園ということで，3歳未満児は定員が埋まっていましたが，3歳以上児は定員に達していないこともあり，ぱらぱらと新入園児が入るため，その面接や児童票作成は自然とW主任保育士の役割となりました。

　保育士をはじめ職員全員が，覚えたり慣れたりしなければならないことが多く，目いっぱいの状況であることもあって，このように，担当が決まっていない仕事や急に必要になった仕事は自然とW主任保育士の役割として引き受けることになりました。W主任保育士も他の職員と同様に覚えたり慣れたりしなければならないことがたくさんあるのですが，主任保育士という立場の手前，拒否したり投げ出したりすることもできず，黙々と一生懸命に仕事に向き合っていましたが，なんとなく効率の悪さを感じていました。

　そこに園長から「役所に頼まれて障害児を受けることになったの。うちの保育園は新設園なのでもう少し待ってくださいとお願いしたのだけれども『他に入れるところがなくて』と言われてしまって。主任の仕事が大変であることはよくわかっているけれども，この障害児の世話をW主任が担当してあげてください」と頼まれてしまいました。さすがのW主任保育士も自信がなくなってきました。いまの仕事で手いっぱいなうえに，障害児の保育が担当できるのか……。悩んだ末に，園長に相談をしたところ「わかったわ。障害児のことは，主任中心に保育してほしいけれども，他のところを手伝ってもらう臨時職員を入れてもらえないか，私から本部に頼んでみます。主任は，自分の仕事をもう一度整理してみてくれませんか」と言われて，少しだけ重圧から解放された気がしました。

　自分の分担すべき仕事を整理したところ，主任保育士として役割分担された仕事のなかには，新設保育園としてマニュアルを作成するなど1年目だけ集中すべき仕事が軌道に乗れば，主任保育士でなくてもできる仕事があることなどがわかりました。その一方で，調査物やクラスでは対応困難な保護者支援など，緊急性の高い仕事があることもわかりました。

　仕事全体の見通しが立ったこともあり，2年目に向けて必要な行事や事務の仕事を年間スケジュールのなかに割り振るようにしました。このことによって，おおむね年度末までの見通しが立つようになりました。

　次にW主任保育士は自分の働き方を見直しました。ある程度の優先順位はつけていたものの，時間の割振りなどスケジュール管理は十分でなかったと反省しました。そこで，時間を有効に活用しようと，毎朝，一日のスケジュールを立てるよう

> にし，仕事の時間単位もこれまでの1時間から30分単位にしてみました。障害児担当の保育士として，クラス保育に入らなければならないところはまとまった時間が必要でしたが，子どもが午睡に入る午後などはまとまった時間がとれるので，時間のかかる仕事を割り当て，空いた隙間の時間には，教材室の片づけなど短時間でできる仕事を入れました。毎日の予定をパソコンのスケジュール表に入力して，園長や他の保育士もW主任保育士のスケジュールを見られるようにしました。
>
> このことによって，時間が有効に使えるようになりました。何よりも「W主任どこですか?」と探されたり，呼び出されたりすることが少なくなり，集中して仕事に取り組めるようになりました。また，子どもの怪我や保護者への緊急な対応など必要なことも生じるので，すべての時間をスケジュールで埋めずに，空き時間も意識的につくるようにし，緊急対応でできなくなった仕事を調整するなど工夫しました。
>
> スケジュールを見える化したことによって，他の保育士から「W主任のスケジュールがたくさん埋まっていて，大変なことがよくわかりました。これまで主任にお願いしていたクラスの取りまとめも自分たちでやろうと思います」という申し出もありました。園長からも「給付事務については，臨時職員を入れてもいいことになったので，役割分担を見直して，一緒に園内研修の計画を考えましょう」という話があり，W主任保育士は園内研修で保育の質を高めることが楽しみになりました。

　主任・副園長になると多忙をきわめるといわれます。主任・副園長として担当する仕事が多く，仕事の中身も保育に関する仕事ばかりではなく事務仕事も増えてきます。また，主任・副園長としての経験が長い保育士も，子ども・子育て新制度による給付事務など，制度の変更にともなう事務変更やシステム変更など，経験があってもなくても覚えなくてはならないことがたくさんあります。そのうえに，保育上では，緊急で対応しなければならない重要なことが重なるように生じてくることがあります。

　当然，保育園としてマニュアルを作成するなど組織として万全の備えがあると思いますが，近年，都市部では待機児童解消加速プランや子ども・子育て支援事業計画策定などの影響もあり，新設の保育園が次々と設置されています。こうした状況もあり，主任・副園長としての経験がないばかりか，保育士としての経験も5年程度という主任・副園長も生まれています。また，保育士の人材不足が社会的問題となっており，主任・副園長は園長とともに，経験の少ない若い保育士を育てていかなくてはならないという状況があります。新設の保育園に限らず，保育園はいつも人手不足，人材不足，毎日のやりくりでいっぱいという声を耳にします。

　こうした状況のもと，主任・副園長が多忙になるのは当然のことかもしれません。しかし，子どもや保育は待ってくれません。限られた状況のなかで，やりくりしていくしかないのです。それは，主任・副園長が一番よくわかっていることだと思います。

　そのためには，仕事を分類したり整理したりすることが必要になってきます。優先順位をつけるだけではなく，月や学期，年間で仕事を割り当てることが重要です。ま

た，主任・副園長でなくてはできない仕事か，他の職員でもできる仕事かを整理することも大事です。取り急ぎ，今年度は主任・副園長が担当するにしても，来年度は誰が担当しても困らないようにマニュアル化しておくことが大事です。その際，写真や映像などを使って，効率よくマニュアルを作成していきましょう。

　次にW主任保育士のように，1日の仕事を15～30分刻みで予定表に入れて，園長をはじめ全職員がわかるようにすることも大切です。「主任保育士の仕事は大変！」と言うだけではなく，園全体に見える化をはかり，「これだけの仕事量を効率的に取り組んでいること」を理解してもらうことも大切なことです。

3　保育をデザインする

　主任・副園長は，保育士としての知識や技術はすでに高く，また，常日頃から自己研鑽に励み，問題意識や課題への取り組みにも関心があります。当然，若い保育士の育成や指導も主任・副園長の役割になります。近年では，個々の保育園で，特徴のある保育に取り組んでいるところも少なくありません。こうした，保育園の保育内容は，その保育園を運営する法人や企業，自治体の方針のもと，園長をはじめ保育園で働く保育士，看護師，調理員，用務員等々の職員が協力してつくりだしていくものです。主任・副園長は，それぞれの立場をふまえながら共通理解をはかり，協力して創造する保育が円滑に営まれるように配慮し，調整やスケジュールの管理，準備，まとめなど主任・副園長でなくてはできない作業を担当します。

> **事例　自己肯定感を育む保育の計画**
>
> 　認可保育園となって間もないK保育園の副園長のF保育士は，若い保育士が多い職員構成のなかで，「教えてください」と質問されたり，頼りにされたりすることがよくありました。そんな折，F副園長は園長から「そろそろ，K保育園の保育課程を立てなければと考えているので，F副園長がPT（プロジェクトチーム）のリーダーとなって取りまとめてください」という指示を受けました。そこで，各クラスから一人ずつ，保育課程のPTのメンバーを出してもらって，話し合いをすすめることになりました。その際，F副園長は，若い保育士がK保育園の子どもたちの成長に喜びをもって保育できるように，PTのなかだけですぐに計画づくりに取り組まずに，まずは，保育者が子どもたちに託す夢やねがいをていねいに出し合うことにしました。そして，保育課程の前提となる子どもの姿がイメージされたところで，その作成に取り組みました。その際，「何歳だから何ができるという発達の姿だけにこだわらずに，こんな体験や経験をしてほしいというねがいを大切にしましょう。保育課程は，その夢やねがいをイメージして絵を描くように保育を描くデザインであり，一人ひとりの子どもが紡ぐ物語であり，全員の子どもたちが奏でるアンサンブルであり……」とできるだけ保育用語を使わないで説明して，新しい発想で考えられるようにしました。既成概念にとらわれないPTでの話し合いでは，若

> い保育者も自分のセンスで参加することができ，積極的に意見を発言するようになりました。こうして子どもが自分らしさや自己肯定感を育むことを保育目標に据えた保育課程ができました。園長も「これまでにない，オリジナルな保育課程ができましたね」と評価してくれました。保護者からも「難しい言葉が使ってなくて，わかりやすいし，夢がある」との評価をもらいました。
> F副園長は，これに満足することなく，せっかく新しい保育を創造する楽しさがわかってきた若手保育士たちに声をかけて，自主的勉強会をはじめようと思っています。

　このように，主任・副園長は，リーダーシップをとりながら，保育園の目指す保育課程や保育のデザインを実現することが可能になってきます。保育課程は指導計画とは異なり，その保育園に生活する子どもたち一人ひとりの物語をまとめたものでもあり，保育の理念でもあります。子どもの発達の筋道がわかっている主任・副園長だからこそ，自己満足に陥ることなく，保育課程を立てていくことが可能になるのだと思います。

　熱心な若手保育者と一緒に子どものことや保育を語り合うことは本当に楽しいことです。保育者が子ども一人ひとりのその子どもらしさを引き出すように，園長とともに保育士をはじめとする多くの職員のよいところを引き出し，足りないところは互いに補いながら，保育を創造してくことが主任・副園長のやりがいの一つでもあります。保育は，子どもとさまざまな職種の職員が奏でるアンサンブルです。子どもと大人がそれぞれの立場から十分に響き合うことで，素晴らしい音色の保育を生み出していくことにつながるのでしょう。

　それは，職員同士否定していてははじまりません。職員一人ひとりのよいところを見つけ，口に出して伝えたり，手伝いを頼んだり，自ら申し出たり……。主任・副園長としてあきらめずにコツコツとコミュニケーションをはかっていくと，それが周囲の職員にも影響してきます。周囲の目を気にせず，主任・副園長として根気強く，職員に関わっていく姿は，きっと周りの人の心を溶かし，動かしていきます。

　とはいえ，ときには不協和音を奏でることもあるかもしれません。なかには，失敗を繰り返す保育士がいるかもしれません。しかし，そういうときだからこそ，みんなで協力して保育園を盛り立てていくことだけに集中し，後ろを振り返らないことが大切です。忘れてはならないのは，主任・副園長としてこれまで経験してきた他の保育園と決して比較しないことです。こうしたマクロとミクロの目で保育園という組織を考えていくことは，主任・副園長の大切な役割です。

④ 情報の収集と自己研鑽

　子どもを取り巻く状況はめまぐるしく変化しています。たとえば国の少子化対策は，次々と新しい制度や法改正がおこなわれ，サービスもその名称も変わってきています。こうした状況のなか，主任・副園長に求められる役割について考えていきましょう。

事例 父母の会で子どもの貧困をテーマに勉強会

　主任保育士のR保育士は、父母の会の代表のSさんから「次の父母の会主催の勉強会で子どもの貧困をテーマに取りあげようということになったのですけれども、R主任、相談にのってください」と言われました。R主任保育士は新聞などで子どもの貧困の記事を目にしましたが、あまりにテーマが漠然としていて、勉強会をすすめるにあたって、どのようにアドバイスしたらよいか正直困惑してしまいました。すぐさま園長に相談をしたところ、「子どもの貧困ね。テレビや新聞で報道されるけれど、実態がつかめないのも事実だと思うの。確かこの前、国の子どもの貧困対策に関する大綱が出たと思うから、そうした資料を集めて、父母の会で考えてもらったらどうかしら」。R主任保育士は園長のアドバイスから、インターネットを使って子どもの貧困のことを調べてみました。すると、子どもの6人に1人が貧困の状態にあること、ひとり親世帯の貧困率は54.6％でその他のすべての世帯の平均の4倍以上に上っていることなどがわかりました。保育園にもひとり親家庭の子どもがたくさんいますが、その子どもたちが、貧困によって進学をあきらめたり、正規雇用につけなかったり……。R主任保育士はあまりにも知らないことが多く、父母の会と一緒に勉強したいと思いました。

　また、「子供の貧困対策に関する大綱」にも目を通し、市にどのような施策があるのか、熱心に聞いたり、調べたりしました。また、父母の会の勉強会には、市の子どもの貧困の施策の担当者が説明に来てくれることになりました。担当者の話のなかで、他の自治体では、NPO法人と地域や学生ボランティアが中心となって、自宅を開放して子どもが一人でも入れる「こども食堂」という事業をおこなっていることもわかりました。また、役所でもこれからは、ひとり親家庭の支援に力を入れていくという説明を聞いて、よかったと思っていたら、父母の会の代表のSさんが、「ぜひ、こども食堂をはじめたいと思うので、みんな協力してください」と呼びかけました。Sさんの呼びかけに賛同する保護者もいました。R主任保育士は、子どもの貧困についてもっと学びたいと思うと同時に、近くに「こども食堂」ができたときは、ぜひボランティアで参加したいと思いました。

子どもの未来を保護者と共に考える

この事例にみられるように子どもの貧困は新たな社会的課題としてマスコミにも取りあげられています。こうした社会的課題については，保護者の関心も高く，主任保育士としてアンテナを高く張り巡らす必要があるでしょう。NPO法人が主催する「こども食堂」のように，行政サービスとは異なるサービスも増えてきています。地域の取り組みなどこうした情報をきちんととらえておくことが主任・副園長に期待されています。

　主任・副園長になると，保育園内はもちろんのこと，さまざまな情報量が急に増えてきます。それは，主任・副園長が，園長の職務代理として，相当の判断を求められる機会が増え，そのときの判断材料として必要になるからです。子どもを取り巻く情報は，都道府県や市町村からメールで送られてくる情報の他に，テレビや新聞なども見るように心がけましょう。また，保育所保育指針，子ども・子育て支援法，子どもの貧困対策の推進に関する法律，子ども・若者育成支援推進法等々の法制度や自治体の子ども・子育て支援事業計画，この他に「少子化社会対策白書」「子供・若者白書」などの白書にもインターネットで目を通すなど主任・副園長として情報収集に努めましょう。こうした仕組みがわかると，これからの保育園運営のすすむべき方向性をとらえることができます。保育園運営の理念や方針についても園長補佐として，職務代理として担えるだけの能力を養うことにつながっていきます。

5　新たな問題や課題の解決に向けて

　主任・副園長が任される仕事は量だけではなく，その内容も非常に難易度の高いものが多くなってきます。一つのクラスの担当保育士だけでは解決できない複雑な問題やネットワークを活用した家族支援が必要な家庭の問題，園全体で取り組まなければならない課題等々，これらを解決に導くには，もちろん，主任・副園長一人では解決できるわけではなく，保育士の力を超えて，組織として対応しなければならない課題も生じてきます。こうした問題や課題の解決に向けて，主任・副園長の役割について考えてみたいと思います。

> **事例**　複雑な家族問題をかかえて
>
> 　繁華街の近くにあるK保育園のベテランのL主任保育士が遅番を終えて，戸締りをしようとしていると，警察から「お宅の保育園にJちゃんというお子さんはいますか？　実は，繁華街を一人でフラフラして遊んでいたので警察で保護しました」という電話が入りました。Jちゃんは年長児で最近転居によりK保育園に入所したばかりの児童です。L主任保育士はすぐさま，Jちゃんの連絡先に電話を入れましたが，なかなか連絡がとれません。園長に連絡を入れ，取り急ぎ警察に迎えに行きました。Jちゃんに「保育園の名前が言えてえらかったね。お母さんもお父さんも連絡がとれないんだけれども，Jちゃん電話番号とか知ってる？」と聞くと「知ってるけれど教えちゃいけないんだ」と言うのです。そこでJちゃんによく話をし

て，お母さんの連絡先を聞いて迎えに来てもらいました。迎えに来たお母さんに，「今度ゆっくりお話を聞かせてくださいね」と話して別れました。

　翌々日のJちゃんのお迎えのときに，お母さんに時間をいただいて園長と話を聞きました。話によると，お母さんは昼間だけではなく，夜も働いているとのことで，夜間はお父さんにJちゃんを任せているのだけれども，お父さんはJちゃんを一人にして出かけてしまうことが多いので，Jちゃんが一人で出歩いているところを保護されたということです。お母さんの携帯電話の番号は，ほかの人に教えてはいけないと教えてあるのだそうですが，緊急時のため携帯電話の番号を教えてもらいました。

　数日後，今度はJちゃんのお父さんが怒鳴り込んできました。「Jが友達とケンカをして顔にひっかき傷をつくってきたのに，相手の親から謝罪の連絡がない。おかしいよ。あんたたちも見ていたんだろう，ちゃんと相手の親に伝えたのか！」とすごい剣幕です。園長は会議で外出をしていたので，L主任保育士が空いている保育室に場所を移して担任の保育士と一緒に対応しました。L主任保育士は冒頭「このたびは保育園のなかで，大事なお子様に怪我をさせてしまい，大変申し訳ありませんでした。子ども同士のケンカとはいえ，怪我をするまで止められなかったことは，私たちの子どもへの援助が十分ではなかったことをお詫び申し上げます」とお詫びしました。お父さんは，少し落ち着いて「保育園に文句言っているわけではないよ。親に文句を言っているんだ。すみませんの一言があってもいいんじゃないか。俺だったら，申し訳ないことをしたとお見舞金を持ってくよ，そうじゃないか」。すかさずL保育士は毅然とした態度で「わざと怪我をさせようとしてケンカをしたわけではありません。相手のお子さんも腕にひっかき傷と足に青あざをつくっていました。ケンカの後は，お互いに『ごめんね』と言って仲直りをしていますし，相手の保護者も『ごめんなさいね』とJちゃんに謝っていました。大事なJちゃんの顔に怪我をさせたということでお怒りになるお気持ちもよくわかりますが，子どもたちは仲直りをして一緒に遊んでいます。謝らなくてはいけないのは，私たち保育園です。申し訳ありませんでした」。お父さんもL主任保育士の対応に口をへの字にしましたがそれ以上は口にしませんでした。しかし，つづいて「あともう一つ言いたいことがあるんだ。この前，Jが警察の厄介になっただろう。家内にえらく叱られたんだ。近所にちょっと煙草を買いに行っただけなのに，その隙に家から遊びに行くなんて思わなかったんだよ。先生たちからもJに一人で留守番するように注意してほしいよ。それからもっと遅くまで預かってくれるところないかな？」と言うので「お話はわかりました。園長にも報告をして相談したいと思います」とその場を収めました。

　次の日には今度はJちゃんのお母さんが見えて「昨日はすみませんでした。主人がJのことで保育園に文句を言いに行ったと聞いて，つくづく嫌になりました。私は昼も夜も働いているんですよ。それなのに主人は仕事をやめて，一日中ブラブラ

して，せめて夜は子どもの面倒を見てほしいと思ったら，Jを一人残して出かけちゃう。この前そのことで言い争ったら，怒って灰皿を投げられました」。その話を聞いた園長が「次にお父さんが物を投げたり，暴力をふるったりしたら，必ず逃げてね。110番するのよ」とアドバイスをし，L主任保育士は，「一度役所の女性相談係に相談するといいですよ」と言って，女性相談係の連絡先をお母さんに渡しました。

こんな隠れ家好きなんだぁ

　このころからJちゃんはチック症状を見せるようになりました。L主任保育士はJちゃんが保育園で落ち着いて過ごせるように担任の保育士だけではなく幼児組の保育士とも連携をとって，見守るようにし，できるだけ声をかけるようにしました。同時に発達相談室に連絡をとって巡回に来てもらうように日程を調整しました。

　そんな矢先，Jちゃんのお母さんはJちゃんを置いて，家を出たという連絡が入りました。お父さんは，保育園がお母さんの連絡先を知っているものと思い込んで何度もL主任保育士のところを訪ねてきました。保育園がお母さんの連絡先を知らないことがわかると，「これからJと二人でどうやって生活していったらいいか……。Jのチックもよくならないし……」と途方に暮れるお父さんに「Jちゃんのためにもやけっぱちにならないでくださいね。私たちもできるだけ応援しますから。まずは，役所のひとり親家庭の相談係に行ってみてはどうですか」と勧めました。「わかった，行ってみるよ。L先生は俺たち親子を見捨てちゃ困るよ」と言って役所に向かうお父さんを見て，関係機関と連携をとって，この家族へのコミュニティソーシャルワークを園長に提案しようと思いました。

　これからは，このように困難な課題をもつ家庭も増えてくると思いますので，保育園は子どもの最後の砦となるかもしれません。また，保育園に在籍する子どものなかには，毎日綱渡りをするかのように危うい家庭が珍しくなくなりました。そのときの対応や判断を誤ると命に関わることや家庭崩壊を招くおそれもあります。今後もこうした家族は増えていく傾向にあります。こうした家庭の子どもを任されることは主任・副園長として非常な重責となっています。その一方で，主任・副園長が対応しなければ，だれも対応できないのが現状です。主任・副園長としてこれまで積み重ねて

きた経験と知識を活かして，一人でも不幸な子どもをつくらないように，地道な努力をしていかなければなりません。

　たとえば警察に保護されたときのL主任保育士の迅速な対応や，お父さんが怒鳴り込んできたときの謝罪と見舞金を要求するような発言をしたときの毅然とした対応，DV被害が疑われるお母さんへのアドバイス，神経症を見せるJちゃんへの対応，お母さんがいなくなった後の父子家庭への支援等々，L主任保育士には何事にも動じないベテランの風格が感じられました。しかし，そんなL主任保育士も主任保育士になりたての頃は，きっと頼りなかったり，不安に思ったりすることもあったと思います。よく「地位が人をつくる」といいますが，主任・副園長として真摯に仕事に取り組むなかで，たとえ教えてもらっても身につけることができないスキルが身につき，対応できたのではないでしょうか。L主任保育士を頼ってくるお父さんではないですが，子どもだけではなく保護者もみんな誰かを頼りたいのです。L主任保育士はそんな弱気をみせるお父さんの気持ちを受け止めて，一緒に歩んでいきましょうと応援しています。確かにそう簡単に解決の糸口はみつからないでしょう。しかし，応援してくれる人が一人でもいれば，小さな光に望みを託して，一歩一歩着実に前にすすむことができます。Jちゃんのお父さんにとってL主任保育士は一歩前にすすむための光なのです。

　目の前の子どもの笑顔のために保育という仕事に取り組んできましたが，主任・副園長になって，解決の糸口がみつからない困難な課題ばかり扱い，気分が重くなっているかもしれません。しかし，あきらめたり，投げ出したりできないのは，よくわかっているはずです。みんなが主任・副園長のあなたに期待しているからです。園長でもなく，一般保育士でもなく，主任・副園長だからこそできる仕事がたくさんあります。主任・副園長ならではの役割を自覚し，前向きにすすんでいきましょう。みんなが期待しています。

4　園長と主任・副園長（リーダー層）との関係

❶　園長との関係づくり

1　主任・副園長の立ち位置を考える

　園長と主任・副園長の関係が単なる上下関係だとしたら，主任・副園長は園長の考えていることをその通り下に伝える役目があると思うのですが，もし，そうだとしたら主任・副園長はあなた以外の誰でもいいと思うのです。なぜなら，「自分で考える」ということができなくなった中間管理職になっているからです。園長も人間ですから間違った判断をするときがあります。そのとき，人の話に耳を傾け，より正しいと思う判断ができるような情報網をどのくらいもっているかということが重要になってくるのです。このトップが判断するときにどれだけ多くの有効な情報が集まるシステムになっているかで，その園の将来が決まるといってもいいと思います。なぜなら，園

全体が下からの意見を聞かなくなったり，新しい情報に対して無頓着になったりする組織の体質が知らないうちに蔓延してくるからです。このことは組織だけの問題ではありません。やがて保育にも表れ，保育者も子どもの声を聞かなくなるといった保育園に変わっていく危険があるからです。園の関係性が子どもにも保護者にも，そして地域にも影響するものだということを思うと，自分たちの職場を外部にも誇れるものにしたいものです。

いまは待機児童がいる大都市圏でも，その待機児童がいなくなり子どもが少なくなった時点で，今度は子どもたちを確保するための競争がはじまります。そうなると保護者はより良質な保育を求めての園探しがはじまり，選ばれない園は廃園を考える状況に追い込まれます。そのためにも，多くの情報や意見を集め，単なる保護者サービスではなく，子どもの最善の利益を求めた保育が評価されるような質の高い保育園運営を目指して欲しいのです。

そう考えるとやはり園長に意見を言える立場にあるリーダー層は言いにくいことも伝え，よりよい判断ができるような組織を目指さなくてはなりません。

乳幼児教育や学校教育のなかでは，子どもたちの主体性が問われていますが，保育園の組織としても，すべての職員が同僚性を発揮して，考え，話し合える職場を目指す必要があります。なぜなら，子どもたちは私たちの人間関係をとても敏感にとらえ，真似してくるからです。保育園として，ときにはトップダウンで一致団結をしながら仕事をすすめる場合もありますが，さまざまな文化や外国籍の子ども，障害児などに合わせた多様性に富んだ保育が求められているように，園も同様な組織が求められるのです。

子育てで何が大事かという答えは決して一つではありません。そのたくさんの違いに対して園長一人の判断で園の方向性や運営が決まるとしたら，トップの判断が間違っていたとしても，そこから引き返すことはできません。園長には園の運営や保護者対応，保育内容などさまざまな状況を見てよりよい判断ができるように，たとえすぐに理解されなくても繰り返し伝えつづけることが主任・副園長の役割です。ここまでいうと主任・副園長の立ち位置がはっきりしてくると思いますが，以下では目の前の園長とどのような関係性を構築するかということを考えてみましょう。

2　園長のタイプを知る

園長と主任・副園長の人間関係はその園の雰囲気を醸し出すため，とても重要なファクターとなっています。それだけに，リーダー層との関係をいかにうまく構築するかという問題はその園の良し悪しを決めるといっても過言ではありません。そして，その役割を担っているのは園長よりは主任・副園長というケースが多いように私は感じます。なぜなら一番トップに立っている人は周囲の人が合わせてくれる環境に慣れているため自分を変える必要に迫られることが少ないからです。そして，保育園の園長には資質は求められていても資格は求められていないためさまざまなタイプの人がいます。

たとえば保育の現場あがりで保育内容がよくわかっている人もいれば，外部の役員を受けあまり園にいない人もいます。二代目，三代目で保育の中身にあまり興味のない人もいます。保育にあまり興味がないということならそれはそれでいいのですが，人間関係が苦手な園長となるとかなり大変です。また，性格でいうと頑固一徹で自分の主義主張を曲げない人，責任感の強い人，優柔不断な人，問題が起きたときに他者の責任にしたり，そこから逃げる人……。このように例をあげはじめると人の数だけあるのできりがありませんが，それぞれに一長一短があるので，いい関係を構築することが重要です。私たちはこのように他者のことは比較的冷静にその性格を観察したり分析したりできるので，タイプ別に分類しようと思えば，それなりの分け方ができるかもしれません。

　なぜこのような分析が大事かといいますと，最終的な判断を下すのは園長ですが，単に相手に合わせるのではなく，どのようなコミュニケーションをとれば自分のポリシーに合った仕事ができるかということが，自分の仕事に対する意欲にもつながっていくからです。そのためには相手の理解が欠かせませんし，いい関係をつくる努力を積み重ねる必要があります。はじめは園長と考えが違っていてもいいのですが，私たちは子どもの最善の利益を基本にした保育をするということでは何もぶれることはないはずです。そのことを一緒に考えながら意見交流をするうちに，だんだんと同じような価値観をもてるように向き合わなくてはなりません。そのためにも園長の考え方を理解し，否定や訂正を求めないでよりよい方向へと考えてもらえるような提案が大切になってくるのです。

3　プロセスを大切した理念の共有

　主任・副園長の立ち位置は他の保育者から見るとどこにあるのでしょうか。園長と理念を共有し，園の考えていることをわかりやすく噛み砕いて現場に下ろしてくれる人でしょうか。それとも中間に立って現場の声を上層部にとどけてくれるたくましい人でしょうか。おそらく現場の保育者たちは後者の人を望むかもしれませんが，衝突し合う上司のなかで仕事をするのも心地よいものではありません。

　そう考えると，主任・副園長に求められるのは，いかに園内を心地よい人間関係にできるかというコミュニケーション力です。園長にとって反発ばかりする部下と仕事をするのは心地よいものではありません。そうかといって現場の声を届けないと，間違った判断をする場合もあります。

　自分の思い通りに周囲の人が動いてくれたら，誰でもこれほど楽なことはないのでしょうが，そのような縦社会は子どものためにもつくっていってはいけないと思います。少なくとも保育者は人間を相手に仕事をするプロですから，平等や平和といったことをつねに意識して，相手との心地よい関係をつくっていく必要があると考えてください。

　それでは園長とはどのようにコミュニケーションをとればいいのでしょうか。園長のなかにはすべての責任を背負っている立場上，園のあらゆることを知りたいと考え

る人もいれば、保育のことはわからないからとすべて任せきりという人もいます。このとき主任・副園長は園長の理想を語り、ない物ねだりをするのではなく、まずはどのようなスタンスで仕事をしてほしいのかを確認してみてください。確認といったのは命令を待つということではなく、提案型で相手に考えてもらうというやり方です。受け身ではなくやりたいことや、職場の改善点、園内研修などの具体的提案をし、一緒に考えてもらう関係をつくるという意思決定までの話し合いのプロセスを大切にしてほしいのです。園長と腹を割って話し合いができる関係は、主任・副園長に任された特権です。

❷ 保育園の役割の共有化と保育文化の構築

1　意見の食い違いを調整する

　園長との関係が感情的にこじれたなかで仕事をするのも辛いものです。どうしても先入観が先に働くので相手との話し合いがうまくいかないからです。とくに親子や夫婦といった遠慮のない関係だと、感情の方が先になるので、冷静に仕事の話をすることが難しくなります。一方、主任・副園長がいつも園長のご機嫌をうかがいながら、2人が二人三脚ですすみ、他者の入る隙間がない関係も困ると思います。人は普通に楽しい話をしているときならうまくいくのですが、仕事のこととなると、自分の主張を通そうとするので、衝突が起こりうまくいきません。そこをどのように乗り越えていけばいいのかを考えてみましょう。

　私たちは無意識のうちに相手を選び、好き嫌いのサインを出しているため、いい関係づくりを意識化して、話し合いをするときには、子どものトラブルと同じようにどちらが良いとか悪いという話ではなく、すれ違いの根本を確認し合い、双方で歩み寄り中間の合意点を探すということを繰り返していきます。このときに中立の立場で間に入っていくのが主任・副園長です。そう考えると嫌な仕事かもしれませんが、これを繰り返すことで人から信頼されるようになります。感情の衝突を調整するのではなく、あくまで意見の食い違いを調整していくというスタンスでいいのです。そのためには日頃から連携会議ということをていねいに繰り返し実施し、その会議内容をみんなで共有できるような議事録をファイルしていき、それを誰でも確認できるように公開していくようにします。

2　パート職員との連携

　園内の情報をどのようにみんなで共有するかという課題はどの園もかかえている問題ではないでしょうか。とくにパートの保育者たちが多く入っている園では、その人たちに対してどのように情報を伝え共有するかという工夫がつねに求められています。それはパートの職員でも正規職員と同じように園の方針や子どもたちや保護者の情報を共有してもらわないと、保護者に対して不安感を与えることになりかねないからです。

　この決まったことを伝達するという部分では、書類だけでなくときには主任やリー

ダー層がパートの職員を集めて，伝達だけの会議を短い時間でおこなうということも効果的ですし，職員会議にも都合のつけられる人には参加できるような配慮も必要だと思います。

さらには休憩時間にコーヒーを飲んだりお菓子を食べながら共に子どものことなどをおしゃべりできるような環境をつくっておくことでも同僚性が深まります。上司はまず，伝えるということを十分意識してください。

3 組織を考えた連携

「園長にとっての主任・副園長」
「主任・副園長にとっての園長」
「保育者にとっての主任・副園長」
「主任・副園長にとっての保育者」

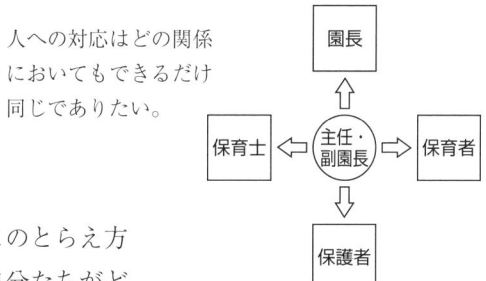

人への対応はどの関係においてもできるだけ同じでありたい。

それぞれの立場（視点）によってこのとらえ方はまったく違ってきますが，まずは自分たちがどんな組織をつくっているのか，図1-1のような関係図をつくってみてください。つくり方は研修の一環として，一人ひとりが自分を中心とした組織図をできるだけ細かく作成してもらってください。

新人や中堅，ベテランといった立場でこの組織図は違ってくるはずです。出来上がったらそれをみんなで共有するのですが，正しい組織図をつくるための答え合わせではありません。それは一人ひとりの立場や感じ方が違うため，その違いを相手の立場に立ってみんなで考えるための研修になります。ここから，どのように園の理念が伝わっ

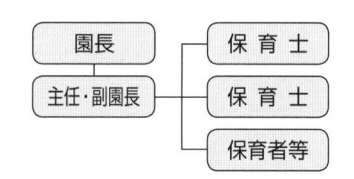

図1-1　主任・副園長に統括を頼む組織図

ているのかとか，現場の声がどのようにフィードバックされているのかを考えてください。さらには自分を中心としてのコミュニケーションの関係性を矢印で記入してみてください。対等に話せる関係はイコールでつなぎ，一方通行に情報や指示が強くくる関係は太い矢印➡で，弱い場合は→で，また自分の方からの発信ができる場合はその強さも考えて反対側←にも書きます。このような組織図をつくることによって，一人ひとりが置かれている情報の入り方，伝え方がわかってくるのです。

コントロールされない組織にいると発言力の強い人が中心にくるため，平等な人間関係をつくるのが大変になります。そうなると新しい発想や意見などが入らない硬直した組織になってしまいます。これからの保育は子どもたちの主体性をいかに発揮させるかということが求められる時代です。そこに，意見の言いにくい硬直した大人の組織があるというだけで，そのような保育は実現しなくなるのではないでしょうか。

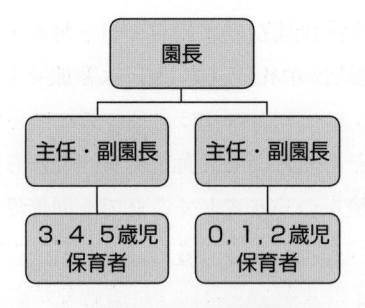

図1-2 主任・副園長を複数にして現場の意見をよりていねいに聞く

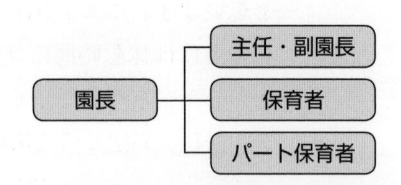

図1-3 主任・副園長と保育者を同列に置いた組織図

4 多様な組織を工夫し情報共有をおこなう

組織図を確認し、ここの保育者たちが置かれている立場がわかったら、次はその組織を活かして、どのようにすればみんなが思うような意思決定や情報交換ができる集団になれるかということを考えてみましょう。

保育園は毎年同じ行事が繰り返されるため、変化しないようにすることの方が大切だと考える人もいますが、少なくとも毎年子どもや保護者は違うわけですし、新しいスタッフが加わっているかもしれません。それでも同じことができると考えるのは一人ひとりの子どもたちの思いや育ちに配慮していないといえないでしょうか。繰り返される行事や保育の方が心地よいと考える人が多くいれば、その園の保育は変わりません。それはこの保育が一番いいという思い込みにつながりますし、行事などはすべてすすめ方が決まっているので、創造的な話し合いではなく、昨年の確認で終わってしまいます。

このようなことを気づかせるのも現場をよく知っている主任・副園長なのですが、そのためには外部の研修に積極的に出かけ、いま、保育にはどのようなことが求められているかという新しい情報を取り入れながら、そのことを園で伝えたり実践していきます。このことによって園長との信頼関係も増していきます。

このようにつねに子どもにとってよりよい保育を考えることが、当たり前のようでなかなかできない保育現場に新しい風を送り込む役割が主任・副園長にはあるのです。

5 意思決定までのプロセス

園で起きているさまざまな問題を園長一人がすべて掌握して一人で判断を下すという園もあるでしょう。あるいは主任・副園長に任せきりでほとんど口を出さない園長もいるでしょう。いろいろな性格の園長がいるので、園によって意思決定の仕方がかなり違うと思います。しかし、ここではみんなで決める合議制を学んだり、トップダウンのメリット、デメリットを考えた意思決定の方法をいろいろと考えていきましょう。

みんなで決める合議制は民主主義のように思われますが、全員が対等に意見を出せるかが問われますし、時間もかかります。しかし、小グループにしたり経験の浅い人たちの意見をできるだけ吸いあげるようなルールを決めておけば、一人ひとりが考え、

自分の意見を述べる自立した関係性が生まれます。一方トップダウンはあまりいい印象はもてないと思いますが，正しい判断であれば短時間で全員の意思統一が可能となります。さらには多数決というルールもありますが，これは必ずしも総意と一致しない場合もありますので，話し合いによる意思決定を大切にし，間違えていれば見直しをはかり，方向を変えることができる組織をつくることが大切です。このことに対しての主任・副園長の立場は，みんなからの意見を引き出すためにファシリテータそのものの役割となりますので，そのスキルも身につける必要があります。

主任・副園長は縁の下の力持ちのような存在だといわれますが，決して隠れた存在ではありません。園長と保育者たちをつなげる重要な役割を担っていますし，園長に対して正しい判断ができるように，園長との定期的な会議のなかで園の情報をわかりやすく伝える工夫も求められます。

6　保育者たちのメンタルケア

主任・副園長の仕事としては園長との連携が一番求められるところでしょうが，同時に職員たちとのコミュニケーション力も求められています。そこには保育実践の悩みや，人間関係，個人問題まで，かなり幅広い相談が寄せられると思います。保育内容のことでしたらオープンにしてみんなで考えるということができるかもしれませんが，人間関係が問題で心が折れそうな保育者に対するメンタルケアは見逃すわけにいきません。それはすぐに保育中の表情にも表れますし，子どもや保護者との関係にも悪影響を及ぼします。ときには退職という事態にまで追い込むことになってしまいます。しかし，これらのことに対して親身に相談にのることは大切ですが，そのことを一人でかかえ込むということはしないでください。なぜなら主任・副園長の能力が高ければ高いほど，あらゆる相談がそこに集まることになるからです。これは一見すばらしい主任・副園長という評価につながるのかもしれませんが，組織ということを考えると，その人がいないと問題解決ができない，とても線の細い関係になってしまうからです。

このような問題解決は一様ではありませんが，当事者だけでなくできるだけみんなの問題として園全体で考えるという体質をつくっていった方がいいと思います。オープンにすることによってみんなの目が改善に向けて注がれるので，トラブルの抑止力にもなりますし，陰口も減ってきます。少なくとも人間関係を扱う仕事のプロ集団としては，自分たちの問題を自分たちの手で解決できる組織をつくりたいものです。

③　乳幼児教育と保護者や地域を支える役割

1　事例から考える主任・副園長の役割（新人へのケア）

事例　新人のメンタルケア

今の学生たちは学校で一人ひとりに合わせる保育や，子どもたちは自ら学ぶ存在

> で，遊びを通して主体的に学習をするということを教えられてきます。ところがいざ実習に行くと，なかには一斉保育が中心で，小学校のように子どもたちに一方的に何かを教え，学ばせる，つくらせるといった保育をしている園が数多くあるため，戸惑う学生が多くいます。なかには，保育現場と学校で教えてもらったことにはずれがあるものと考え，その園の保育のすすめ方が正しいものと思い込む学生もいます。また，仕事のすすめ方についても先輩の指導とマニュアル通りにすすめる必要があったので，いつも上司の許可が必要だということを学んだ学生もいます。
>
> 　卒業後，別の園に就職してみると，今度は話し合いが中心の園で，子どもたちとも話し合いによって保育内容を決めていました。もちろん実習中に学んだ保育のすすめ方は役に立たないことがわかったのですが，同時に一人ひとりに合わせた保育のすすめ方がわからず，先輩から厳しく指導され，悩んでしまいました。そんなとき，主任から声をかけてもらい，心の整理ができました。

2　主任・副園長の権限を考える

　主任・副園長としての権限がどこまであるかというと，それは各園によって位置づけが違うので一概にいうことはできませんが，園の全責任を負う立場にある園長の権限とは違うはずです。それでは主任・副園長が判断して決められるようなことがあるかといいますと，基本的には「ない」といった方が正しいでしょうか。ただし理事会などで主任・副園長の権限が規定されれば話は別です。しかし，権限がないから仕事が難しいかというと，それは民主的に仕事をすすめる組織になっていれば問題は起きないと思います。将来的には保育園の運営自体がいまの理事会から評議員制度に変わるため，ますますオープンで公平な運営が求められるようになります。そこに主任・副園長も含め現場から多数の意見があがってくるような組織になっていることが利用者にも安心感を与えるのではないでしょうか。

　園長にとって園のなかでスーパーマンのように働いてくれる主任・副園長がいることは非常にありがたいと思うのですが，そのような重責に耐えられる職員の育成はすぐにはできません。しかし，これからはキャリア形成のなかにもしっかりと主任・副園長の位置づけをして，次の世代を育てるという経営が求められていきます。

　さらには主任・副園長という役職についても園全体でその役割を共有できるようにしておく必要があります。それは園長が主任・副園長に何を望んでいるかという表明でもあり，主任・副園長という立場の人の権限を示すことにもなります。これは中間管理職の身

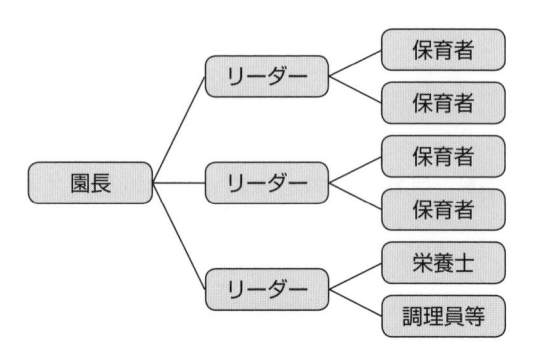

図1-4　主任・副園長の代わりにリーダーを置いた組織図

分や仕事内容を守ることにもつながりますので，職務分担表にもしっかりと明記しておくことをお勧めします。それがないと，ある日突然主任・副園長に登用されても，かえってその職員を苦しめることになり，意欲を削ぐことにもつながりますので注意が必要です。

ほらみて　こんなに跳べるようになったよ

　ここまでは，主任・副園長がいることによるメリットを考えながらその位置づけを話してきましたが，主任・副園長一人の肩に重責を負わせるのではなく，リーダーというもう少し小さな人間関係をまとめる役割の人を置くという方法もあります。そして定期的にリーダー会議を開きながら，透明性のある運営を目指していきます。このメリットは保育士からの意見の窓口が広がるので，園長までの情報がより多方面からの意見集約として伝わるメリットもあります。

　透明性といったのは何がどこで決まっているのかということをはっきりさせることによって，職員間の連携はもちろんその組織に対する安心感が生まれます。そのことによって，自分たちの意見がどのように反映されているのか，自分たちの目指している方向はどこなのかということを確認しながら保育をすることができるのです。園で決まったことを「知らなかった」ということがないように園内の連携についてはいつでも，だれでも確認できるようにしたいものです。そのことが透明性を確保することにつながります。

第2章 子どもを観る目，保育を観る目を育てる

1 発達の共通理解と保育の喜びを高め合う

❶ 子どもの発達の特性や発達過程を理解する

1 なぜ発達を学ぶのか

　第1章の冒頭に述べた日本の子どもたちの育ちの危うさ（発達の歪み）の要因の一つには，発達のとらえ方に対する誤りがあったと考えられます。育つということは能力が伸びること，できることが増えていくこと，すなわち，「能力」という観点で子どもたちをできる／できないと評価し，差別してしまうことはなかったでしょうか。「○歳になるとこういうことができるようになる」という知識のもと，いつの間にか年齢の物差しで，子どもを評価してしまい「○歳になっているのにまだこういうことができない」とか，子ども同士を比較し「この子は発達が早い，この子は発達が遅れている」など，相対評価をしてきたのではないでしょうか。

　かつての私にもそういう傾向がありました。振り返ってみると，いつも子どものできないことばかりにとらわれてしまう自分がいました。そして「できないのはあなたの努力が足りないから。もっと頑張りましょう」と，できないことをできるようにさせる保育をすすめてきてしまいました。とくに運動会や生活発表会のような行事には，「みんなができるようになるまで頑張ろう」というスローガンのもと，できない子には「○○ちゃんもできるようになったんだからA子ちゃんもやってみよう」ととくに練習を重ね，立派な成果をだす保育を子どもたちに求めてきてしまいました。

　私のそのような発達に対するあやまった認識に気づかせてくださったのは保護者でした。行事の後の懇談会のとき，ある保護者が次のようなことを指摘してくれました。「運動会の練習がはじまってから，うちの子は登園を嫌がるようになってしまったんです……競技は立派にできたのですが……」。保育者の私に一番「練習しようね」と追いたてられた子どもでした。子どもたちがどのような思いで取り組んでいるかを考えようともせず，ひたすらよい結果をだそうと必死でした。発達の過程よりも，結果に重点を置く指導になっていたのです。目に見える成果や結果を志向するのではなく，子どもたちの意欲，目に見えない心の働きを志向することが重要だったと保護者からの指摘で，私はやっと目が覚めました。

　確かにいろいろなことができるようになることは子どもにとってうれしいことです。

単に「できるようになった」で終わらず，できるようになったことがその子にとってどういう意味をもたらしたのかを考えることが大切です。たとえばなかなか跳べなかった縄跳びが跳べるようになったことで自信がつき，今度はもっと苦手だった登り棒に挑戦しようとしているなど，その子の心情，意欲，態度や心が育っていくことを観ていくことが重要なことでした。発達を理解し学ぶということは，子どもたちの目に見えない心の育ちを支えていくことだと実感したのです。

2　発達過程と発達の連続性

　保育所保育指針では，子どもの発達過程をおおむね8つの区分としてとらえています。子ども理解のポイントは，この発達の過程を理解することです。子どもが辿る発達にはどの子も共通の道筋や順序性がありますが，一人ひとりの子どもの成長の足どりはみな違います。子どもは育てられて育つ存在です。どういう育てられ方をしたかによって，成長の足どりは違ってきます。子どもはつねにその子を養育する人たちとの関係のなかで育っていきます。周りの大人から愛されて育てられれば，自分は愛されているという自己肯定感が養われ，よく笑う子になります。ところが育児に対する大きな不安をかかえた母親に育てられた子は，生後6カ月になっても笑うことがないということも見てきました。「この子はまだ笑わない，発達が遅れている」のではなくて，大好きな人と共に在る喜びを得ることがなかったのです。一方，成長の早い子，ゆっくりの子など個性もあります。したがって同年齢の子どもたちとの比較ではなく，いかに一人ひとりの子どもの発達過程を理解することが大切かということを職員間で共有したいものです。

　指針の第2章には「保育士等は，次に示す子どもの発達の特性や発達過程を理解し，発達及び生活の連続性に配慮して保育しなければならない」と記述されています。

・3歳未満児〜幼児における発達の連続性
・家庭〜園〜家庭へ　24時間の生活の連続性
・幼児期から小学校へ　小学校との連携

2歳児は"おんなじ"が大好き！

　新制度では「小学校と幼児期の教育の接続関係を明確にすること」が強調され，幼児期を小学校教育の準備段階として組み込むことになりました。子どもの生活と発達は，乳児期〜幼児期〜学童期へと接続していきます。そういう意味で学校教育との接続が考えられることには意味がありますが，保育園が小学校の準備教育であってはならないと考えています。ユニセフからみた日本の子どもの権利状況でも指摘されたように，子どもが子どもでいられる時期に遊びを十分に保障していくためにも，乳幼児期の発達の特性を何より重

要視していきたいものです。

❷ 園のすべての子どもを肯定的に観る

1 子どもと共に在る生活に喜びのメッセージを

　主任・副園長に欠かせない重要な役割は「園の職員が、どの子も、一人ひとりのみんなを決して否定的にではなく、肯定的に観られるようになる」ための指導です。保育実践の本質は、まさに保育者と子どもたちとのやりとりにあります。一人ひとりの保育者が「目の前の子どもをどう観ているか？」「観たことに対してどう関わったか」を問いつづけていくことだと思っています。多くの困難を乗り越えてこの世に生命を授かり誕生してきた一人ひとりのすべての子どもが、主体として受け止められ、主体として育っていくこと、「あなたと出会えてほんとによかった。あなたといっしょに生活できることが私たちの喜びなんですよ」という心からのメッセージを子どもたちに笑顔で伝えていくこと、子どもたちは、保育者が傍らにいてくれることで安心し心が和む、そういう空気に包まれ生活を送ってほしいものです。子どもたちは目に見えないその豊かな感情交流に満ちた空気を吸って育っていきます。子どもと生活を共にする保育者が、どの子どもとも共に在ることを幸福に感じとれたら、どの子どもたちもみな、いま生きていることを幸せだと感じとれるようになるのではないでしょうか。

2 子どものねがいや悩みを理解する

　十数年前、ある保育園から「乱暴で乱暴でどうしていいかわからない」という2歳の男の子のことで相談がありました。指導の手がかりがみつからず、本当に困っておられました。しんちゃん（仮名）という2歳9カ月の男の子です。彼は1歳児で入園したのですが、入園式の日から周りの子の持っているものを取りあげたり、押したりの乱暴が目立っていたそうです。家庭の事情はいろいろありましたが、とにかく園での生活ぶりについては、家庭だけの原因にせず、なぜ乱暴するのか？　彼のほんとうのねがいは何なのかを理解し、それを支えていきましょうと、その子の行為を追うビデオを撮り、後でそれを職員のみなさんで見てもらうケースカンファレンスをすることになりました。

　なぜ私が、子どものねがいや悩みに注目するかというと、白石正久先生が「発達は、子どものねがいからはじまる。ねがいは発達の原動力、エネルギーはどこから生まれるのかという問いの答えでもあるからです」ということを書かれた『子どものねがい・子どものなやみ』（かもがわ出版、1998年）を繰り返し読み感動をもって学んだからです。

　私がビデオで撮ったしんちゃんの様子を、職員の一人が後に記録してくれたものがありました。この記録から読者のみなさんにもしんちゃんの"ねがい"を読みとっていただきたいと思います。

事例 しんちゃん（2歳9カ月）の行為を追って──7分間のビデオより
6月4日

　2歳児クラスのあきら君（2歳8カ月）とつばさ君（2歳10カ月）は0歳児クラスのときから一緒に生活してきた仲良しです。2人は園庭で小さな黒い虫を見つけ，それを担任に見せていました。そこにしんちゃんが走ってきて，少しも動かない虫をしばらく見ていたのですが，彼は，急にそばにいたあきら君の持っていた汽車を取りあげてしまいました（どうやらあきら君が持っていた汽車で虫が生きているかどうか探ってみたかったようです）。近くにいた担任が「それはあきら君が持っていた汽車だからあきら君にどうぞして，しんちゃんのをさがそう」と声をかけました。するとしんちゃんは奪い取った汽車をあきら君に放るように返し，少し離れたところから，2人が持っていたのと同じ汽車を持ってくると，いきなりその汽車を虫にぶつけはじめました（自分の手で虫を触るのは怖いので，その汽車で生きているのかどうか探っていたようです）。虫をとってきたつばさ君は，それを見て怒り泣きじゃくりました。担任が「虫が死んでしまうよ。かわいそう，かわいそう」と訴えましたが，担任の言葉はまったく耳に入っていないようです。担任はこれ以上しんちゃんに虫をつぶさせてはいけないと思い「この汽車のなかに虫さん，入れとってあげて」と別の汽車を差し出しました。つばさくんは，担任が差し出してくれた汽車に虫を入れると，それを持って離れていきました。それを見てしんちゃんは「がっがっがっがー」と奇声を発するように怒り，つばさくんにつかみかかりました（彼は2歳9カ月でしたがまだ自分の思いやねがいを少しも言語化できません。人の名前や物の名前は言えるのですが要求の言葉がまったくでてきていませんでした）。またまた乱暴されたつばさ君は驚いたように激しく泣きました。担任が2人を引き離し「しんちゃん，つばさ君泣いてるよ，痛かったんだよ。ごめんねは？」と促すと，しんちゃんは首を縦に振り『わかった』と言いたげでした。

　虫が見られなくなったとわかると，今度は汽車で遊びはじめたあきら君の後を追って，しんちゃんは必至であきら君の汽車につながろうと自分の汽車を動かします。そしてあきら君の足の間に強引に汽車を通そうとしたため，あきら君は動きがとれなくなり，しんちゃんの汽車をとってしまいました。すぐさましんちゃ

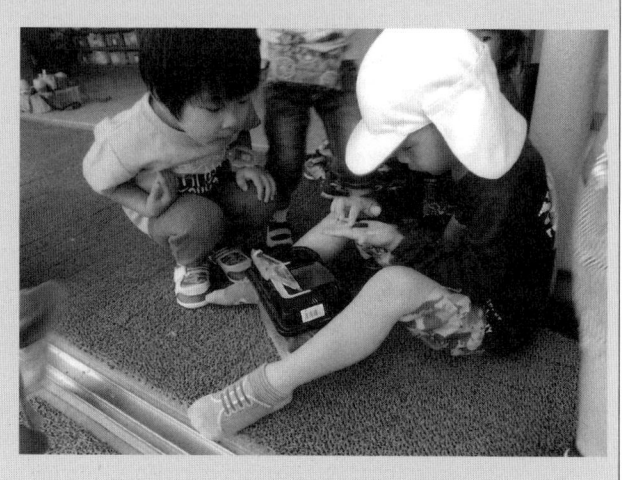

何つかまえたの？　ぼくにも見せて！

> んは，もう一つの汽車であきら君の頭をボカン！とたたき，担任に注意されると，今度は「イヤー！」と反発し，そばにいた女の子までボカンと叩いてしまいました。その後は『もう一人で遊ぶからいい！』と言わんばかりに円形テーブルのところに行って，汽車を動かしはじめました。運悪く円形テーブルに女の子が手をのせて立っていました。しんちゃんは，間髪も入れず女の子の手をたたき，その手を自分の口に入れ噛みつこうとしました。少し離れた後ろの方でそれを見た担任はあわてて「あっあっ！」と走ってきて「噛んだの，噛んだの？」と女の子に聞きました。「しんちゃんこれ見て，痛かったんだよ」と噛まれた女の子の指をしんちゃんに見せ「もう噛んだらだめだからね」と注意しました。うんうんと頷きながらしんちゃんが円形テーブルに添って汽車を動かしていくと，また，さっきのつばさ君とあきら君の2人がそばで遊んでいました。何もしていない2人なのに，しんちゃんはまずあきら君の頭をたたきます。あきら君が「やめて」というと今度はまたあきら君の髪の毛を引っ張ります。担任は後ろの方から走ってきてしんちゃんの乱暴を止めました。
>
> しんちゃんと二人の男の子の様子を職員のみなさんに見てもらい，前もってお願いしておいた視点「しんちゃんの真実のねがいは何だったか？」について語り合いました。

3 見ると観る

　ビデオを見たしんちゃんの担任が，目に涙をためて，最初に発言してくれました。「私はいままで1年2カ月しんちゃんと一緒に暮らしてきました（1歳児クラスからの持ちあがり）が，しんちゃんが2人のお友だち（つばさ君やあきら君）と一緒に遊びたいという強いねがいをもっていたことにまったく気づきませんでした。いましんちゃんの行動を追ってみて，しんちゃんがどんなに，あの2人のお友だちと一緒に遊びたがっていたかということを知りました。私はいままでしんちゃんの乱暴に対して注意するばかりで，しんちゃんのほんとうのねがいをわかってあげるということがありませんでした」。他の職員からも「私たちもしんちゃんは乱暴で困ると思い込み，乱暴したことを叱るばかりだったので，周りの子どもたちにも，しんちゃんは乱暴だから一緒に遊びたくないと思い込ませてしまっていたのですね」。「もっと前からしんちゃんの，お友だちと遊びたいというねがいをつかみ，それを支える援助をしていたら，しんちゃんはあんなにイライラ葛藤することはなかったかもしれませんね」などと話してくれました。

　なぜ保育者たちはビデオを見てしんちゃんのねがいに気づいたのでしょう。

　そこには二つの理由があると思います。一つはこれまで担任や他のクラスの保育者たちは，保育をしながらしんちゃんとクラスのみんなを同時に見ていました。つまりクラスの一人としてのしんちゃんでした。ところが第三者の私は，しんちゃんだけを

中心にしんちゃんの行動を線として追いつづけたビデオを撮りました。だからしんちゃんが何も話せなくても行動を追うことで彼の行為の意味が伝わってきたのです。行為は子どもの自己表現です。

　理解しがたい子どもがいたとき，十数分でもその子を線として追ってみると伝わってくるものがあります。ときには複数の担任同士で分担し，1人の子を追ってみることも必要かもしれません。

　そこで改めてしんちゃんの乱暴の行為の意味は何だったのか。一つひとつの場面をとらえ考え合いました。虫を汽車で轢こうとした乱暴な行為は，まだ虫を触れないので汽車で触れてみて動くか否かを確かめたかったのでしょう。自分の汽車をあきら君の汽車につなげようとしたのは，一緒に連結して遊びたかったしんちゃんの切実な思いが込められていました。3回目に担任から注意されたとき「いやあ〜」と大きな声で拒否をしましたが，それは「ぼくだってお友だちと一緒に遊びたいのに，先生はぼくのこと注意ばっかりして，ちっともわかってくれない！　そんな先生はいやだあ！」って言いたかったのではないでしょうか。そのときそばにいた女の子の頭をバ〜ンと叩いたのは，八つ当たりだったのかもしれません。その後は一人で円形テーブルを汽車で回っていましたが，たまたま女の子が手をのせていたので「ぼくの汽車が通れないよ，手をどかしてくれよ」って言いたかったのでしょう。言葉が出てこないのでしんちゃんは，すぐ乱暴になってしまいます。だからこそ保育者がしんちゃんの行動の意味を考え「どいてって言えばいいのよ」と代弁してあげたら，しんちゃんも真似して「ど・い・て」って言ったかもしれません。

　保育者は，乱暴ばかりする子をつい困った子，と否定的に見てしまいがちですが，「何を困っているのかな？　言葉が出てこないからその代わりに乱暴になってしまうのかもしれない……」など行為の意味や心の理由（動機）を考えることによって，子どものねがいや悩みが伝わってきて，保育者の適切な援助がつかめるようになります。児童文学者の灰谷健次郎さんが「なぜと問う心は，相手の魂に近づく心，なぜと問うて子どもの魂に近づいてみる，それが保育者の専門性ではないか」と講演で話してくださったことがありました。目から鱗でした。

　「見る」というのは，モノが目に見える働きを言います。しんちゃんが友だちに乱暴ばかりしているという見方です。一方「観る」は目に見えないものを見ようとする働き，真実はどうなっているのかな？と，ものごとの核心をとらえようとして観ることです。

　人の心の動きなどは，誰も見ることはできませんが，子どものねがい・悩みは何かしら？と課題をもって観ようとすると不思議と観えてくるものです。研修で「しんちゃんのほんとうのねがいは何か？」を観てくださいと課題をもって観てもらったことが意味をもったと考えられます。

　子どもの理解にはこの両方の目（「見ると観る」）が重要であることを主任・副園長を通して，職員間で共通確認し，どんな子どもをも決して否定せず，「なぜなのだろう？」「なにを悩んでいるのかな？」「その葛藤を乗り越えるのに保育者はどんな援助

が必要なのかな？」と前向きに，肯定的に観ていくことを園の財産にしていってほしいと思います。

3〜4歳児クラスに進級したしんちゃんは，保育者のみなさんが関わり方を転換させ，ねがいを実現できるように関わられたことで，乱暴は少なくなり，友だちとも楽しそうに遊べるようになっていきました。友だちへの思いやりのある言動が見られるようになり表情も実に柔らくなりました。

どの子も自分のねがいを理解され，それを支えてもらうことで必ずや成長していくことを私も感動をもって学ばせてもらうことができました。

❸ 保育の喜びの輪を広げる

質の高い保育実践をしているなと思える園の共通点は，保育者たちがいつでもどこでも気楽に子どものことを話題にしていることです。そんなときの保育者たちの表情は，まるで自分のことのように誇らしげです。子どものことを真ん中に据えて，語り合える仲間がいる喜びを確認し合っているかのようです。そして子どもたちのいたずらぶりを笑い，保育者の意表を突くような活動に拍手をし，思いもかけないつぶやきや言葉に，その子の心の内を観たり，意外な友だち関係に驚かされたり，予想もしなかった子どもの育ちに胸を熱くしたり，話題が尽きません。このような"子どもの発見"が，保育の楽しさを生み出すのだと思います。保育をしながら保育者は，子ども性とは何か？を発見し，実は，自分たちのなかに人間らしさの軸として，子ども性を取り戻しているのではないでしょうか。「そういえば私たちも子どもの頃そういう感じ方をしていたような気がする」「やることが不器用なんだけど，なぜか楽しい不器用さなのよね」。子どもと接していると不思議と心があたたかくなり愛おしくなる……そんなことをみんなで分かち合う，それが保育者の成長につながっていくような気がします。子どもを知ることが，自分を知ることにつながらなかったら保育のおもしろさはないと思いませんか。子どもを知ることが自分を知ることにつながるからこそ，私は保育がおもしろくなる……のだと思ってきました。

このように気楽に子どもについて語り合う園の環境（雰囲気）はどうすればできていくのでしょう。私は，まず主任・副園長が子どもたちを見ていておもしろかったこと，気づいたことを担任に楽しく伝えることだと思います。担任は主任・副園長から聞いた話に共感すると保護者に伝えずにはいられなくなります。やがて担任以外の保育者も子どもたちの発見を伝え合うようになります。保護者はこの園の職員は担任だけでなくみんなでわが子を見てくれている……という信頼を感じとっていきます。子どもに関しての話題が広がっていくことは，いうまでもありません。

その他，職員が集まるところにノートを置いておき，子どもの言葉やつぶやき，おもしろかったエピソードなど（クラスの子に限らず）自由に書き込めるようにするのも一案です。主任・副園長はそれを朝の会で子どもたちに語ったり，職員会議のちょっとしたときに定期的に披露します。さらに各クラスにカメラを置いておき，ここぞと撮った子どもたちのスナップ写真を職員が集まるところに気軽に貼り「エネルギッ

シュなうちの子どもたち，見てください！」などと書き込んでおきます。それを見て何かを感じた人がまたそこにひと言メッセージを書く……というのも楽しいものです。

いまから20年ほど前のことでしょうか。詩人の谷川俊太郎さんと対談させていただいたことがありました。そこで「子どもをどうとらえるか？」という話題になったとき，谷川さんが次のように語られたことを忘れることができません。「人間というのは，子どもが次第に変わっていくのではなく，たとえば年輪のように，歳月を積み重ね，その年輪の核に子ども，あるいは子ども時代というものがあるのではないか。一つの樹がその周りに年輪を増やしていくように人は成長していく。そして自分の内面に関していえば，あらゆる年齢の自分がいる。"内なる子ども"というのは年輪の一番中核のところ……自分のなかの幼児性，あるいは子どもというものを自分がどこまで意識化できるかということが基本的には重要なのではないか」。

私のなかにも子どもの頃に培われた子ども性というものが息づいています。子どもと共に暮らしながら，自分のなかに息づいているその子ども性が想起して，よき人間となっていくエネルギーを豊かにしてくれるような気がしてなりません。

園は子ども，保護者，共に働く職員"みんなが育ち合う場"になってほしいものです。

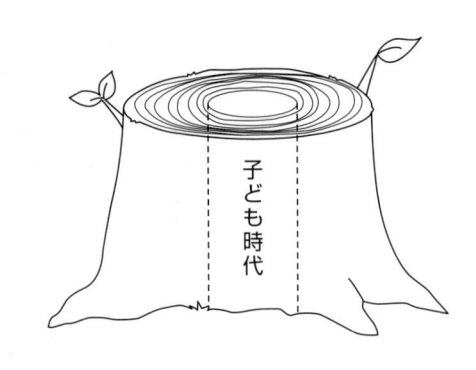

2 保育課程（全体的な計画）と指導計画の点検・指導

❶ 幼児期の教育・保育で最も大切にしたいもの

このたびの「子ども・子育て支援新制度」では，「幼稚園及び幼保連携型認定こども園の3歳以上児は，教育基本法上の『法律に定める学校』（第6条）における学校教育において行われる教育をいう」と規定されました。一方，保育園の3歳以上児は，従来の児童福祉法にもとづく「養護」と「教育」が一体となった保育をおこなうということです。それぞれの施設において教育・保育の基になるものは「保育所保育指針」「幼稚園教育要領」「幼保連携型認定こども園教育・保育要領」です。

しかし「保育所保育指針」と「幼稚園教育要領」「幼保連携型認定こども園教育・保育要領」の「教育」（5領域）は，実質的にはほぼ同一です。さらに幼稚園教育，保育所保育，こども園において最も重要なことは共通して「幼児期の特性を踏まえ環境を通して行うこと」を基本としています。また「学校教育法」第22条によると「幼

稚園は，義務教育及びその後の教育の基礎を培うものとして，幼児を保育し，幼児の健やかな成長のために適当な環境を与えて，その心身の発達を助長することを目的とする（傍点は筆者）」と書かれています。「保育」「教育」「学校教育」の用語の使用に混乱が生じてくるのは当然といえましょう。つまり幼稚園と認定こども園は文部科学省の法令上の施設であり，保育所は従来通りの厚生労働省の管轄における施設であるという，念願だった「幼保一元化」への方向性を少しも解決せず矛盾をかかえたままのスタートになりました。

「保育所保育指針」の５領域における「教育」とは，「子どもが健やかに成長しその活動がより豊かに展開されるための発達の援助」です。前述の幼稚園の目的と少しも変わることはありません。なぜ幼児期の特性をふまえ，養護と教育が一体となった「保育」で通せなかったのでしょう。いずれにしてもここでは「保育所保育指針」に示されている保育課程と指導計画を中心に，作成のポイントとそれを点検する際の主任・副園長の指導のあり方について述べていきます。

「幼保連携型認定こども園教育・保育要領」では，３歳以上児を学校においておこなわれる教育とし，５領域におけるねらいと内容で表し，３歳未満児は，保育の実施上の配慮事項としか書かれていません。保育の質を高めていくうえで重要な「保育の構造化・Ｐ＋Ｄ＋Ｃ＋Ａサイクル」が求められているのに，カリキュラムのねらいや内容をもたない実践でいいのかということです。2008年３月の「保育所保育指針」では３歳未満児の保育～３歳以上児の保育は，「発達の連続性を考え」と明記されており，ねらいと内容で一貫性が保たれてきました。認定こども園における３歳未満児の保育は，それでいいのでしょうか。本来乳児保育にこそ「教育の原点」があります。人生で最も著しい発達を遂げる最初の３年間です。乳児～幼児期へ「子どもが特定の人との愛着を形成し，自分を発見していく道筋をしっかり歩んでいくこと」，その発達過程をこそ大切にしなければなりません。その３歳未満児の保育が切り離されていることに疑問をもたないわけにはいきません。人生のスタートである０歳児から発達のプロセスをていねいに積みあげ，「憧れの大人を真似る」「いま自分がしたいことを見つけようと周囲への探索を活発にし，その意味を理解していく」そして「自己主張しながら自分が自分の主人公になっていく過程」を支えていくことこそが発達の援助です。最も重要な３歳未満児の保育が軽く扱われていることに大きな疑問を抱かずにはいられません。

❷ 保育課程（全体的な計画）の作成と見直し

保育園や認定こども園が，入所するすべての子どもの最善の利益を考慮し，「保育所保育指針」や「幼保連携型認定こども園教育・保育要領」に示されている目標を達成するためには，その羅針盤となる計画を基にすすめていく必要があります（保育所では「保育課程」，幼保連携型認定こども園では「全体的な計画」，ちなみに幼稚園では「教育課程」といわれているものです）。

「保育所保育指針」第４章「保育の計画及び評価」では「ア　各保育所の保育の方

針や目標に基づき，第2章（子どもの発達）に示された子どもの発達過程を踏まえ，保育の内容に示されたねらい及び内容が保育所生活の全体を通して，総合的に展開されるよう，編成されなければならない。イ　地域の実態，子どもや家庭の状況，保育時間などを考慮し，子どもの育ちに関する長期的見通しを持って適切に編成されなければならない。ウ　子どもの生活の連続性や発達の連続性に留意し，各保育所が創意工夫して保育できるよう，編成されなければならない」と記述されています。

　保育課程はそれぞれの園の独自性をふまえ，全職員の共通理解のもとに編成されることが望ましいと私は考えています。つまり，保護者の要望は何か，職員はそれぞれにどんなねがいをもって保育をしているか，職員間の相互理解を深め子どもの発達過程を共通理解しているかなど，全職員で園の子どもたちの実態・課題になっていることは何かを把握していくこと，保育課程をみんなで作成していく過程に意味があります。それによって職員間のチームワークが育まれていくことはいうまでもありません。また，正規職員も非正規職員も分け隔てなく，みんなで保育を共有し合えるようにすすめていくためにも，その園ならではの一貫性，継続性をもった保育課程は不可欠です。

　各園にはこの保育課程がもうすでにできているわけですが，主任・副園長は，毎年，年間の反省をおこなうときなどに，必ずこの保育課程を全職員で見直し，各クラスの子どもたちの姿と重ねながら修正の必要なところや新たに付け加えたい事柄などを検討していく必要があります。また各クラス担任が，年度当初に年間指導計画を立案する際には，保育課程を手元に置き，それぞれの発達過程をふまえて一貫性のあるものとなるように，主任・副園長は指導してほしいものです。といいますのは，私が指導計画の作成に関する研修で「保育課程を見て，年間指導計画を立てた人？」と尋ねると，該当する人はいつも1割にも満たないからです。大半の保育者は，保育課程にもとづいて指導計画を立案していないのです。保育課程が本来の役割を果たしているかどうかについて毎年その評価・改善をおこなっていく必要があります。

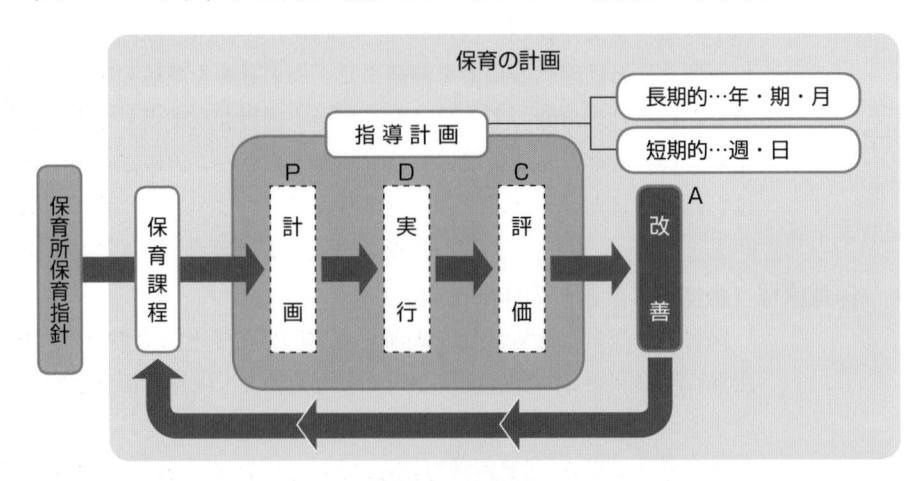

図2-1　保育課程と指導計画のつながり

出所：今井和子・天野珠路・大方美香編著『独自性を活かした　保育課程に基づく指導計画』ミネルヴァ書房，2010年，34ページ。

〈たんぽぽ保育園の保育課程から〉

　まずここでは，たんぽぽ保育園の保育課程（48～50ページ）を紹介します。「児童福祉法」の精神にもとづき，3つの柱をたて「乳幼児の最善の利益を基本に保育をすすめる」ことを念頭にしています。また園の基本方針にもとづいて4項目の保育目標「主体的に行動する子ども」「共に育ち合う子ども」「人の話を聞き，対話を楽しみながら感動を共有しあえる子ども」「葛藤や困難をのりこえていく子ども」がたてられています。目標を定めるにあたっては，3カ月にわたる会議のなかで，真剣に議論を重ねたようです。そしてこの園の保育課程の最も重要な特徴としては「その4項目の保育目標を各年齢別のねらいで入念に押さえ，さらに目標を八つの発達過程区分に具体化していったこと」です。たとえば一つ目の目標，「主体的に行動するようになる」ためには，「6カ月未満」では何を大切にしていくか。「個々の生活リズムを安定させ機嫌よく過ごすこと」。次の「6カ月～1歳3カ月未満」では「特定の保育者との愛着関係を築くこと」。「～4歳」では，「めんどくさがることもあるが，それがなぜ大切か納得すれば自分でいやなこともやろうとする等の自律の育ちを見通せるようになっていく力が育つこと」。「～6歳」では「大人のいうことに従うよりも，自分や仲間の意思・考えを大切にし通そうとする」など，それぞれの目標を8つの発達過程でどう積みあげていくか具体化しています。目標が「絵に描いた餅」にならないようにおさえられています。

　また，「保育所保育指針」の第1章で示された「保育の環境」の4つの柱が，発達過程に応じてどのようなものになっていくかが示されたユニークな保育課程もあります。特徴のあるいろいろな園の保育課程の実際，そのつくり方などについては『独自性を活かした　保育課程に基づく指導計画』（今井和子・天野珠路・大方美香編著，ミネルヴァ書房，2010年）をぜひ参考にしてください。

❸　指導計画作成の際の指導援助

1　指導計画の役割

　指導計画は保育課程にもとづきクラスの子どもたちの実態に合わせ，乳幼児期にふさわしい生活のなかで，一人ひとりの子どもの発達課題に必要な体験が得られる保育が展開されるように具体的に作成します。主任・副園長は，各クラス担任に保育課程をどのように年間指導計画に取り入れていけばよいか，立案の際具体的に説明していくとよいと思います。自分のクラスが就学までの育ちのどこに位置するのかを全体のなかで確認します。

　指導計画には，長期の指導計画（年間指導計画，期ごとの指導計画，月の指導計画）と短期の指導計画（週案，日案）があります。「保育所保育指針」の「指導計画の作成上，特に留意すべき事項」には，「3歳未満児については，一人一人の子どもの生育歴，心身の発達，活動の実態等に即して，個別的な計画を作成すること」と述べられています。しかしそれだけではクラス運営として必要不可欠な環境構成，保健，安全，衛生に関すること，複数担任の動き，保護者との連携などがみえてこないので，

① 保育課程　たんぽぽ保育園

保育理念	基本方針	保育目標	特色ある保育	園の主な行事
○乳幼児の最善の利益を基本に保育をすすめる	○心の安定を基盤に体力を養い、主体的に活動する力を育てる子ども	①心の安定を基礎とした環境のなかで「住む力」をはぐくむ保育をすすめる	○担当性保育	入園説明会　3月末
①一人ひとりの子どもの育ちを支える	②保護者の子育て、働くことを支援する	①自分で考えて行動する力	○障がいのある子どもと共に育ちあう保育	誕生会　毎月
②保護者の子育て、働くことを支援する	③いろいろな葛藤を経験しながらも乗り越え、立ち向かおうとする力を育てたいと考えています。	②友だちや仲間と共に育ちあう子ども	○環境を豊かにし主体性をはぐくむ保育	運動会　10月
③子育てしやすい環境づくり、地域づくりをすすめる		③人の話を最後まで聞き、共感しあえる子ども	○一時・延長保育	生活発表会　12月
		④適切な判断ができ、葛藤や困難をのりこえていく子ども		保育参観　随時行なう
				保育懇談会　3～4回
				卒園式　3月
				(その他日本の伝承行事など)

		0歳児	1歳児	2歳児	3歳児	4歳児	5歳児	6歳児
保育園の社会的責任	子ども一人ひとりの人格を尊重する	子どもに身体的、精神的苦痛を与えないよう、子どもの人格を尊重した保育を行なう (子どもの最善の利益)						
	地域社会との交流を図り、保護者や地域社会に保育内容の説明責任を果たす	保育の内容など、情報を開示し、保護者などが利用しやすいように、男女共同参画社会や個人達、ノーマライゼーション (説明)の徹底 保育方針、一日の過ごし方、年間行事予定、保育の内容……わかりやすく具体的であること など						
	○個人情報の適切な取り扱いと苦情解決の責任を果たす	個人情報の保護	保育にあたり、知り得た子どもや保護者に関する情報は、正当な理由なく漏らしてはならない・児童虐待の防止に関しては例外・その他必要な情報交換等については保育者の承諾を得ること					
		苦情解決	保護者の苦情 (要望) に対し、訴えの内容を理解すべく最後まで聞き受けとめる・話し合う (苦情解決責任者・受付担当者・第三者委員会を決める体制を整える)					
年齢別ねらい		・家庭との連携を密にして一人ひとりの子どもの生活リズムを大切にし、食欲、睡眠、排泄などの生理的欲求を満たす ・特定の保育者との親密なかかわりをとおしての信頼関係がむすばれる ・言葉にかかわるさまざまなインプットを丁寧に受けとめてもらい自己表出が活発になる	・保育者に快く世話をしてもらいながら、自分でしようとする気持ちがめばえるように十分に身体を動かし身を伸びと探索を楽しむ ・自我がめばえ自分の要求、気持ちを行動や言葉で表す。自己主張するなかで育つ ・ひとり遊びを楽しむ	・甘えたりすることもあるが、保育者に充分に認められることで少しずつ自分でしようとする ・好きな遊び、みたて・つもり遊びを楽しむ ・友だちとの関わりがふえる(トラブルになってもなか時には一緒に遊ぶことを楽しむ) ・激しい感情表出を受け止めてもらいながら、気持ちの切り替えができるようになる(自律のめばえ)	・生活に必要なことを自分でする ・保育者やおとなの関わりのあるなかで自分でしようとする ・いろいろな体験を経験し、自分なりの思いを伝え、ことばなどで表現する ・ゆだねて向かって行動しようとするが、なかに思いの違いに気づく	・生活に必要な行動の身の回りのことを自分がうけもつ ・保育者と対話しながら、納得してやろうとする ・興味をもって活動に集中する ・さまざまな葛藤を経験し、相手の意思や気持ちに気づき一緒に活動する ・友だちとの気持ちを受けとめしたり解決するために話し合う ・なぜそれが必要か考えながら行動できる力	・基本的生活習慣が自分の意志と判断ですすめられ身に自立 ・仲間とのいろいろな活動をともに友だちのと気持ちがわかり、仲間と一緒に活動する ・探究心が深まり、試したり工夫したりして遊びを楽しむ	・見通しをもって生活できるようになる。生活習慣が自立する ・友だちと協力しあい、目的を達成していく喜びを味わう ・地域の人や小学生・異年齢の子どもなど多くの人とのかかわりに、それぞれの立場の人の気持ちを理解しようとする
保健		・健康状態、発育発達状態の継続的な把握 ・感染症における情報提供 ・異常が認められた時の対応 ・施設内外の整備、用具等の点検、清掃(事故防止)(ぎょう虫) ・保育所立ち入り検査・年2回の検査 ・月1回、避難訓練の実施 ・関係機関との交流・研修に参加	養育状態・家族生活・心身状態把握・年間保健指導計画(別紙)・内科(年2回)、歯科(年1回)の検診						
環境・衛生管理		・安全管理及び自主点検 ・全職員の検査						
安全対策事故防止		○年1回、消防点検 ○火災・地震・台風・不審者(警察・消防・医師)						
保護者への支援		・一人ひとりの保護者の状況や気持ちを共感し、相談、アドバイスを行ない、養育力を支える ・共にこどもの成長の喜び、苦しみを理解し受け止め、子育てのパートナーとして子どもの最善の利益を保障し、子育てに関する関係機関と協力し、子どもの支援を行う						
資質向上 (研修計画)	○施設内外の研修、自己研修の保育実践の振り返りなど、専門性を高めていく ○小学生との交流会 ○保育園行事等への案内状送付 ○小学校行事への参加 ○小学校職員との交流会 ○保育所児童要録を小学校へ送付							
小学校との連携								
地域への支援	○園庭開放　○育児講座の開催　○育児相談　○ふれあい体験事業 ○実習生・職場体験・ボランティアの受け入れ(高齢者の方、近隣施設との交流)							
長時間保育	○延長保育(18:30～19:30)の際は、職員交代時の引き継ぎをしっかり行なう ○子どもの心身の健康、情緒の安定にとくに留意し、ほっとできる環境を整える ○降園の際、保護者が実家に帰ったような安心感を感じてくれるよう配慮し、子どもの成長を肯定的に伝える							

② 保育課程　たんぽぽ保育園

年齢	保育目標 ①心の安定を基盤に体力を養い主体的に活動する	②友だちや仲間と共に育ちあう	③人の話を最後まで聞き、対話を楽しみながらも感動を共有しあう	④適切な判断ができ、葛藤や困難をのりこえていく	養護 生命の保持	情緒の安定	教育 健康（食育）	人間関係・言葉	環境・表現
おおむね 6カ月未満	家庭との連携を密にして、一人ひとりの生活リズムを安定させ機嫌よく過ごす	特定の保育者の働きかけを喜び、相手をじっと見つめたり、目を見て気持ちを交わしあう	やさしく語りかけてもらい（マザリーズ）聞く喜びを味わったり、人の目を見ながら喃語に適切に応答してもらえる安心感をもつ	自分の世話をしてくれる特定の大人との愛着関係が形成されはじめる	一人ひとりの子どもの平常の健康状態を把握し、変化がある時は速やかに対応する	一人ひとりの子どもの欲求をセンシティブにうけとめやりとりする	安全に活動しやすい環境のもと、寝返りや腹這いなど自分で十分に動かせる発達を知る 特定の保育者が目を合わせてゆったりと抱いて授乳する	快、不快の欲求を表情、笑う。表情、喃語などで知らせ、特定の保育者に応えてもらい、安心する	聞いたり、見たり、触ったりできる心地よい玩具などで保育者と遊んでもらうことを喜ぶ
おおむね 6カ月～1歳 3カ月未満	保育者に丁寧に世話をしてもらいながら自分の世話をしてくれる特定の人に愛着をもつ	スキンシップやふれあい遊びを楽しみ、よく笑い、人と一緒に遊んでいる喜びを味わう	言葉にならない言葉（言葉以前の言葉）に適切に対応してもらい、発語の意欲が育まれる	特定の保育者の愛着関係の形成後、人見知りしたり、受け入れてもらい情緒が安定する	おなかがすいたこと、おしめがぬれたことなどに訴えに、応答的なかかわりをしてもらうなど心地よさを十分に味わう	甘えや人見知りの欲求の表出や不安などを受け止めの情緒の安定を図る	姿勢を変えたりする移動したり、歩き出すなどいろいろな運動を十分にするいろいろな食べ物を目や口から味わいながら自分で食べようとする	生活や遊びのなかでて大人のすることに興味をもち、模倣したり欲しがったりすることを楽しむ	聞く、見る、触るなどの経験をとおして手指の発達にかかわる五感の機能が育まれる
おおむね 1歳3カ月～ 2歳未満	簡単な身のまわりのこと（食べる、着脱など）を"自分で"と要求する	もちもちの訴えを理解してもらい、やりとりするなかで保育者との信頼関係を深め、自分の思いを活発に表す	発語のたのしみを味わい、一語文を喜び、一語文などなどを使うことでコミュニケーションできることを知る	自我がめばえ信頼できる大人に自己主張し、ぶつかりながら相手の思いを知る また、他児とのモノの奪い合いなどを経験しながら所有権などについて知っていく	一人ひとりの子どもの発育、発達状態を適切に把握し、成長の喜びを分かち合う	言葉にならないモノの意味や気持ちを理解し、やりとりすることで、安心して自分らしさを表す	活動しやすい環境のなかで、体を動かすことを楽しみ、歩行などに行ける おなかがすき、喜んで食べる	自分の気持ちや要求を、しぐさや言葉で伝えようとし、人やモノと活発にかかわる	身のまわりのもの、外界に対する好奇心、関心をもち、積極的にかかわり、探索を十分に味わう
おおむね 2歳	"自分で"と言えるようになる保育者に援助してもらうがそして、自分でしようとする、自身がもてるようになる	保育者が介在して友だちと一緒に遊んだり、好きな遊びを同調したりするうえで気持ちの合うような気持ちで一緒に過ごすようになる	思いどおりにならない時など、ただただ激しい感情を表出を受け止めてもらいながら、聞くか、自分自身で気持ちを静めることもする〈自律のめばえ〉	思いどおりにならない時など、反抗したり、激しい感情を表出を受け止めてもらい、少しずつ自分自身で気持ちを静めることもする〈自律のめばえ〉	家庭と協力しながら24時間の生活の安定した生活がおくれるようにする	自己主張をしっかり受け止めてもらい、気持ちを切り替えたりする	いろいろな遊具、教材にふれ、全身や手指を使う遊びを楽しむ 保育者や友だちと一緒に食べる楽しさを味わう	生活や遊びのなかで、友だちとのふれあいや言葉の交わし合いをし、身近なモノやヒトに対して関心を広げる	親しみのある小動物、植物、のりものなどを見たり触れたりその体験の喜びを再現活動をする
おおむね 3歳	"何でも自分でやれる"つもりになり、意欲的に活動し、主体的に動き出す	自分のつもりや要求を相手にぶつけながらそれぞれに思っていることを考えていることに気づく	保育者が良く聞き手になって、子どものつもりの意図を引き出していくような対話を積み重ねて言葉のやりとりは対話が成立する	自分のつもりを理解されなかったり、思いが通らなかったりするとトラブルしたり、わかってもらえれば気持ちを切りかえるようになる	気候の変化などを把握し、自分の状況を感じとり、気持ちよく活動できるよう環境を整える	大人との信頼関係のなかで、自分の気持ちや気持ちをやってもらい、快活に活動になる	遊びながらいろいろな体の動きを体験し、のびのびと体を動かす快感を味わう 食事のマナーを理解する	気の合う友だちに自分からかかわり、ぶつかりあいながら一緒に活動する楽しさを知る	感じたことや想像したことを描いたり歌ったり、体を動かしたりして表現する

第2章●子どもを観る目，保育を観る目を育てる●49

年齢									
おおむね4歳	めんどうくさがることもあるが、ひとりできまりのあることやひとつひとつの生活習慣やきまりがわかると、いやがらずにやろうとする（自律の育ち）	友だちや仲間との遊びをとおして、他人の存在や立場を知り、それぞれの違いをどう調整したらよいか学んでいく	少人数の仲間やグループであれば自分の思いやつもり（考え）を伝え、友だちの考えも聞き、思いを共有しあう話し合いができる	けんかやわがままな悪態をとおして、相手の意図や気持ちに気づき、自分の振り返り、違いを認められる	体の異常について、子ども自身が自覚し、訴えられるよう促す	失敗したり思うようにならない体験をしても、保育者に共感してもらい支えられ、自己肯定感がもつ	危険なものや場所についてわかり、使い方に気をつけたりいろいろな道具を組み合わせて遊ぶ／自分の体に必要に気づき、好き嫌いなもの、嫌いなものでも少しずつ食べてみる	さまざまな活動をとおして友だちとのかかわりをふかめ、きまりの大切さに気づき、自分の気持ちを調整する力を身につける	身近な動植物に親しみ、関心や愛情をもつ。また、身のまわりの事物などに数、量、形などに関心をもつ
おおむね5歳	生活に必要な習慣や態度を身につける。また、仲間どうしで共通のめあてをもって活動する	気の合う仲間と活動を共にする遊び、仲間が思っていること、ねがっていることがわかり、人に寄り添う気持ち（自律）が広がる	自分の意見を主張するが「もしも自分が……だったら……」と相手の立場（仮定）になって考えることができる	「〜だけれども〜だ」「○○ちゃんはすぐ怒るけどやさしい時もある」という人の多様性に気づき、思いをめぐらし、複数の判断を結びつけて考えるようになる	活動後は適度な休息をとるなど自分たちで見通しをもって生活する	周囲から一人ひとりを大切に受けとめられ、主体者としての自覚と責任を感じとる	友だちと一緒にルールのあるさまざまな運動遊びに取り組んで工夫して遊ぶ／楽しく食事をするために、必要なマナーやきまりを守って食べる	人と異なる思いや考えを認め合いながら、仲間と協力し、社会生活に必要な力をつけていく	身近な社会事象や自然環境に関心が高まり、その不思議、美しさなどに感動し、さまざまな方法で表現する
おおむね6歳	大人の言うことに従うよりも自分や仲間の意思を大切にし、協力しようとする。同活動のなかで自分の立場や役割を遂行する	友だちの範囲が広がり、首で競争したり協力しながら遊ぶ方が面白いと考えるようになる／年上の子どもより下の年下の子どもと相手に合わせて関わることができる	集団の一人としての自覚をもって、自分や友だちの保育者の話を聞き、自分の思いを伝えながら人との結びつきを実感していく	「こうありたくないと自分のなかに多く思い自分でとらわれてもその欲求のままいふるまいたい自分の狭間で揺れ動かされながら、時には人を悲しませて後悔したり、自分の弱さと闘いながら、どうすべきか、いま、どうすべきかの判断を大切にする自己決定力が養われる	体や病気について、自分の関心をもち、自分たちで健康な生活を送れるよう努める	自分が肯定されることで、周りの人も大切にしようとする気持ちになり、人とのかかわりに積極的になる	友だちと相互に力を合わせ創意工夫しながら遊び、充実感を味わう／体と食物との関係に関心をもち、栽培や食物に関心をもち、調理を楽しむ	友だちち相互の成長を喜び合い、就学への期待をもつ	地域の人や小学生などいろいろな人との交わりを楽しむ

全体的なクラス運営としての計画も添えると考えてください。そして3歳以上児は，「個の成長と，子ども相互の関係や協同的な活動が促されるよう配慮する」と述べています。最近は異年齢保育が増えているため，異年齢保育における指導計画も提示していますので参考にしていただければと思います（62〜65ページ参照）。また，障害のある子どもについても個別の支援計画を作成することが義務づけられています。

2　指導計画の作成とそのポイント

　主任・副園長には，保育者が立案した指導計画を点検し，保育の構造化（P→D→C→A→再Pへ）がしっかり実施されているかどうかを見届けていくという重要な役割があります。まずは保育者が子どもたちの実態に見合ったカリキュラムを作成していけるよう指導してほしいものです。ここでは指導計画を作成するにあたってのポイントをおさえておきます。

① 子どもたちの生活の実態（クラス全体の様子），個々の子どもの育ちをとらえる

　指導計画は各クラスの次の期間の生活プランですから，立案の際には，まず前の期間でのクラス全体の子どもたちの生活や育ちを把握する必要があります。領域とは「子どもの育ちを支える保育のための総合的な視点」です。したがって，前の時期の子どもたちの実態を，5つの領域から「健康面はどうだったか？」「人間関係は？」などとみていくと，偏りなく総合的に把握していくことができます。

　それ以外の視点としては (1)どんなことを楽しんできたか（興味，関心のありよう）。もし，つまずきがあるとすればその原因は何か。さらにこれから楽しみたいことは何か（方向性），その楽しみを子どもたちはどのように実現していくつもりかをとらえること。次に (2)子ども同士の関わりはどうか，(3)保育者に求めていることは何か？　たとえば一緒に遊んでほしいのか，距離をもってみてほしいのか？　甘えたい気持ちを受け止めてほしいのか？　など……。

　子どもたちの実態を，日々の記録から継続的にとらえなおしてみることも必要です。いま夢中になって遊んでいる活動は？　活動が壊れてしまう要因は？　単に，「子どもたちが何をして遊んでいるか」，目に見える姿だけを断片的にとらえるのではなく，昨日，今日，明日といった継続的な流れでとらえていくことも重要です。

② 子どもの実態を基に具体的な「ねらい」を立てる

　指導計画は，どれだけ具体的になっているかが最も重要視されます。倉橋惣三氏が「保育の危険は，よその保育案を模倣する時に，ことにはなはだしい。おのおのの園は，環境を異にし，形態を異にしている。いかなる保育案といえども，いずれの園にもそのまま適用せられるべきことはありえない」と『倉橋惣三選集』（フレーベル館，1965年）に述べています。そのクラスの子どもたちの姿や顔が見えてくるような具体的なねらいを立てるには，いま多くの子どもたちに育ちつつある心情や意欲，態度などを見通すこと，さらに，保育者がぜひ育てたいと願うことを重ね合わせ，立案することが必要になります。それから，前の時期のねらいを検討することも必要です。そのねらいがクラスの子どもたちにまだ十分に達成されていない場合は，そのねらいを次にもち

こすことになるからです。前にも述べましたが，ねらいは子どもたちや保育者のねがいです。主任・副園長は指導計画を点検しているとき，このねらいは子どもたちの姿をしっかり映し出していると感じたら，ぜひ「いいねらいですね」とコメントしてください。指摘することばかりで，よいところを見逃してしまうことがないように，「10のうち，7は引き出し3は押し」の言葉をぜひ心にとめ点検してください。

　指導計画に書かれているねらいの文言が，適切なものかどうかをみるには文のあとに〈ようになる〉という言葉を補ってみてください。たとえば〜を楽しむ〈ようになる〉とか，〜をして遊ぶ〈ようになる〉は適切ですが，〜を育てる〈ようになる〉という表現はおかしいですね。ねらいはねがいであり，決して保育者が仕向けることではなく，到達目標でもないからです。繰り返しになりますが，ねらいを立てるには，まず子どもたちの真実のねがいは何かをつかむことが大切です。

③　内容を考える

　次に「内容」を設定します。内容は，ねらいを達成するために，どんな経験を積み重ねているかを見通すことです。すなわち，ねらいをより具体化した「経験する必要のある事柄」です。子どもたちの興味や関心は，経験することにより実現していきます。経験と活動は違うということに注意が必要です。たとえば，「鬼ごっこ」は活動そのものですが，同じ「鬼ごっこ」という活動をしても，「楽しかった」という経験もあれば，「つかまってばかりいてつまらなかった」「うまくいかないからもうしたくない」という経験もあります。大切なことは，「活動」をしたか否かではなく，幼児の心に刻み込まれていく内面的な経験です。

　柴崎正行氏は「何人かの子どもたちが一緒にままごとあそびをしていても，そこで経験していることが，みな同じになるとは限りません。実際にはいくつかの異なる経験をしているのです。ある子は料理することに主な関心があり，ある子は母親役を演ずることに主な関心があり，さらにある子は友だちのＡ子と一緒に過ごすことに主な関心があるという具合に，そこでの関心は必ずしも同じになるとは限らないのです。従って，具体的な内容を設定しようとする場合には，園生活の中で，子どもたちが取り組んでいることを丁寧に見て，そこで経験しようとしていることを読み取ることが基本になります。この例の，ままごとごっこという活動においても，①いろいろな素材を用いて自分のイメージしたものを工夫して作る　②自分のなりたいものになりきって表現する楽しさを味わう　③気の合う友だちと一緒に遊ぶ中で，互いの思いを伝え合うと言うように，いくつかの具体的な内容が考えられると思います」（『幼児の発達理解と援助』チャイルド本社，1992年，120ページ）。

　内容とは，ねらいを達成するために幼児に経験させたい事柄です。したがって「内容」を書いた後に〈〜経験をさせたい〉という言葉を補ってみて矛盾がないかどうかみてみましょう。

　ねらいをより具体化したものが内容なのですが，そのねらいとまったく同じ言葉で内容の記述がなされていることがよくあります。そんなときは主任・副園長は内容を具体的に記述するよう指摘してください。たとえば「夏から秋への自然の変化に関心

をもつ」というねらいがあったとき，その内容としては，「・飼育してきた虫の生態や変化に気づく（経験をさせたい）。・戸外へ出たとき，空を見上げたりし，雲の様子や風の変化に気づく（経験をさせたい）」という表し方をすることになります。

④ 環境を構成する

　乳幼児の保育は，発達の各時期にふさわしい生活が展開できるような環境を構成することによっておこなわれるものです。子どもたちの発達や要求に即して，ねらいや内容を達成するために，「物や人，時間，保育者自身の言動などを総合的にとらえて状況づくりをすること」，つまり環境は，子どもたちの自発的な活動を引き出す「動機づけ」であり，活動の充実をはかる要素といえましょう。

　環境構成をする際の基本的な視点としては，
- 子どもたちの興味や関心が実現し，連続していくような環境
- 子どもたちの活動や経験が充実し深まっていくような環境
- その時期にしか出合えないような環境（季節の変化などの自然事象，地震や災害など思いがけない社会の出来事，地域のお祭りや行事など）
- 新たな活動が生み出されていくような環境
- 子ども同士が交流できるような環境（クラスの子どもたちだけでなく，異年齢の交わりなども）
- 子どもの発見や感動，ときには葛藤に保育者が寄り添い，共感の輪を広げていけるような人的環境

「環境構成する」ということは，保育者が3歳児クラスの担任なら3歳児の目や体になって，5歳児クラスの担任なら5歳児の目や体になって，その活動を頭のなかで想像してみることです。

　ここで，たんぽぽ保育園の4歳児クラスの月案を紹介します（次の54～57ページ参照）。ねらいの一つに「友だちに聞いてもらえるうれしさや，友だち同士で思いを伝え合える喜びをもつ（ようになる）」があります。そのねらいをより具体化した内容として「夏に経験したことを伝え合うため，写真，拾った貝がら，スタンプ，描いた絵などをもちよりミニギャラリーをする（経験をさせたい）」と書かれています。そして掲げた内容を実現していく手だて（環境構成）として「夏休みの経験から遊びが広がりそうな気配をキャッチし子どもたちと相談しながらいっしょに環境づくりをする」と図を示しその状況づくりが克明に描かれています。見事な環境構成です。日頃話し合いをするというと，椅子を円く並べて話し合うといったことがなされるのですが，ここでは子どもたちと一緒に環境づくりをしていきます。ギャラリーに行って，友だちが経験したことを実物を見ながら話しを聞いたり，環境づくりをしたりするという設定です。子どもたちは思わず話したくなるでしょうし，友だちから聞いた話を今度はお迎えに来てくれた親にも伝えたくなるでしょう。環境構成がそうしたくなる状況づくりであり，そこでの活動が生き生きと展開していくための演出であることが十分理解できます。

4歳児 9月 月の指導計画　たんぽぽ保育園

	子どもの姿
	・夏の遊びを十分たのしんだことで，友だちとのかかわりが深まりつつある。いままで遊ばなかった友だちと遊ぶようになったり，積極的にかかわろうとしたり，友だち関係に変化が見られる。反面，自分たちの好きな遊びを拠点に仲間を意識するようになり，そこに入りたい子がなかに入れてもらえず言いつけにくるという姿もみられるようになる。 ・4月入園のM子，S男の二人は，登園をしぶることもある。 ・残暑による疲れから体調を崩したり，食欲の落ちている子もいる。 ・暑さもやわらぎ，外へ出て体を動かして遊ぶようになってきた。

		内　　容	環境を構成するポイント
養護	生命の保持　情緒の安定	・気温の変化により，体調をくずしやすいので，一人ひとりの健康状態を把握し，活動をみて，休息を取り入れる。 ・一人ひとりの話をゆっくり聞き受け止めてもらえたという安心感をもたせていく。 ・自分から取り組んでできるようになったこと，自己発揮できたことが自信につながるように共感し認めていく。	 ・一人ひとりの健康状態を十分に把握しておけるよう，連絡ボードを用意し熱や症状を書き込んで，担任の間でも行き違いのないようにする。 ・休息をとりたい子がいつでも休める場（ソファーなど）を設置する。
教育	健康　人間関係　環境	・着替え，汗の始末，身の回りのことを清潔にしようとする。 ・友だちと一緒に，楽しく食事し，苦手なものも食べられるようになる成長を感じとる。 ・からだを十分に動かして遊び，充足感を得る。 ・活動量によって，休憩や午睡をとる。 ・遊びランドをつくっておもしろそう，やれそうと思うこと，得意とする活動に繰り返し取り組む。苦手な活動は，友だちに助けてもらいながらやってみる。 ・ルールのある集団遊びに夢中になり，友だちとうれしさや悔しさを共有する。 ・共同の遊具をゆずり合って遊ぶ。 ・お年寄りにいたわりの気持ちをもつ。 ・夏と異なる空や雲の様子，月の変わりよう，気候の変化などに伴う生活の変化に関心をもつ。 ・虫捕りをしたり，花の種を集めたりし秋の自然に親しむ。 ・やってみたい遊びの場をつくったり，いろいろな用具を使って自分の（自分たちの）イメージを具体的にしていく。 ・自分たちの運動会にむけ年長組の子どもたちと一緒に応援に必要なもの，旗づくりなどの準備をする。	・夏休みの経験から遊びが広がりそうな気配をキャッチし子どもたちと相談しながらいっしょに環境づくりをする。 ミニギャラリーをつくる （海に行って拾ってきた貝，旅行での写真やスタンプ，虫の採集，休み中に描いた絵，つくったものなど） ・運動用具の安全点検をし，子どもたちが好きな時に出して遊べるように，倉庫のなかを整理する。また，時季的に使用しないものは，子どもの届かない所へ片づけておく。 ・年長組の担任と打ち合わせ，年長児の運動会への取り組みを見せてもらう。 ・好きな遊びにじっくり取り組めるように，日々の子どもの遊びの様子を見て，必要なものを子どもたちと一緒に準備し園庭を遊びランドのようにする。 ○夏の花（アサガオやヒマワリなど）の種とりをして，「たくさん花を咲かせてくれたね」「また来年，種まきをしようね」と，感謝の気持ちや来年への期待感をもつ。  ↓ 種を10個ずつ数えて小さな袋に入れる。 

ねらい	・友だちと一緒にからだを動かして遊び，自分の力を発揮するうれしさやみんなで力を出し合ってやり遂げる喜びを味わう。 ・友だちに聞いてもらえるうれしさや，友だち同士で思いを伝え合える喜びをもつ。 ・けんかや仲間はずれになるなどの葛藤を体験し，仲直りしたり友だちと一緒に活動できる喜びを味わう。 ・夏から秋への自然の変化に気づき，関心をもつ。	行事	11日(火) スイミング 15日(土) 敬老の日 　　　　　保護連フェスティバル 23日(日) 秋分の日　運動会 25日(火) スイミング 26日(水) 避難訓練　誕生会

予想される子どもの活動	保育者の援助・配慮
◎身の回りをきれいにする。 　・汗のしまつをしたり，衣服を着替えたりする。 　・手洗い，うがい，歯みがきをする。 　・部屋が汚れたら自分たちで掃除をする。 ◎友だちを誘って，自分たちのしたい遊びを楽しむ。 　・テーブルシアター 　・パネルシアター 　・折り紙 　・自然の物や空き容器を使っての製作遊び ◎ミニギャラリーで自分の夏の経験を話したり友だちの話を聞く。 ◎いろいろな素材で描いたりつくったりする。 　・壁面の製作をする。 　・ミニギャラリーを保育者や友だちと一緒につくる。 　・ミニギャラリーで見にきてくれる友だちや保育者，保護者に自分の体験を説明する。 ◎遊びランドで好きな運動遊びをする。 　・かけっこ，なわとび 　・ロープわたり，のぼり棒，鉄棒など ◎ルールのある遊びをする（海賊ごっこ，ドーンジャンケン，基地ごっこ）。 ◎年長児の運動会の活動を見て自分たちがやれそうなこと（係など）を話し合う。 ◎アサガオの種を取り来年のことを想像しながら大切に保存する。 ◎自然に触れて遊ぶ。 　・散歩に行く。 　・興味をもった虫（バッタ，トンボ）を見つけ，つかまえて，生態に関心をもつ。 　・草花や種で遊ぶ。 　・空，雲を見る。 　・夜空に関心をもち，お月見の話を聞いたりし家族に伝える。 　・図鑑（宇宙，昆虫，植物など）や絵本を見る。 ◎牛乳パックで虫を入れるかごをつくる。 ◎毎日好きな絵本を見たり，続きのお話，読み語りを聞く。	・気温の変化や動きに合わせた衣服の調節ができるよう声をかける。 ・子どもたちが演じたパネルシアターなどを他の子たちに見てもらう機会をつくる。 ・折り方のわからないところは，折り紙の本を見たり友だちに教えてもらったりして一緒にやってみる。 ・一人ひとりの工夫している点などを認めてあげる言葉をかける。 ・運動会への期待が高まるように，うたを歌ったり，応援に使うものを一緒につくったりしていく。 ・「運動会に向けて」と力を入れずに日頃の子どもたちの遊びから"面白そう"と思ったことをすすめていく。 ・いろいろな運動遊びをしながら，子どもの楽しんでいる新しい遊び方などが見られたら，どんどん取り入れるようにする。 ・夏の間に成長した草花に種ができていることに気づかせ，子どもと一緒に種とりをする（アサガオ）。 ・とった虫は，どうするか話し合い，飼う時にはケースに入れて子どもといっしょに観察していく。 ・子どもたちの喜びそうなお話，いまの時期に読んであげたい童話など，絵本を選んで並べておく。 ・子どもたちの「もっと知りたい」にこたえるよう子どもたちがとってきた虫，花の種，夜空の月や星などの絵本や図鑑を読み，いつでも見られるように本棚に入れておく。

教育	言葉	・夏に経験したことや印象に残っていること，遊びのイメージなどを友だちや保育者に聞いてもらう。 ・運動会で自分たちが何をやりたいか話し合う。 ・「お月夜」「ばった」などの詩をおぼえ皆で唱和する。 ・気に入った絵本や童話を繰り返し読んだり，聞いたりし想像する楽しさを味わう。	・散歩のコースを下見して，自然の変化の様子や安全を確認しておく。 ・網，飼育ケースなどを用意して，つかまえた虫など入れられるようにしておく。 ・昨年の運動会のビデオを見て，自分たちの成長ぶりを感じとる。そして，来月の運動会に自分たちがやれることを出し合う（いま一番楽しい活動は？）。 ・図書館に行って読んでもらいたい絵本を借りてくる。 ・家庭へ，空き箱や容器などの協力をお願いし，いつでも子どもたちが遊びに出せるように，わけて準備しておく。 ・5月頃から踊ったりしていたフォークダンスや体操，リズム遊びのCDを子どもたちがいつでもかけて活動できるようテープレコーダーを置いておく。 ・遊びに必要なものをつくったり，こわれた時すぐ修理できる教材やコーナーを設置しておく。
	表現	・夏に経験したことを伝え合うため，写真，拾った貝がら，スタンプ，描いた絵などを持ちよりミニギャラリーをする。 ・友だちと一緒にリズムに合わせて，踊ったりして楽しむ。 ・運動会の歌や応援歌を友だちと一緒に歌う。 ・さまざまな素材や用具を使い，経験したことや想像していることを表現する。 ・自分たちの生活，遊びに必要な物をつくり，つくった物で遊ぶ。	

家庭、地域との連携		・季節の移り変わりを親子で楽しんでもらえるよう子どもたちが話している会話や描いた絵，お月夜の詩，季節の絵本などを掲示板に貼ったりそばにおいて親子でたのしんでもらうようにする。 ・保育室のなかにつくったミニギャラリーを見てもらい子どもたちの話を聞いてもらう。 ・一人ひとりの健康状態を把握し，伝え合う。 ・空き箱を集めてもらえるよう呼びかける。 ・運動会に向けての子どもたちの様子を，連絡帳や口頭で伝えるようにする。 ・散歩に行き，出会った地域の人とも気軽に挨拶を交わし合う。	評価の視点	・一人ひとりが自分のめあてに向かって，運動遊びに挑戦していたか？　また自己発揮の喜びを味わっていたか？ ・集団遊びをとおしてそれぞれの子どもが，自分のつもりや思いを伝え合って活動できていたか？　そこで生じるさまざまなトラブルに対する保育者の援助は適切だったか？　けんかしても仲良くなれる関係が育っているか？ ・夏から秋への気候の変化を子どもたちはどう捉えたか？　家庭でも話題にし，経験できたか？もっと知りたい思いを共有し合えたか？

・運動会の応援，グッズづくり ・敬老の日のプレゼントづくり ・基地ごっこや海賊ごっこなどに使う道具，かぶりもの，衣装などをつくる。	・考え方の食い違いや勘違いによる誤解などからトラブルが起きたら，その様子をよく見て，「○○ちゃんが△△君にもう一度話を聞いてもらいたいっていってるんだけど……」とお互いの気持ちを伝え合えるよう援助し子どもたちが相談し合って決めていけるようにする。また相手の気持ちを知って，ゆずったり話し合えた時は結びあえたことを一緒に喜び合う。仲間に入れてもらえないという訴えに対しては，「なぜ入れてくれないかきいてみて？」などと話し，双方の思いがあることに気づかせ，その場で結論を出させるのでなく，時間をかけてどうしたら一緒に遊べるようになるか考える。 ・体操やフォークダンスが得意な子，大好きな子を中心に思いだしながら活動を子どもたちで進めていけるようにする。

個別の配慮	R・T男……時々機関銃のように話して，内容がわからないこともあるが，聞き取れる範囲で復唱したりして，T男の思いを受け止めているんだよ，というこちらの思いも伝わるようにしていく。園での様子を細かく連絡をとり合い，運動会への参加のもち方を考える。 R・S男……家庭での睡眠時間が不十分なため，情緒の安定しない日もある。午睡を多めにとるなど配慮が必要である。また母親の仕事が忙しいため，母親とのかかわりが少ないためか，K保育士にはささいなことでも泣いて，抱っこをせがむ。甘えたいという欲求を満たしながら，S男の気持ちの支えになるようにしていく。

⑤　子どもの活動を予測する，または予想される子どもの姿

　環境を構成することによって，子どもたちは，どのようにして環境に出合い，そこでどんな活動を展開するのか。まず，子どもの行動を予測し環境とどのように関わるかを考えてみることです。それを予測できないと，多様な活動を展開する子どもたちにふさわしい柔軟な援助ができません。日頃から一人ひとりの子どもの姿をしっかり把握し，洞察力をもつことによってそのような予測も可能になっていきます。本来，大人と子どもとでは，感じ方，考え方などの違う世界をもっています。その違いやズレを発見しながら，大人が子どもの世界に近づいていくことの楽しみ，そこにこそ計画を立てる楽しみがあるのではないでしょうか。

⑥　保育者の援助のポイント

　乳幼児期の教育は，「発達の援助」です。援助としては，前述の「環境を構成していく側面」と「子どもたちの生活や遊びをどう観て関わるかという直接的な側面」があります。ここで述べる援助は後者です。また，一言で「援助」といっても，保育者の子どもへの関わりは多様です。ちょっと離れたところから，見て見ぬふりをして見守っているだけの援助もあれば，言葉がけだけでよいときもあり，またやり方を子どもと一緒に考える援助もあります。さらに子どもが理解しやすいようにモデルを示すという援助もあります。場合によっては，あえて失敗をさせてみる援助もあれば失敗させないように手助けする援助もあります。

　また，子どもたちの活動形態からは，(1)クラス全体の活動（一斉活動）をすすめる際の援助，(2)子どもたちの好きな遊びを拠点にできてくる仲間活動での援助，(3)保育者が子どもたちの友だち関係を考慮してつくる意図的なグループ活動での援助，(4)自分のやりたいことを一人で展開する，個の活動に対する援助，などが考えられます。しかし，どの活動においても共通していえることは，「子どもたちがより主体的に活動できるように促していく」ためであることに他なりません。

⑦　反省・評価をする

　保育実践を振り返り，評価・改善していくことが次への予測を確かなものにし，保育者の力量を高めることになることはいうまでもありません。指導計画の目標は，決して到達目標ではないので，評価・反省をするときは，「その目標を達したか否か？クラスの大方の子どもたちは，目標をクリアしたけれども，少数の子どもたちがまだそこまでいたらなかった」というような評価では意味がありません。

　内容についても同様です。「子どもたちが活動をしたか否か？　できるようになったか否か？」を問題にするのではなく，「できるようになったとすれば，それがその子にとってどういう意味をもつのか」「できることを生かしてその子が日常生活のなかで，どう取り組もうとしているか」をみていくことが重要です。そして，まだつまずいている行動（活動）があるとすれば，そのことを子どもがどのように感じ，受け止めているかを洞察していくことが評価になります。つまり，子どもたちの目に見える活動結果や能力を評価するのではなく，その子にとっての意味を見つけていく眼差しが，保育者の子ども理解のうえで最も重要になります。

保育における評価のポイントの一つ目は,「子どもの育ちを確認すること」,二つ目は,「日常生活のなかで,子どもの言動をどのように見て,どう対応したか？　保育者の見方,関わり方は適切であったかどうか」を評価します。このように保育という相互的な営みのなかで,子どもの育ちを見る確かさが求められます。また,子どもに確かな育ちがあったとき,それはなぜだったのか,どういう理由でその育ちがみられたのかを分析,整理する力も必要です。子どもが退行現象や葛藤をしているときも同じです。そういうときこそ保育者の子ども理解（なぜ退行現象を起こしているのか,どのように支えていったらよいのか）が求められます。倉持惣三氏は『育ての心』（フレーベル館,1988年）のなかで「この反省を重ねている人だけが真の保育者になれる……」と書いていることが私の心に突き刺さります。

　これまでともすると,月の指導計画や週の指導計画に書かれてきた評価は,「環境構成が十分でなく反省している」とか「トラブルが多かったので気をつけたい」「以後環境構成の工夫をする必要性を感じた」など,保育者の感想や決意表明ばかりで,具体的にどうすればよいのかの方針を打ち出していないものが多かったのではないでしょうか。指導計画の評価とは,「的確な現状認識とそれにもとづく課題の抽出,そこから具体的な方針を打ち出していくこと」です。つまり自己評価を書くことで子ども理解を深め,保育を改善していくことが可能になります。

指導計画の点検とチェックポイント
①保育課程との連続が活かされているか
②養護と教育の両面がおさえられているか
③子どもの実態や発達,ニーズに対応したものになっているか
④年間指導計画と月案と週案がつながっているか
⑤季節との関わり,行事への見通し,活動の流れ（継続があるか）に発展性があるか
⑥前月の反省,評価が活かされたものになっているか

　ここで実際の指導計画を点検したものをみてみましょう。

0歳児 4月 月の指導計画

〈個別カリキュラムとクラス運営としての全体的カリキュラムの二本立てで作成したもの〉

子ども9名　保育者3名（看護師）

ねらい	○特定の保育者との安定したかかわりをとおして，新しい環境に慣れていく。 ○一人ひとりに合った生活リズムを大切にし，それぞれの要求に応えて気持ちよく過ごせるようにする。	家庭との連携	○保護者に保育園の生活を知ってもらう為に，入所時，親子で一緒に過ごし生活するなかで，親子共に新しい環境に慣れてもらう。 ○連絡帳や送迎時に子どもの様子を細かく伝えながら，コミュニケーションをはかる。 ○衣服調整，動きやすい衣服について知らせる。
保育のポイント	○一人ひとりの生活リズムや授乳，睡眠の状態を細かく把握し，家庭と連絡をとりながら，それぞれに合わせた働きかけができるようにする。 ○できる限り同じ保育者が授乳やおむつ交換などを行ない十分なスキンシップをとおして情緒の安定をはかり，園生活に少しずつ慣れていくようにする。 ○一人ひとりの発達に合った活動が十分にできるようにする。	環境設定	○ゆったりと安心して過ごせるように生活の場所（おむつ交換・食べる・寝る）を同じ場所で行ない，月齢差や発達差を考慮しながら，それぞれが安定して過ごせるよう遊ぶ場所を分ける。 ○玩具は発達に合った物を準備し，子どもが取り出しやすいようにする。 ○衛生状態が保てるように，物の置き方を工夫する。
チームワーク 保育者間の	○子どもの様子を伝え合い，一人ひとりの発達状況やくせなどを把握し共通理解をもって接する。 ○職員間の連携を密にし（保育者・看護師・調理師），一日の生活がスムーズに流れるように役割分担などを常に話し合っておく。	健康安全の配慮	○一人ひとりの発達状況，既往症，予防接種状況，生活リズムなどを十分に把握しておく。 ○玩具の素材や形状は安全性を重視して選び，常に清潔にする。子どもの目の高さで安全確認をする。 ○睡眠中，時間ごとにチェックしSIDSの予防に努める。

＞ 話し合ったものを表にしていつでも確認できるよう貼っておくとよいですね。

	たくま（3カ月）		まゆ（9カ月）
子どもの姿	〜入園時の面接より〜 ○母乳とミルクの混合栄養で，哺乳びんの時には吸いはじめに時間がかかる。 ○音のする方を向いたり，ベッドにあるモビールをじっと見る。 ○眠っても音に敏感で，10分位で目を覚まし泣く。 ○排便が2〜3日に1回で，便秘気味。 ○泣いていても，あやされたり抱き上げると泣きやむ。		〜入園時の面接より〜 ○人見知りがあり，父母を追って泣く。 ○離乳食は3回食だが，家での食事形態は軟らかめで食べている。 ○おむつ交換を嫌がり，身をよじって泣く。 ○抱っこで眠る。布団に下ろすのに時間がかかる。物音で目を覚ます。
ねらい	○特定の保育者がかかわるなかで，新しい環境に少しずつなじみ，ぐっすり眠りたっぷり飲む。 ○排便がスムーズに出るようになる。		○特定の保育者とのかかわりのなかで，新しい環境に慣れる。 ○早番に入るので，午前寝をしながら機嫌よく過ごす。 ○後期食の形態に慣れる。
保育者とのかかわりと配慮点	○哺乳びんの乳首を吸いはじめるのに時間がかかるが，ゆったりとした環境で授乳をしていく。 ○物音に敏感なので，十分眠れるようにベッドの位置を考え，静かな環境で眠れるようにする。睡眠中の様子（顔）が見えるように気をつける。 ○ミルク以外（白湯）の水分補給を心掛け，お腹をさすったりしながら，様子を見ていく。 ○ゆったりと歌ったり，あやし遊びをするなかで，愛着関係をつくっていく。		○特定の保育者が安心できる存在になるように，丁寧にかかわっていく。 ○舌の動きに気をつけ様子を見ながら，家庭や調理師と相談し，調理形態をすすめる。 ○おむつ交換では「チッチ出たね」「おむつを替えようね」など，何をするのかを知らせるように言葉をかけ，ゆったりと交換する。 ○静かな環境をつくり，抱っこやおんぶをしながら安心して眠れるようにする。
行事	・入園式 ・身体測定 ・食育の集い	評価の視点	・家庭的な雰囲気のなかで，機嫌よく過ごせるようになっているか。 ・保育者，看護師，調理師のチームワークがとれているか。 ・保護者が安心でき，気楽に伝え合えるようになったか。

＞ 具体的な記述でよく伝わってきます。
＞ 体の動き（ハイハイで動きまわる）なども記述しておきましょう。
＞ 首すわりはしっかりしていますか？　抱き方についてもう少し詳しく記述するといいですね。

※個人カリキュラム　子ども9名中2名のみ掲載。子どもの名前は仮名。

4歳児 6月 週の指導計画 第1週

園長印	主任印	担任印

経験させたい内容は楽しむことばかりではありません。

4～5歳の発達をおさえたいねらいですが、それが内容にひとつも具体化されていません。

週のねらい

① さまざまな素材を使って描いたりつくったりすることを<u>楽しむ</u>。
② 自分の思いを友だちに伝えることができ友だちの思いもしっかりと聞ける。

行事

・避難訓練（6月9日）

健康・安全・情緒の安定

・施設内の環境保健に十分留意し、快適に生活できるようにする。

家庭との連絡

・梅雨期の気温差もあり体調を崩しやすいので、しっかり体を休めるようにしてもらう。

○内容・予想される活動

活動名内容ではありません。

○時計製作
・折り紙でつくったアジサイの花やかたつむりを色画用紙に貼る。
○楽器遊びを<u>楽しむ</u>。
・カスタネット、タンブリン、ウッドブロック、トライアングル、鈴などを音楽に合わせてたたいたり鳴らしたりする。
「メリーさんの羊」「気のいいあひる」

○傘の製作
・折り紙でつくった傘に好きなように模様を描く。
・子どもなりに色の組み合わせなどを考えながら描く。

予想される活動ではなく内容になっています。

○さまざまな遊びを<u>楽しむ</u>。
・ごっこ遊びを<u>楽しむ</u>。
・固定遊具、乗り物、縄、ボール、砂場遊びなど自分で好きな遊びを見つけて遊ぶ。
・コーナー遊びや手遊びを<u>楽しむ</u>。

○お散歩に行く。
・さまざまな発見を<u>楽しむ</u>。

環境・配慮

・糊の付けすぎに気をつけさせ、作品の完成を子どもと一緒に喜ぶ。

・楽器別に練習をして、子どものできていないところを見つけ言葉がけをしながら少しずつできるようにしていく。
・リズム打ちが上手にできた時は子どもをしっかり褒め、活動への意欲を高める。

・「かわいい傘にしようね、かっこいい傘にしようね」などと言葉がけをし、子どもが描きたいという気持ちを高める。

・子どもの遊びを見守り、遊具や用具など危ない使い方をしていたら、言葉がけをしてやめさせる。
・子どもと一緒に遊びを楽しみ、また遊びをさまざまな方向に展開していく。
〈絵本、紙芝居〉「どろんこハリー」「まっくろネリノ」「どろだんご」「三枚のおふだ」「ブレーメンの音楽隊」

週の評価と反省

・ケンカが起こった時、それぞれの子どもの思いを聞いてから話をし、「なぜ○○したの？自分が同じことをされたら悲しくなるよね、嫌な気持ちになるよね？」などと相手の気持ちになって考えさせるようにした。しかし、ある子どもは、自分も同じことをしているのに友だちが同じことをするのは絶対に許さないという姿が見られる。「どのようにしたら相手の気持ちになって考えることができるようになるのか」現在、言葉がけをくりかえしながら様子を見ている。また、最近泣き方がひどい子どもがいるので心配だが、もう少し様子を見守ろうと思う。

「さまざまな素材を使って……」のねらいに対する評価もしてほしいです。具体的な記述ですが、子どもの姿だけでなく保育者のかかわりに対する評価もしてほしいです。

配慮ばかりで環境構成の視点がありません。

---

① 経験させたい事柄（内容）は、「楽しむ」だけではありません。気づく、発見する、探究する、考える、感じとる、関わる、葛藤する、やりとげるなど多様な経験を味わわせてほしいものです。
② 2つめのねらいが内容のどこにも具体化されていません。これではねらいは絵に描いた餅になってしまいます。
③ ○内容と・予想される活動を混同しています。

第2章●子どもを観る目，保育を観る目を育てる

3・4・5歳児 11月 月の指導計画　かもめ保育園

11月　指導計画案　3・4・5歳児

子どもの姿

・年下児と上手くかかわれなかった年長児，年中児が，秋のグループ遠足から自発的に年少児のお世話をしたり，一緒に遊ぶなど，いままで見られなかった新たな異年齢のかかわりが見られた。

> どんな世話をするようになりましたか？

- **年長児**：友だちとお互いの考えや思いを言い合い，自分たちで遊びを進めていく姿が見られるようになった。
- **年中児**：生活や遊びのなかで，年長児の様子を真似てやってみようとする姿が見られたり，仲のいい年下児以外の子にも興味をもち，一緒に遊んだり，手伝ったりする姿も見られた。
- **年少児**：気の合う友だちと遊ぶ楽しさを感じながら，言葉が不十分であるものの，自分の思いを年上児にもしっかりと伝える姿も見られてきた。

> 1〜2例記述すると，参考になります。

年齢の配慮

年長
・自分の身体の状態や予防に関心をもち，健康な生活に必要な習慣を身につけられるようにかかわっていく。
・年下児とのかかわりのなかで，リーダー性を発揮しようとする姿を大切にし，言葉のかけ方や，年下児の思いを汲み取ろうとしている姿など見守りながら，場面を捉えて考え合っていく。

年中
・手洗い，うがい，気温による衣服の調節の大切さを知り，季節の変化に応じた生活の仕方を身につけて生活できるようにかかわっていく。
・生活や遊びのなかで，年長児の姿を真似て自分もやってみようとする姿や年下児とのかかわりを見守りながら，場面に応じて保育士もかかわっていく。

年少
・自分で身の回りのことをしようとする姿を見守りながら，「自分でしよう」という気持ちを大切にしていく。
・保育者や友だちと一緒に表現遊びやごっこ遊びを楽しみながら，年上児や同年齢の友だちへの関心やかかわり方が広がるようにかかわっていく。

> たとえば，どういうことでしょうか？

保育の内容　生活

内容及び環境構成

・季節の変化に応じた生活の仕方を知り，うがいや手洗いを自分からしようとする。
> 手洗い，うがいの大切さを丁寧に話しながら，健康に関する絵本やポスターを見せたり，掲示したりする。

・排便の後始末の仕方を知り，自分でしようとする。（年少児）
> 集いの時など年少児だけでなく，年長，年中児も交えて排泄後の後始末の仕方について話をする機会をもち，話したり確認したりしていく。

・自分たちで収穫したサツマイモを食べたり，旬の食べ物に興味をもち食べようとする。
> 子どもたちと，落ち葉を集めたり，焼き芋をする際に必要なものを用意する。

> まず何人くらいの子どもが正しい使い方ができているか把握しましょう。正しい持ち方ができている子を認め，ほめることで他の子に気づかせていくことも大切です。

援助・配慮

・うがい，手洗いは，感染症（インフルエンザ，下痢嘔吐症など）の予防になることを丁寧に伝え，繰り返し，毎日一緒に行ないながら確認していく。また，衣服の調節は，気温や遊び，個人の健康状態に合わせて対応していく。

・排便の際は，保育士も付き添いながら，トイレットペーパーの使い方，拭き方，水を流すなど丁寧に知らせていく。

・食事の際に，この時期の旬の食べ物の意味や味，栄養のことなどを伝えたり，子どもたちと話したりしながら，子どもたちが興味をもち無理なく食べられるようにしていく。

・箸の使い方やお茶碗の持ち方などを確認し，さりげなくその持ち方を伝えていく。また，年長児においては，食事時間の目安を伝えていく。

・落ち葉を使っての焼き芋では，火の熾し方や風向きに配慮し，水の準備などの安全面に十分配慮していく。

・戸外で遊びながら紅葉した葉や木の実などの自然物に触れたり，集めた自然物で遊んだりしながら季節の変化を感じ，子どもの発想や表現に共感していく。

	園長印		主任印		担任印	

ね ら い	◎季節の変化に応じた環境に留意し，一人ひとりの気持ちや考えを受け入れ，健康で意欲的に生活が送れるようにする。 ○友だちとイメージや思いを伝え合いながらいろいろな方法で表現することを楽しむ。 ○秋の自然に触れたり，自然物を使っての遊びを楽しむ。	【先月の評価・反省】 ・10月は，年長児をリーダーとしてのグループ遠足をとおして，年長児の年下児へのかかわり方や，行動に頼もしさが感じられるようになった。また，興味別活動に時間をたっぷり取ったことで，好きな遊びをとおして，気の合う友だちとの関係の深まりや，新たな友だちとの関係も見られるようになった。
家庭との協働	・寒さに向かい，感染症からの予防の為，手洗い，うがい，薄着などの習慣を家庭でも家族で励行していけるように伝えると共に，子どもの体調が悪い場合は，早めの連絡，受診対応を行なっていくことを伝えていく。 ・内科検診，歯科検診での結果を伝え治療が必要な場合は，早急に受診するよう伝えていく。 とてもいいねらいです。	行事	バザー（1日），身体計測（2日） 内科検診（5日） シルエット観劇：年長，年中（10日） 歯科検診（19日） バースディランチ（20日） リトミック（25日）

	興味別活動（1週〜4週）	援助・配慮
造形	・描画　テーマ「園庭の木や葉っぱ」―――――――→ ・粘土，空き箱制作 ・自然物を使って遊ぶ 　（木の実，葉，どんぐり，松ぼっくり，小枝，ダンボールなど） 　　アートづくり　――――――――――――→ 　　　　　　　楽器づくり　―――――――→	・描画表現においては，子どもの発想や言葉を受け止め，絵の背景にある子どもの思いを丁寧に捉えていく。また，園庭の木々や葉にそれぞれ色の違いがあることに気づくようにかかわっていく。 ・アートづくりでは，豊富な自然物を準備し，子どもの発想を受け止め，ボンドの使い方を知らせたり，つくり方やどうしていいか戸惑っている子に対しては，年長児などに教えてもらうなど，子ども同士のかかわりを大切にしていく。
構成	・積木　――――――――――――――――→ ・パズル　―――――――――――――――→ ・アークレインボウ　―――――――――――→	・積木では，子どもの人数や，何をつくっているのかを把握し，積木の数やつくるスペースを確保していく。また，「続きにしたい」という姿も予想されるので飾る場所や壊れないような工夫を子どもたちと考えていく。 ・遊んだ後の片づけでは，パーツが全部そろっているかなど一緒に片づけたりしながら確認していく。

| 保育の内容 | あそび | ・思いっきり身体を動かして遊ぶ。

・季節の移り変わりを感じながら，戸外遊びを楽しむ。
　散歩や戸外遊びへ誘い，季節の変化を体で感じたり，いろいろな発見ができる機会をもつ。また，虫眼鏡や図鑑などを用意する。

・絵本の繰り返し読みから，ごっこ遊びやおはなし遊びを楽しむ。
　ごっこ遊びに使うお面や小道具は，子どもたちと一緒に話し合い，子どもたち自らつくれるように画用紙や，箱などの材料を常に用意しておく。
　＊おおかみと7ひきのこやぎ（こあらクラス）
　＊ブレーメンの音楽隊（うさぎクラス）
　＊あかいありとくろいあり（ぱんだクラス）

・歌やリズム遊び，わらべうた遊びを友だちと楽しむ。
　歌，手遊び：山の音楽家，松ぼっくり，どんぐり
　わらべうた：1羽のカラス，からすかずのこ
　リズム遊び：どんぐり体操
　集団ゲーム：引っ越しゲーム | ・子どものイメージや発想，表現を大切にしながら言葉のやり取りを楽しんだり，時には保育士も提案したりしておはなしづくりを一緒に進めていく。また，年少児や戸惑ってなかなか表現できない子に対しては，年長児と一緒に表現したりするなど，無理のないような年長児の役割を考えていく。

・手や足，身体全体をリズムに合わせて動かす楽しさ，友だちと触れ合ったり，声をあわせる楽しさ，ことばの繰り返しのおもしろさ等，子ども一人ひとりの表情や子ども同士のやりとりを見て，保育士も一緒に楽しむ。

・繰り返し遊びを楽しむなかで，ルールや役割がわかるように，年長児と年少児をペアにするなど，和やかな雰囲気のなかで進めていく。

［どんな時間帯にどのような導入で遊び出すのでしょうか？教材名だけでなく，"やってみよう""あそびたい"という気持ちをおこさせる動機育てを記述する，それが環境構成です。］ |

ま ま ご と	・ままごと，お店やさんごっこ，買い物ごっこ ──→ ・電車遊び ──────────────→ ・ロンディー ─────────────→ 　　　　　　　　・おはなし遊びごっこ ──→	・ままごと遊び，お店やさんごっこでは，子どもの興味，関心に合わせ，毛糸やフェルトなどごちそうの材料や，お菓子の空き箱（品物），紙類（紙幣）を用意しておく。 ・各おはなしのお面や布，小道具など，自分たちでおはなし遊びごっこができるように用意しておく。
運 動	【園庭】 ・大型固定遊具，三輪車，砂遊び ─────→ ・縄跳び，鉄棒，ボール遊び ──────→ ・鬼ごっこ（助け鬼，手つなぎ鬼）─────→ 【遊戯室】 ・巧技台，縄跳び，ボール遊び ─────→	・気温や遊び方で汗のかき方が違うので子ども一人ひとりの様子を確認しながら衣服の調節をするように声をかけていく。 ・保育士も一緒に遊ぶなかで，風の冷たさや，体を動かすことで暖まる体の様子を子どもたちと共に感じ，言葉で伝え合ったりしていく。 ・遊ぶなかで子どもとルールを確認し合ったりトラブルが生じた時には，お互いの思いを伝えたりして子ども同士で解決できるようにかかわっていく。

今月の主な遊びの流れ（1週～4週）

・散歩，戸外遊び ───────────────────────────→
・わらべうた遊び（からすかずのこ，1羽のからす）─────────────→
・どんぐり体操 ──────────→
・引っ越しゲーム ─────────→
　　　　　　　　　　　　　・おはなし遊び ─────────→

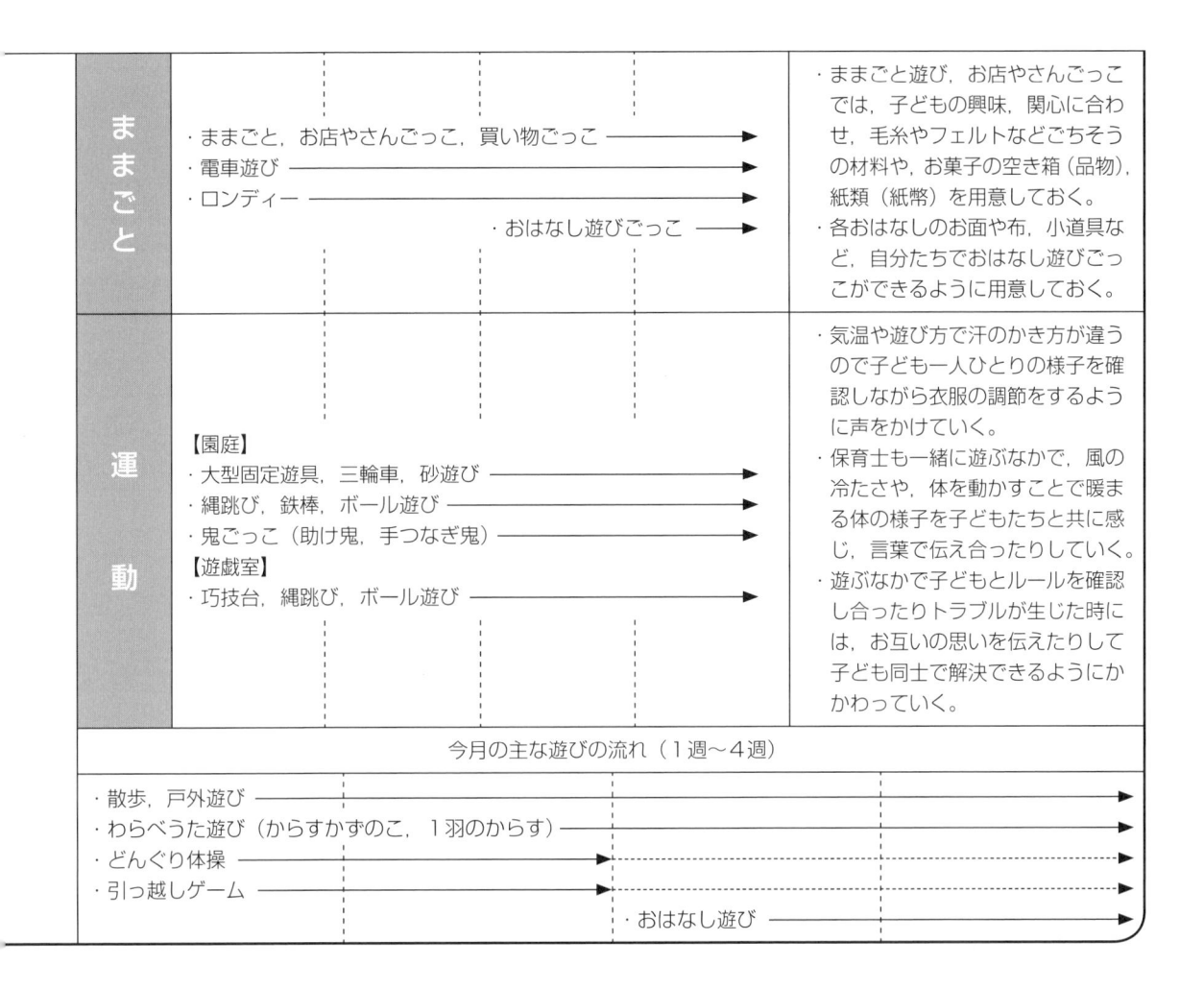

3 記録の点検と学び合い

❶ 書き手との対話

　　　　私が保育者になった1年目から，日誌などの記録を提出すると園長先生がよく目を通してくださり，いつも短いコメントを書いていただきました。たとえば「○○ちゃんは理由もなく嚙みつくことがある」などと書くと，そこに下線を引き枠外に「理由もなく嚙みつくなどありはしないと思います。否定的にとらえずその理由について考え，後で教えてください」と書かれてきます。『そんなものかな……』とその子の身になっていろいろ考えてみると，何らかの気づきがあります。そこで園長先生の所に行って話すと「よく考えてくれましたね。私もそう思いますよ」などととても喜んでくださいました。また子どもの姿が具体的に書かれている箇所には波線〜〜〜を引き，よくわからない記述には下線に？マークがついてきます。それを見て私は「こういう書き方が読み手によくわかる書き方なんだ」「なぜこういう文章は読み手にわかりにくいのか？」など考えるようになりました。子どもの見方について書いたところは，「同感！」とか「私はちょっと違う考えですが……クラスで話し合ってみてください」などとコメントしてくださいました。園長先生とのやりとり（対話）を，クラス担任みんなの話題に広げる援助でした。また保育が楽しくなって夢中で書いた日誌には「子どもたちの生き生きした姿が伝わってきて読んでいてうれしくなりました」とたくさんほめてもらいました。

　　　　だから日誌が戻ってくるのがほんとうに楽しみでした。園長先生が出張などで，日誌がなかなか戻ってこないと「いつ帰られるのか」とわざわざ職員室の予定表を見に行ったほどでした。書く喜びを与えられたことはもちろんですが，園長先生と書いた者との対話，日誌を通して園長先生と保育の考えをやりとりする，コミュニケーションが成立します。その後，日誌に「○○ちゃんはなかなか遊びだせないでいる」などと子どもの姿だけを書いて終わらせようとすると「そうだ，その理由を考えて書かなければ……」と，かつて園長先生がコメントしてくださったことを思い出し，子どもの行為の意味を考えて書けるようになっていきました。日誌での日頃のやりとりがやがて自己内対話に変容していきました。指摘されてきたことが，自分で振り返り考える力になっていきました。書き手と読み手が保育の一端を共にするという「共同の関係を築きつつ，自分としての独自の考えが養われていった」のだと思います。記録を書き，それを第三者に読んでもらって対話してきた積み重ねこそが，私ならではの保育観に育まれていったのだと思います。いまは亡き園長先生に感謝の気持ちでいっぱいです。

　　　　保育者が書いた記録に目を通し，簡単一言メッセージを添えること，現在は主任・副園長の必要不可欠な業務です。せっかく読むのですからよく伝わってきた箇所には波線を引く，わかりづらい箇所には下線を引いて「？」をつける。私が主任になったときもそれをしてきました。それだけでも書き手には大きな学びであり励みになった

と思います。忙しい毎日のなかで一人ひとりの保育者とじっくり話す時間をとることは難しいことです。しかし日誌にしっかり目を通すことで書き手の保育者と互いの思いを交流できるのです。対話というのはお互いの異なる考え，価値観をすり合わせる行為です。そこで相手の考えと向き合い，聴き合い，自分なりの保育観を広げていけるのです。一方通行で終わらない，対話が生まれる点検指導をぜひ心がけていただきたいものです。

❷ 短時間で効率的に書く方法

　記録を書くうえでの保育者の悩みは，とにかく忙しくて書く時間がとれないこと，そのうえ個人記録，ヒヤリハット，健康記録，保育所児童保育要録など書かなければならない記録がどんどん増えてきて，多くの保育者は内容云々よりも提出できればよいという状況だと訴えています。そのような保育者の悩みに対しては「いかに短時間に効率よく書くか」の力をつけてもらうことが必須です。

　記録を簡潔に書くこと，それは単に短く書けばいいということではありません。「要点をおさえて簡潔に書くこと」です。そのためにはまず書き方のポイントをつかむことが先決ではないでしょうか。

① 何を書くか？

　まずはぜひとも書いておきたい事柄，書く必然性のあることを選択します。それを私は「視点を絞って書く」と言っています。なぜなら日誌は何をしたかという保育の経過記録ではないからです。「これをこそ書きたい，伝えたい」というメッセージがあってこそ人に届く文章になります。そのような書き手のメッセージが伝わってくるような日誌を読まれたときはぜひ「伝えたい思いがしっかり届く日誌でした」とコメントしてあげてください。

② 具体的な事実を書くこと

　具体的に書くということは，そこにいない人にも浮かんでくるように，見えてくるように書くことです。読み手の主任・副園長は保育を見ていないことが多いです。見ていない人が読んだとき，まるでVTRを見ているようにその場面が見えてくる書き方です。子どもの姿が見えてこなかったら読んでいてもつまらないでしょう。日誌に多くみられる具体的でない記述例をあげてみます。

・戸外に出ると子どもたちはそれぞれ好きな遊びをみつけ楽しんでいた。

　そのクラスの子どもたちにとって今好きな遊びって何ですか？　一つでも二つでも具体的に書くとその遊びが読み手にも伝わってきます。

・○○はちょっとしたことですぐ泣く，とか怒る，乱暴をしてトラブルになる，など……。

　ちょっとしたことの状況，事実をありのまま書いてください。そこを具体的に記述することでその子のつもりや気持ちが伝わってきます。保育者の適切な対応もみえてくるはずです。

・適切な介助をした，その都度声をかけて注意したなど。

実際にはどんな介助だったのでしょう。見えてこないとコメントのしようもありません。どんな声をかけたのでしょう。果たして子どもに聞き入れられるような言葉だったのでしょうか。聞こえてきません。

・<u>生き生きとしていた</u>，<u>よく集中し遊びが深まった</u>，<u>大方の子どもが……よくやった</u>。

生き生きしていたと思える子どもの姿，集中したと思える子ども姿を書き，そのうえで〜のようによく遊んだ，集中したというのなら子どもたちの姿が見えてきます。ですから，〜の部分を具体的に書くとよいでしょう。また大方というのはどれくらいの人数の子どもを指すのでしょう。

・<u>程よい時間で切り上げた</u>，<u>しばらくたって……</u>

果たしてどれくらいの時間経過だったのでしょう？

まだまだたくさんありますが，概括的，抽象的，羅列的な書き方をしているときは，その文言に下線を引き，「具体的に書いてください」と一言。それが積み重なっていくと，保育者にどういう書き方が具体的であるのかということがよく理解できるようになっていきます。

③ 子どもの姿を保育者はどう観て関わったかを記述する

保育の営みは，一人ひとりの保育者が「子どもをどう観て関わったか」を問いつづけていくことです。従来の多くの日誌を見ると「ふらふらしていた」「乱暴ばかりしていた」といった目に見える子どもの姿・現象だけを記述し，「なぜなのか？」その原因や理由が考えられていないものがありました。その保育者の見方によって関わりは違ったものになっていきます。したがって保育者の見方，関わりを書くことこそ実践記録の本質的な要素です。そこが記述されていないものにはぜひ「それでどう関わったのでしょう？」とコメントしてください。段々関わりを書く意味が理解されていきます。

④ 評価を書く

第2章第2節「指導計画の作成とそのポイント ⑦反省・評価をする」（58ページ）も見てください。従来の反省・考察は「落ち着きがない」「やろうとしない」など結果だけを見て判断することで終わっていました。これを結果重視の能力評価といいます。また「噛みつきが広がってしまい反省している」とか「気をつけていかなければならないと思った」などの決意表明ばかりで，具体的にどこをどうすればよいと思ったのか，反省点や課題に対する具体的な方針を打ち立てていくことが考えられていませんでした。まだまだ感想文や決意表明的な書き方をしているものがあることでしょう。そんなときにはぜひひとも「具体的にどうすればいいのでしょうね」と一言メッセージを入れてください。

評価というのは，自分たちをよりよく変えていく気づきのプロセスであり，やる気や喜びを生み出す作業です。まずはよかったと思えるところをしっかり評価しましょう。そして「育とうと思っている子どもたちにとっていま展開されている保育に意味があるものかどうか？」「子どもたちの育ちのためにもっとよい指導の方法はないも

のかを考え，明日の保育への手がかりをつかむこと」です。

　評価のポイントとしては，(1)一人ひとりの子どもの育ちや変化を評価する，(2)保育者の子どもに対する見方関わり方は適切だったかどうかを評価する，この2点が基本になります。

❸ 日誌が書けない保育者に必要な援助

その1	その日に展開された保育を語ってもらいましょう。話しているうちに楽しかったこと，困ったこと，疑問が生じた場面など，保育者の心が動く場面が出てきたら「そこを書いてみては？」と提案してあげてください。その日の保育を思い出し（振り返ること），話すことは，相手にメモすることだからです。主任・副園長は，話しはじめた保育者の表情や話し方に注目し，心が動いてきた（感動が生じてきた）場面について「いまの場面が楽しそうだったけれど」などと指摘します。
その2	その保育者の日誌で日頃書くことが少ない場面はどこかを一緒に考えてみましょう。たとえば幼児の日誌は，どうしても活動（遊び）を書くことがメインになりがちです。そこでちょっと視点を変え，いつも取りあげることがない生活習慣の様子（食事や睡眠など）を指導計画と照らし合わせながら書いてみるよう促す援助です。たとえば3歳児クラスの週案では睡眠時に「子守唄を聞きながら気持ちよく眠りにつく」と記述されていたのに，そのことはすっかり忘れていた，目覚めの悪い子には起きる時間の10分前くらいから音楽をかけて目覚めに誘うとあったがそれもつい実践できていなかったなど，こうした気づきを促し，計画→実践の視点に気づいてもらうようにします。 また日頃その保育者の課題意識が及ばない視点について考えてもらうこと，たとえば友だち関係で，よくトラブルになる子，反対にけんかをしない子は誰？　そのわけは？　などと話すうちに書くべき必要な事柄が見出せるようになることも多いです。
その3	書けないと焦っている保育者のなかには，日誌の枠内を全部埋めなくてはいけないと思い込んでいることはありませんか？　何とか文章で埋め尽くそうと無理して書くのはやめましょうと話してください。今日はなぜ書くことが見つからなかったのか？　書けない原因をつかめば，明日からの見方が違ってくるはずです。書けないときこそ空白部分が多くなることが，ありのままの日誌になります。それが毎日続くようでは，保育に対する姿勢が問われることになります。そこからもう一度自分の保育の姿勢，観方をとらえなおしてみてもらうことも大切ではないでしょうか。

❹ 配慮の必要な子どもの記録

　　要支援児だけでなく，最近は配慮の必要な子どもたちのことがよく職員会議の話題になります。その子どもたちの記録をとる場合は，(1)保育者として気になるその子の行動をすべて書き出してみます。(2)次にその子がなぜそのような行動をするのか動機（心の理由），背景について考えられることをすべて記述してみます。(3)そのうえで，保育者の関わり方，援助の手だてをいろいろあげてみます。

　　これまで実践研究会などで，気にかかる行動を示す子どもに注目し，その子の記録をとりはじめると，その子がどんどん変わっていく姿を見せてくれることに驚かされてきました。第2章第1節で紹介した乱暴で困るといわれたしんちゃんもそうでしたが，まず保育者がこれまでとは異なる眼差しでその子を見つめるようになることで，子どもは自分のことを観てもらっているという安心感が生まれていきます。さらに保育者の観方，関わり方が変わり「いままで気づかなかったこんなにいい面があること」を発見していきます。そのことにより子どもが見事に変わっていきます。実践記録にはそうした大きな役割や意味があります。

　　記録の書き方については今井和子『保育士のための書き方講座』（全国社会福祉協議会，2016年5月出版予定），『保育を変える　記録の書き方　評価の仕方』（ひとなる書房，2009年）に詳しく掲載されています。そちらもぜひご覧ください。

❺ 記録の点検と指導，その実際

　　0歳児組から年長組までの日誌例を掲載しています。それぞれにどのようなコメントが必要でしょうか。是非コメントしてみてください。

事例1　0歳児クラス・個人日誌

9月6日（火）天気　晴れ	名前　Y.k子　　7カ月

視診・保健	
生　　活	◆食事：離乳食の中期食残さずたべる。その後，ミルク100cc飲む ◆睡眠：11：20〜12：50 ◆排泄：便　あり
遊　　び	◆うつ伏せにすると嫌がるが，�保が一緒にうつ伏せになってやるとよく遊ぶ。 ◆ベッドで仰向けになっているとき，アーアーとよく喃語を発する
評価　反省	◆喃語がよくでるようになった。

> [コメント]
> 子どもの姿だけが記述されていて保育者の関わり（それこそ保育の営みだと思います）が見えてきません。保育者の関わりを入れて記述してください。

⇩

添削した後の日誌

9 月 6 日（ 火 ） 天気　晴れ	名前　Y．k子　　7カ月	
視診・保健		
生　　　活	◆食事：トマトを口にすると，すっぱそうな顔をして口から出してしまう。人参は歯ぐきでつぶしてもぐもぐ口をうごかし，飲み込む。固めのおかゆは大好きで催促するように喜んで食べる。 ◆睡眠：ベッドに寝かせてもらうと，「まだ寝たくない」と言わんばかりに寝がえりをうつが，㋥がそばで静かに体をさすっていると，10分位して寝つく。 ◆排泄：11時　よい便が出る。お尻がきれいになったあと「いちり，にり，さんり，しりしり」のマッサージをするとキャッキャッと声を出して笑う。	
遊　　　び	◆うつ伏せをいやがっていたが，㋥が一緒にうつ伏せになり，「いないいないばあ」をすると，よく笑い，手渡されたがらがらを振ったりして首をあげ，しばらくおもちゃで遊ぶ。ときどき顔を床にぶつけるようにするのでこれからは胸にロールタオルを入れてうつ伏せを安定させていく。 また足を押して少しずつハイハイを促したい。 ◆喃語を聞きながら手足をよく動かす。	
評価　反省	㋥が同じ音声を発すると，とても喜び音声がさらに大きくなる。喃語で語り合う喜びを十分に味わわせたい。保護者にも園での様子を伝えより活発に発語を促していけるようにする。	

事例2　2歳児クラス・個人誌より　6月3日　ふみこ（2歳9カ月）

靴下や帽子などの身支度はできるのに，なかなかやろうとしない姿がある。何度か「ふみちゃん，早く靴下ぬぎましょう」などと声かけをし，様子を見ている。どうやら自分が最後になると思うと，急いでやりだす（周りの状況を見て行動ができる力が育ってきたことを感じた。それゆえ，保育者の言葉かけは無意味だったと反省する）。

> [コメント]
> 簡潔な記述のなかに評価の視点，(1)子どもの育ちをとらえる，(2)保育者の子どもの観方，関わりは適切だったかを評価できています。

事例3 3歳児組　日誌より　子どもの名前は仮名

十一月二日金曜日	天気　晴れ 出席数　16名 欠席数　1名 理由	子どもの姿　および　保育士の関わり
		だいご，けいたろう，ゆずき，ちひろは，工事ごっこでの経験を通して，遊ぶことも多い。ダンプカーやスクーターの乗り物に乗っての走行では，だいごが仕切っていることが多く，とくに主張の弱いけいたろうに対して，「何でそうなの！」「それ違うから！」と，きつい口調で言い，けいたろうが「だって，けいくんこれやりたいんだもん」と主張しても，「もうけいたろうくんなんてしらない」と，自分の思い通りにならないけいたろうに腹をたてている。㊅が仲立ちに入り，「だいちゃんがこうやりたいように，けいたろうくんだってこうやってみたいんだよ」。だいご，「けいくん言うとおりにしてくれないから，もういやだ」。㊅「じゃあ二人が一緒に遊ぶにはどうしたら良いかな？」と話すと，だいごも涙をこらえ，けいたろうの主張を聞き，譲ることもできるが，㊅が仲立ちに入らないと，だいごの一方的な主張で終わってしまうことが多い。いまはまだけいたろうもだいごのことが好きでよくくっついて遊んでいるが，二人の間での力関係が何となくできてしまっている。
	〈内容〉 互いの思いやイメージを伝えるなかで，仲良しの友だちの思いに耳を傾けようとする	評価	けいたろうはだいごに対して自分の意見は言うが，だいごが一方的に聞き入れず，強い口調で圧倒してしまう。対等な関係が築いていけるよう，<u>だいごにも自分の思いだけいつも通らないことや，一緒に遊ぶためには，友だちとも折り合いをつけなければいけないことを，体験させていかなければいけない。</u>

> [コメント]
> ①3～4歳児がやりたい遊びを繰り返しながら，友だちとぶつかり合うことを体験する，その様子がとてもよく見えてきます。保育者が「遊びのなかでの子どもたちの関係性がどうなっているか見ていこう」という視点があればこそ読み手にも

それが伝わってきます。
②評価の下線の部分ですが，保育者はだいごに対して折り合いをつけていかなければと考えていますが，読み手にはどのように対応していこうとするのか伝わってきません。そこをもっと具体的に記述すると，読み手の考えを述べることができるのですがそれ以上コメントできないのが残念です。

事例4　4歳児組　保育日誌

8　月　2　日　火曜日　天候（　晴　れ　）　担当印　園長印

1　主な活動　　2　指導上の留意点　　3　保健　　4　自由記録(個人記録)

1　枝豆の収穫をする　　「だってわからなくなっちゃうでしょう！」
種からまいた枝豆が，たくさん実をつけた。ひとり一本ずつ根っこから抜き，豆をもげるようにする。
ちひろくんは，枝豆を手にもったものの根っこに泥がついていたためか動きが止まってしまった。
自分の分が終わったゆうちゃんが「手つだってあげる」と一緒にやりだす。
ひろしくんは実をとってボールに入れてしまうと，「ボクのが　わからなくなっちゃうでしょう」と言いだし，実をとるのをやめてしまった。みんなでボールに入れた枝豆が何個になったか数えてみると291個。そこで保育士が「ひろしくんのがあると，300個になるかもしれないね〜」と話すと，自分からもぎはじめ，「302個だあ〜」と大喜び。その後も調理室へ豆を運び，園長先生に報告をし，しっかり活動に参加していた。
〈評価〉
園長先生からもらったことをきっかけにはじまった枝豆で，よく実がつき，みんなで収穫ができた。
なすやきゅうりのように順番に少しずつ実るのではなく，一斉に収穫ができ，ひとり一本ずつ持って実をもぎとることができ，素材として枝豆はとてもよかったと思う。

コメント

枝豆はみんなで一斉に収穫することができ，あとで食べる楽しみもあり4歳児のこの時期の素材としてはとてもよかったという評価はうなずけます。ただひろしくんの「だってわからなくなっちゃうでしょう」と言う言葉を日誌のタイトルにしているその趣旨はなんだったのでしょう。一人一本ずつ収穫したのでひろしくんは「自分が取った枝豆だ（だから，もいだ豆も自分の豆）」という意識を強くもってい

たのだと思います。自分が抜きとった一本の枝豆に，果たして豆がいくつついていたのかを知りたかったのかもしれません。だからみんなと一緒の大きなボールに入れてしまうことに抵抗があったのでしょう。もし保育者がひろしくんのその訴えを聞きとっていたら，次にはもっともっと保育展開を変える力のある評価になったのではないでしょうか。次回は，一人一枚ずつ紙皿を用意し，そこに自分のとった枝豆を入れていく。そうすると子どもたちはきっと大喜びで数えはじめるでしょう。みんなで291個など子どもが到底数えられる数ではありません。けれども紙皿の枝豆は？　一人ひとりどんなふうに数えるでしょう？　並べて数えたり山盛りにしていったり……想像するだけで楽しくなります。そしてきっと誰が一番多かったか比べてみることになるでしょう。生活のなかには学びがいっぱいあります。それも大人から数えることを強いられてではなく，数えずにはいられない状況で必死で数えるでしょう。数える，比べるなど，遊びながら数量に関心をもち学び合う保育が展開することでしょう。

事例5 年長組日誌　〈ねらいと配慮を前日，日誌を書いたのちに記述する〉

| 3月2日(水)
晴れ
欠席なし
(出席13名) | （ねらい）⇒前日に書く
戸外で冬から春の季節の移り変わりを感じとる
（配慮）
霜や天候の話をしたり，新芽が生えていることなどに気づかせ，春の訪れを子どもたちがどのように感じているか，子どもたちの声に耳を傾ける | 霜の下りた日は暖かくなることを伝え，春を探しに行こうと，子どもたちに話す。近所の家の花壇にチューリップの芽が出ていたことを見つけた《よしみ》「あっ，見つけた，チューリップだよね」。《たえ》「これから咲くんだよね」と，話している。「あそこの庭にも何か咲きそう」と《みつる》。子どもたちが花壇にばかり気をとられていたので，�保が「桜の木や他の樹も見てみよう」と，声をかける。すると，《よしお》が「ぼくたちが学校へ行くときいっぱい咲くんだよね」と，入学式と桜の花が結びついているのか？うれしそうに話す。「桜さん，桜さん，学校へ行くときいっぱい咲いてね」と，《ゆうな》と《ひろし》が桜の木をたたく。まだ花芽は感じられないが，固い芽がたくさんついていることを発見する。《とおる》が「あの木は花が咲きそう」と，大きな声で叫ぶ。�保が「何の花が咲くのかしらね」と言うと，《まゆ》が「家の庭にもある，同じだ！　家に帰ったらおばあちゃんに聞いてみる」と言う。 |

| | | 〈評価〉
《よしお》の言葉から"春になったら桜が咲き，一年生になる"という季節の切り替りと，自分たちの生活を結びつけていることを知りうれしく思った。《まゆ》が「おばあちゃんに聞いてみる」と言ったことを，明日は確かめてみんなで図鑑で確認したい。そして，新芽がふくらみ，花になっていく様子を，これからもぜひ子どもたちと観察し，喜びをさらにふくらませていきたい。|

コメント
① 翌日の保育のねらいなどを，その日の日誌を書いた後，記述しておくことで「今日～明日へ生活の流れをしっかりとらえてつなげていけることがいいですね。
② 子どもたちの姿が見えてきて，会話まで聞こえてくるとても具体的な記述になっています。
③ 評価の書き方が的確ですね。「子どもたちに四季の変化を感じとらせること」は，長い時間の流れを認識し，そこに自分たちの成長を実感していくという意味でもとてもよいねらいだったと思いました。

　記録の読み方は人それぞれでいいと思います。保育者の身近にいる主任・副園長がどのように読みとってくれたかが保育者の最も関心事なのではないでしょうか。よく主任研修などで「記録のコメントをしてあげてください」とお願いすると「どう読みとればいいのかよくわからないのですが……」と言われます。私は「読んでいてここは子どもたちの姿が見えてくるな……と感じたら波線を引いてあげてください。ご自分なりの感じ方を大切にしてほしいです。正解はないのではないでしょうか」と話します。書く時間が十分とれないなかで保育者が懸命に書いた記録です。ていねいに読んでもらっている，少しでもよいところがあると「いいですね」とコメントしてくれる，その気持ちが書く意欲をもりあげてくれるのだと思います。

❻ 記録（日誌や児童票）を園内研修に活かす

　日誌を常時点検しながら，(1)子どもの育ちの過程がしっかりおさえられているもの，(2)子どもの発見，その楽しさを語り合えるもの，(3)園全体の保育に対する課題や問題点として共通理解しておきたい事柄が提示されているもの，(4)保護者にもぜひ伝えておきたいこと（園だよりやクラス懇談会などで話題にしたい内容），などをピックアップし，園内研修などに活かせる日誌を抽出することが主任・副園長の役割になります。文章化された保育者一人ひとりの日誌を見ることは，その人の考えを他の人と共

有化しやすくすることです。保育をよくしていくにはそれぞれの保育者の考えを他人にわかってもらうことが大切なことはいうまでもありません。文章化し，わかってもらってこそ発展があります。

　それが結果的には「今各クラスでどんな保育が展開されているか」を理解し合い，その園がとくに大切にしていきたい保育理念など，園の保育課程を再確認していくことにつながっていきます。自分以外の保育者が書いた日誌を読むことは，各クラスの子どもの育ちや課題をそのクラスだけの問題として終わらせず，みんなで考え解決していく，言い換えればみんなが自分の問題として一緒に感じとり担う姿勢を築くことになります。はじめるにあたっては，まずはその保育者のよいところ，よいと思われる日誌を学び合うことを念頭に置きスタートします。

⑦ 書くことは感動の保存

　保育者は，日々保育をしながら「今日は子どもたちはよく遊んでいるな」「楽しそう」などと漠然と見ているということはありませんか。それとも「あっ，そうだったのか，今日はぜひこの発見を日誌に書こう」「〇〇ちゃんは，今日はじめてお友だちにぶつかっていけた，連絡帳にそのことの大事さや育ちを書いて伝えよう」「△△ちゃんは昨日までお友だちの遊びを見ているだけだったのに，今日はじめて自分から遊びに入っていけた。このことを個人記録に書くことにしよう」などと心を動かしながら観ていますか。

　本来書くことは「大事な出来事を忘れないよう脳にしっかり記憶すること，自分で書いておかねばと思った心の動き（感動）を保存しておく作業」です。ところが忙しいとどうしても自分の内側からの心の声を聞き逃してしまいます。「おもしろい」という感動，「そうだったのか！」という発見，「なぜ？」という疑問など目に見えない心の動きは書くことで保存することが可能になります。なぜ書くのか，見えない心の動きをとらえること，子どもたちの心の育ちが危うくなっている現代だからこそ，「なぜこんなことをしてしまったのか」目に見えないものを見つめ，考え，理解しようとすることが求められるのではないでしょうか。

　現実の保育園は，延長保育など長時間保育を必要とする子どもたちが増えつづけるなかで，職員会議の時間もとれない，職員同士の相互理解をどう促すのか，深刻な悩みが立ちふさがっています。だからこそ，記録が意味をもちます。記録が仲間をつなぎます。文章化することにより自分の考えを他の人と共有化しやすくするのです。園の職員がよき仲間としてしっかりつながっていくためにも保育の日常をみんなで共有し合うことが求められるのではないでしょうか。

4 行事の考え方

❶ 行事の二面性について

　行事には，それがはじまったときには何らかの意味をもっていたけれど，繰り返されるなかで惰性に陥っていくという危険性があります。年中行事という言葉にその性格が込められています。教育，保育の場においても「行事があるからやらなければ……」と例年年間指導計画のなかにたくさんの行事を盛り込み，挙句の果てには「行事に追われ，普段の保育ができなくなる」といった嘆きも聞こえてきます。

　一つひとつの行事が本当に子どもたちのものになっていますか。子どものためといいつつ園の威信を保つようなものになってはいないでしょうか。なぜこの行事をするのか，やりたいのか，行事のはじまりの意味は何だったのか，園としてどこに重点を置いてやるのかなど，園全体の年間計画を立てる際は，原点に戻って吟味していく必要があるのではないでしょうか。

　筆者がまだ保育者だった頃，久保田浩先生（幼年教育研究所所長，白梅短期大学名誉教授）から行事に関しての貴重なお話を聴いたことがありました。以下は行事の二面性についてです。

```
         ┌─ 日常性＝日常の生活のつくり手は子どもです。その子どもたちが普段つ
         │       くりだしてきた生活（育ち）をそこに発表する。見せるものでは
         │       なく，生活のなかで積みあげてきたもの・身につけてきたも
         │       のです。子どもたちの生活の必然性，興味や関心に裏づけら
 行事 ───┤       れ，主体的につくり出していくもののなかに育まれるもの，み
         │       んな（集団）で創り出していく体験。
         │
         └─ 非日常性＝日常生活のなかではなかなか体験できない新鮮な体験，珍し
                   いこと，ややもすると平たんに陥りやすい園生活の節目にな
                   るような思いがけない大きな感動や達成感を呼ぶ体験。
```

　いずれにしても「ぼくもやった！」「みんなもやった！」という個の充実と集団活動としての喜びがもてるようになるというのも行事のもつ二面性といえるのかもしれません。

❷ 行事の種類・分類

　実際，真面目に行事に取り組んでいくとその数は30種以上に及びます。少なくとも月に2～3種はあるわけです。行事に追われないためには，1年間の生活の流れ（年間指導計画の見通し）のなかで，子どもたちが取り組んでいける行事と，保育者がぜひ経験させたい・知らせたいという行事についてみんなで話し合い，整理してみる必要があります。園生活の長い子は5～6年も同じ園にいるわけです。毎年同じパターンで5～6回おこなわれるとしたら，そこには新鮮さも魅力もなくなってしまうので

はないでしょうか。

　まずは行事を分類，整理し，職員が子どもたちにとって真に必要なもの，職員からみて必要だと考えたものを取りあげ，そのすすめ方について（たとえば園全体でおこなうようにするのか，3歳未満児・幼児組など別々にやってみるのか，各クラスごとにおこなうのかなど）考えていくことも必要です。

A　伝承的行事	七夕　お月見　餅つき　節分　ひな祭り　など
季節の移り変わりの節目に変化を与える。これらの行事一つひとつには，人間の生きることへの切実な生への営み，関わりがありました。これらの行事は必ずしも園全体で取り組まなくても乳・幼別々に，あるいはクラスだけでじっくり伝承されている内容を体験することも考えられます。	
B　社会的行事	時の記念日　子どもの日　母の日，父の日　　虫歯予防デイ　敬老の日　勤労感謝の日　など
社会生活のうえで必要なことを意識化させたり，それをキャンペーンする目的でおこないます。行事の意味やねらいを子どもに理解させるには難しいものもあります。必ずしも園で取り組まなくてもいいものもあるかもしれません。	
C　保育行事	入園式　誕生会　夏祭り　プール開き　運動会　遠足　芋ほり　生活発表会　お別れ会　卒園式　その他，毎月おこなう避難訓練，身体測定　健康診断　など
子どもたちの生活の節目になり生活を豊かにすることに役立つもの，園文化の創造と発展に結びついていく行事でもあります。その行事のためにやらされる，教え込まれる，練習させられるというようなことにならないようとくに配慮したいものです。また子どもたちの健康・安全な生活を保持するのに必要な行事もあります。	
D　保護者行事	保護者会（懇談会）　個人面談　保育参観　保育参加
保護者と共に子どもの育ちを支え合い，保育を伝え合う行事，保護者間の連帯を育み，コミュニケーションを豊かにしていく行事でもあります。	

　子どもたちが主体になって，自分たちの力を十分発揮することで「来年もまたやりたい」「ぼくたちが年長になったらやれるんだ」という期待がふくらみ，それに向かっていけるような行事を育んでいってほしいものです。行事が終わった後には保育者にも子どもたちの成長のドラマを見るような大きな感動が湧きます。それが基盤になって在園の子どもたちに園文化が受け継がれていくのだと思っています。

　保護者行事については，第5章第2節で詳しく述べています。そこも合わせてお読みください。

5　保育の発信と伝達，日常の共有化

❶　エピソード記録のあゆみ（菜の花こども園の実践）

［1］　エピソードの大切さ

　「エピソード記録」は監査対象の書類でもなければ，保護者に開示義務のある書類

でもないプラスαの書類（記録）です。しかし，保育業界のあちらこちらで「エピソード記録」の必要性についての研究が発表され，書物が出版されるようになりました。それは忙しい毎日のなかで保育者が，目の前の子どもと交わす言葉や関わり，見守る行動のなかで，心に残る瞬間に出くわした出来事を一旦保育を離れて記録として残すことが，自分自身の保育を客観視し，振り返り，見直し，明日の保育につなげるために必要であると理解されてきたからなのだと思います。そして私は，主任保育士の立場として，それぞれの保育者とエピソード記録を通しておこなうやりとりが，保育者の思いを理解し，共に考え「子どもを観る目」を育てるということにおいて，とても大事な役割を果たすものだと感じています。

　2009年に施行された保育所保育指針の「保育士等の自己評価」では

　　ア）保育士等は，保育の計画や保育の記録を通して，自らの保育実践を振り返り，自己評価をすることを通して，その専門性の向上や保育実践の改善に努めなければならない。

という努力義務が掲げられています。このことについて私は，日常の日誌や児童票だけでは一人ひとりの育ちは語りきれないと感じていました。そのために何が有効なのかを考えていたときに，6年前の研修会で「エピソード記録」を知り，当園でも取り組んでみようと考え保育者に提案し，開始しました。

　開始にあたり，今井和子『保育を変える 記録の書き方 評価の仕方』（ひとなる書房，2009年）を紹介しました。そのなかでも

　　保育者の意欲を書き立てるような意味のある記録を書くためには，保育をしながらはっとしたことすなわち子どもの新しい発見や気づきを『書いておきたい』と直感した時すぐにメモすること，その習慣をつける事で短時間に効率的な記録を書く力が養われるのだと思います。

をポイントとして伝えました。主任保育士として保育者への助言は，内容の良し悪しにかかわらず，できる限り早く返すことや，少しの時間でも，提出された記録に対して肯定的な声かけを繰り返してきました。また，定期的な会議のなかで保育者のエピソード記録に対する問題点や意見を聞き，それを大切に取りあげて改善を繰り返していったところ，保育者が記録を残していくことの大切さも理解でき，現在までの継続にいたっています。実際にエピソードを書くことによって，保育者自身の記述力や保護者対応能力，さらに子どもに対する観察力，子ども理解が，日常の保育の姿のなかにも感じられています。以下，エピソード記録を継続することによって園全体がどのように活性化され，保育の質が向上していったかを時系列で紹介します。

2　気負わず書くために

　当初の記録は，〈エピソード1〉（83ページ）のように子どもの気になる部分にばかり焦点が当てられ，主任保育士に相談するというやりとりのなかで，改善策を共に考えるというところにとどまっていました。提出回数も保育者によって違いがあり，提出回数の多い保育者とは距離が近くなるのを感じていましたが，提出のない保育者に

は反対に距離を感じていました。半年後の第1回目の会議では、提出の少ない保育者から「書かねばならない感があり負担を感じる」「人に読まれていると思うと自信がなく途中まで書いても提出できない」「何を書いていいかわからない」などの意見がありました。それに対して提出の多い保育者からは「評価されると思わずに子どものありのままの姿を書けばよい」「どんなものを書いているのかお互い見合うのも大事ではないか」などの意見が出ました。そこで各自が記入した「エピソード記録」を閲覧できるように職員室に置き、時間があるときに読み、情報の共有化をはかることにしたところ、少しずつ提出が増えていきました。そして経験年数1年に満たない保育者が、子どもと自分自身の言葉と行動のやりとりを、一生懸命に記録した思いから保育に対する楽しさが伝わってくるようにもなりました。以前は「記録を思うように書くことができない」と言っていましたが、この時点で「記録することで、感動した子どもとのやりとりを誰かに伝えたい」と言うようになったのです。

　第2回目の会議では、保育者からエピソード記述を続けるにあたっての問題点として「事実と自分自身の思いをどのように記録していったらよいか迷いがある」という意見が出されたのを受け、保育を客観的に観る力を育てることの必要性を感じた私は、鯨岡俊・鯨岡和子『保育のためのエピソード記録入門』（ミネルヴァ書房、2007年）を紹介し、項目を〈タイトル〉〈背景〉〈エピソード〉〈考察〉と分けて書いてみることを提案し、次回より取り組むことになりました。

③　保育者同士の共通理解の材料に

　翌年の2010年度にはフォームを変え、エピソードと考察を分けて書くことにしました。その結果、記録が書きやすくなったのか、すべての保育者が月2回のペースで提出するようになり、全保育者が同じように記録を通しての対話ができるようになりました。〈エピソード2〉（83～84ページ）のエピソードからもわかるように、3年の継続で、書く力や考察力も身につくと同時に、ありのままの子どもの姿と記録する保育者の思いが一人の子どもの成長発達につながっていくことが感じられました。この時期は、このエピソードを子どもたち一人ひとりの児童票に取りため、読み返していくなかで、その子どもの成長が

　　「"点"ではなく幼児の歴史を踏まえた"線"で捉える」（岡花祈一郎・杉村伸一郎・財満由美子・松本信吾・林よし恵・上松由美子・落合さゆり・山元隆春『「エピソード記述」による保育実践の省察──保育の質を高める為の実践記録と保育カンファレンスの検討』広島大学学部・附属学校共同研究機構研究紀要（第37号）、2009年、229～237ページ）

ことを理解できました。また時間差で動いている保育者同士がエピソードを通して一人の子どもの成長を感じ合い会話する姿も見られ、エピソード記録の読み返しが保育者同士の共通理解の材料としても役立っていると感じられました。

④　記録の均一化とクラス内のカンファレンスへ

　第3回の会議では、「エピソードを書く子どもが偏ってしまう」という課題があがり、

リーダー保育士の「クラス名簿に記録した子どものチェックをして，均等にエピソードが書けるようにしてみてはどうか」という提案を実行し，どの子どもについてもエピソード記録が書かれるようになりました。また，保育者によっては自分の担当年齢の子どもだけでなく他クラスの子どものエピソードも記入され，多角的な視点で一人の子どもの成長を感じることもできるようになってきました。

保育者カンファレンスでは一つの「エピソード記録」の子どもについて，各々の考えを述べ合う意見交換ができるようになり，さらにリライト（再考察）へとつながりました。つまり，最初の主任保育士への相談が，仲間と共有しながら分析し子ども理解を深め，次の関わりにつなげる姿勢（いわゆるPDCAサイクル）が保育者同士のなかで身についてきているのがわかります。記録した保育者自身は「考察で自分なりに考え問題の解決策を出してみたり，助言後，さらに分析して，これからの課題・取り組みを考えるようになった」と言っています。「エピソード記録」のなかにも，子どもと保育者の葛藤，それに複数担任各々の子どもに対する考えの意見交換の内容が書かれるようになったと同時に，明日からの関わりを考える姿勢がみられるようにもなりました。

担当制となると保育者同士にも遠慮があり，なかなか他の保育者の担当児について意見するまでにはいたらなかったのが，この話し合いをきっかけに，日常の会話のなかに，子どもの関わりについて相談や意見し合える関係ができてきました。クラスカンファレンスの後，記録対象児にも成長発達が感じられるようになったようです。また，担当保育者も焦らず，子どもを見守ったり，ときには甘えさせてみるなど，ゆとりをもって関わることができるようになったと話しています。これは今井和子氏が述べている，

「グループ会議や職員会議などで，その子を深く理解するための話し合いを行なったりすると，次の日からその子の姿が変わってくるというケースが良く見受けられます。幼児の心を読み取ろうとする保育者の愛情と熱意が幼児の心に伝わった時，幼児は心を開いてくれます。書くことによって子どもの内面を見つめ，対話できるようになっていく力が養われることこそ保育の醍醐味」（今井和子『保育を変える 記録の書き方 評価の仕方』ひとなる書房，2009年）

ということが味わえるようになってきたのではないでしょうか。

5　エピソード記録の継続のために

保育者は女性が多いので，結婚や出産で入れ替わりもありますが，新しく採用した保育者にはスタート時から先輩保育者の「エピソード記録」を読むところからはじめてもらいます。そのことにより記録に対しては抵抗なくおこなえているようです。〈エピソード3，4〉（85～88ページ）をご覧ください。そしていまでは，「エピソード記録」は保育者のなかで，保育の専門職として必要であることが意識化されています。「エピソード記録」を読み合うなかで，園内で子どもについて語り，各々の保育者の思いを理解したり，子どもの成長を喜び合ったり，改善の道を探り合ったりする会話が，日常の雑談のなかでも多く聞かれるようになりました。継続していくなかでは，保育

者はある一定期間同じことを繰り返していくと，マンネリ化し，一旦低迷してしまうことがあります。主任保育士としては，そのときを見逃さず，新たな課題を提案し，新鮮な視点を加え継続していくことを意識化してもらう必要もあるでしょう。そのために，自分自身もつねに学ぶ姿勢を忘れずにスキルアップをはかることも大切です。しかし，それは，ただ単に保育の研修会に行けばよいということでもなければ，ひたすら仕事に専念すればよいというものでもないと思います。ときにはリフレッシュしながら，自分自身が感動する心をもちつづけることも大切なのではないでしょうか。そして保育者全員で一つひとつ課題を乗り越えていくことで，また新たな「子どもを観る目」が養われ，園全体の「保育を観る目」も活性化されていくのだと思います。

6　主任保育士の役割

　私は主任保育士になり10年が経ちました。はじめは担任として，毎日子どもたちに接することのできないことに寂しさを感じていましたが，エピソード記録から他の保育者の目を通して子どもを観ることもまた楽しくもあり，いろいろな視点にふれることで学びにもなり，保育者としてまた違った喜びを感じることができるようになりました。そして一つのエピソード記録を元に，保育者と共に考えていくことは，それぞれの保育者や対象の子どもとの距離が近くなったり，園の保育の統一感をはかれたり，各保育者の視点に気づけたりとよい点がたくさん見えてきました。また，子ども個人の，また個から集団への成長をエピソードとして語っていくことができるのは，毎日子どもと一緒に歩いている保育者の特権だと思っています。これからも，業務上必要な書類のみの記録だけでよしとせず，向上心をもってプラス α を大切に，楽しいと思えるような組織づくりをつづけていきたいと思っています。

　保育者が記録を書くということは，子どものすばらしさに改めて感動し，保育の仕事が幸せなこととして感じられることであり，子どもの可能性に気づかされ子どもから学びを得ることにもつながります。また，その保育者の心が，子どもたちにとって自分を理解してくれている安心感につながり，挑戦する力の源となっているようにも思います。そしてそれこそが相互作用で伸びていくこの仕事のおもしろさであり，私たち保育者の専門職としての自信にもつながっています。保育の質は保育者の質ともいわれます。子どもとの関わりを記録することで子どもを理解し，子どもの心を感じる保育者の心の目を育てることができれば，保育が変わり，環境が変わり，子どもが変わっていきます。主任保育士はそんな保育の感動や喜びを与える方法を，実践のなかに上手に取り入れ，保育者には焦らず，提出回数にこだわらず，ていねいな返答を繰り返し，共感し認め，ときには別の視点から意見し，視野を広げながらすすめていくことが継続の秘訣だと思います。

〈エピソード1〉

　2008年12月17日（経験年数1年目）思うように書くことができないと悩んでいたF保育者の記録より

> 2歳（Eちゃん）
> 長い休みをしていたEちゃん，久しぶりの保育園がとても楽しそうで気持ちが高ぶっている様子。教具にも集中しておこなってはいるが，どこか落ち着きがない。こんな日は今日だけではなく，ほぼ毎日である。
> 4，5歳児の当番が昼食の準備中，部屋の入口のところで絵本を読む時間，お友だちとの距離が近いからか，隣にいたRちゃんに手をだしてしまう。手をだしてしまう子はだいたいRちゃんが多い。注意をしてもすぐ同じことを繰り返してしまう。
> 他にも気になるところがあり，足元の注意があまりなく，お友だちの足を平気で踏んでしまったり，寝転がる子の顔を踏みそうになったり，物を運ぶときも落とすことが多かったりと……注意の足りないところが目立っている。
> 手先の部分ではハサミも上手になり，片づけも積極的におこなってくれることも多く，人の役に立ちたいという気持ちはとてもある。
> 今後の対応に悩んでいます。
> 〈主任コメント〉
> 記録提出ありがとうございます。
> 遊びのなかで線の上を歩いてみて運動をコントロールする力を養うなど，遊び感覚で足元を意識することをおこなってみてはどうでしょう。繰り返しつづけることで，改善されると思います。
> 友だちとの距離は少々保育者のほうで気にしてあげるとよいかと思います。
> また，Eちゃんが遊び込めるような環境づくりも考えてあげてみましょう。お部屋をもう一度見直してください。また一緒に考えましょう。

〈エピソード2──3年目のF保育士の記録〉

　子どものなかに入り込みよく遊び，共に考える姿勢を身につけてきました。そして自分の対応を客観的に観て記録する態度が身についてきています。また2010年度よりエピソード記録のフォームを変え，エピソード／考察を分けて書くようにしました。そのことで保育を振り返る姿勢がみられるようになりました。

> エピソード名「くやしいね！」　2011年1月26日　記録F保育士（保育士歴3年）
>
> 対象児　Yくん，Yちゃん（共に年長児）
>
> 〈背景〉
> 戸外に出て，同年齢の子7人でSケンをやっていた。
> Yくん，Yちゃん，Cちゃん vs. Sちゃん，Kくん，Eちゃん＋保育者（審判兼相談役）で勝負が繰り広げられた。

〈エピソード〉
全「作戦をねろう！」とそれぞれに話し合いからはじまり勝負がはじまった。
Sちゃんチームに入っていた私はSちゃんとKくんのリーダーシップにより作戦はねられた。Yくんチームもそれなりに話し合いスタート……。
Sちゃんチームは次々と得点を重ね5対0と圧勝のなか，Yくんは必死になる。一人で相手陣地へ入り相手に倒され少し手を負傷。Yくんは目に涙をため，痛さとくやしさで一人しゃがみこんでいた。他の子はその姿に気づかずSケンに必死，数分後Yくんは立ち上がり，もう一度Sケンをはじめた。
結果はSちゃんチームの勝ち。チャイムも鳴りゲームをつづけられず終わることになるとYくん「くやしい」そしてYちゃん「うん　くやしい」と2人でしょんぼりと肩を落とす。
Kくん「また後でやろうよ」。YくんYちゃん共に「うん，くやしいからやる」と言って給食へと向かった。

〈考察〉
Sケンのルールも少しずつ理解できるようになり，楽しさに気づきはじめた子どもたち。
Yくん自分のなかでは勝てる自信がどこかにあったが，現実には負けてしまいくやしい気持ちと転んだ痛さで一度はあきらめかけた。しかし気持ちを入れ替えてもう一度勝負に入ってきた強さは，今までにない姿であった。YくんにしてもYちゃんにしても「くやしい！」という気持ちを経験できていることは，私は心の成長だと感じている。
くやしいからもう一度やろうとあきらめず，立ち向かっていく，子どもたちの姿を大切にしたい。Sケンを今後もつづけ，そういった子どもたちの心の葛藤を見守っていきたい。

〈主任のコメント〉
いいエピソード記録です。読んでいて胸が熱くなりました。
「くやしい」という気持ちは先生の言われるように「心の成長」のときです。この思いを今後子どもたちがどうつなげていくか？　見守り続けてください。

〈エピソード3──N保育者の記録〉
　採用1年が経ったN保育者。初年度は保育を覚えるのに精いっぱいの様子でした。最近やっと慣れてきたようで「保育がおもしろい」という発言が聞かれるようになったため，先輩保育者のエピソードを読んでもらい，感じたことなどの対話をした後，書いてもらったところ，以下のように綴られています。
　採用2年目の保育者のエピソード（2点）

タイトル「我慢」 2015年6月24日（水）
記録者　N
対象児　Mくん（年中児）　Gくん（年長児）
〈背景〉 最近落ち着きがなく，気持ち的にも高ぶっている様子のMくん。 お友だちとのトラブルで，衝動的に手がでることが多い。 22日にお友だちとのトラブルから手がでてしまい，傷をつくってしまったことから23日の朝に，他人に対して乱暴はいけないことを伝えた。
〈エピソード〉 24日の今日，歯みがき，うがいをしているところをGくんにいきなり後ろから蹴られたようで，涙を流しながら保育者に訴えにくる。 M「ちぇんちぇ〜い（先生），Gくんがうしろから蹴った〜」 保「そうか，それは痛かったね〜悔しいね〜」 M「う〜ん」（少し泣きべそをかいている） 保「それで，そのときMくんはGくんにやり返したの？」 M「ううん，やらなかった」 保「やられたのに　やりかえさなかったの？　我慢したの？」 M「うん，したあ」 保「そうか　Mくんがまんできたんだね。すごいね」 M「うん」 その後，MくんはGくんに対して気にする様子もなく，気持ちを切り替えて次の活動へ．一方Gくんはそのやりとりを近距離で見ており，本児自身，怒られると思いきや，Mくんは暴力をせずがまんできたことをほめられた一部始終を見て「フンっ」と言って，その場を離れた。
〈考察〉 最近のM君の姿から，Gくんの行動にやり返しをしたのではないか？とフッと頭をよぎったが，一度私自身が冷静になり，Mくんの話を落ち着いて聞くことで，がまんができたという事実を知り，Mくんの成長と出会えることができた。 ついつい，<u>日常の忙しさや子どもの泣く姿から，私自身が平常心を保てないことがあるが，今回を機に，冷静であること，落ち着いてしっかりと対応してあげることの大切さを感じることができた。</u>
〈主任のコメント〉 このエピソードはいろいろな面で考えさせられるエピソードです。 ①Mくん：自分自身はその前日の段階で「乱暴はいけない」と担任から何度か注

意を受けていたが，年長児のGくんにやられてしまったとき，先生に訴えたのだけれど，Gくんの行為に対しては，何もなかったことへの思いの行き場所はどうなったのか？と思いました。
②しかし，がまんできたMくん自身の思いに寄り添い，気持ちを代弁してくれた先生に対しては，受け止めてもらえた感があり，気持ちが納まり，次に向かえたことは良かったですね。
③年長児Gくん側からした場合：Gくんは「こっちを見て行動」が多くわざと大人を振り向かせるために友だちに手をだしたり，カッとしたときには，がまんできずに暴言をはいたり，手がでたりします。しかし，今回は下線部の保育者とMくんの姿に物足りなさを感じつつ，それはそれで，心の葛藤があったのだと感じました。
④考察の部分では，先生自身の保育者としての成長を感じました。日々の忙しさのなか，どうしても立ち止まって子どもの心に気づくことができないときも確かにあります。でも今回の先生の関わりで，保育を見つめなおすことができたのではないかと感じました。
保育は，園長や主任保育士の理想を保育者がつくるというものではなく，子どもの目の前にいて，子どもたちをよく理解して信頼関係を結ぶ保育者自身が，子どもとともにつくりだすものだと思います。だから，今回のように客観的に一人の子どもの姿をいろいろな角度から見て，よりよい発達につなげていく必要があるのだと感じ私自身，改めて考える機会をもらったように思います。他の先生方とも情報を共有して話し合いをしましょう。

〈エピソード4――N保育士の記録（エピソード3を書いた一カ月後）〉

タイトル「2つの命」 2015年7月8日
記録者　N
対象児　Mちゃん（年中児4歳）
〈背景〉 活動に対して，消極的であり，主張が少ない。 引っ込み思案で，距離を置いて見ているところがある。 園庭で見つけたアリやダンゴムシなど大切にする気持ちが育っている。
〈エピソード〉 室内にて，主任より提案のあった，ツマグロヒョウモン日記（絵日記）をHくん，Sちゃん，本児を含め6名で描いていた。虫かごのなかには，死んで倒れている蝶が一匹，羽を広げている蝶が一匹，他，さなぎが二匹いた。

本児以外の子5名は，羽を広げている蝶をピックアップして描いていたなかで，本児は二匹の蝶を描く。一匹は，色を使用して羽のあるもの，もう一匹は黒く塗りつぶされている。その後，「できたあ！　どうすればいいの？」と尋ねてきたため，�保「次はかごのなかの様子を書くんだよ」と伝えた。すでにSちゃんは文字スタンプを使用していたこともあり，スタンプ台を持ってきて保育者に尋ねながらスタンプしていく。線の引かれた部分には姿を書くのだが，�保「何て書くの？」の質問に，「ツマグロヒョウモンが　おそとをとぼうとしている」と答えたため，一文字一文字伝えていく。�保「まだ書くことある？」の質問に「ツマグロヒョウモンが　しんでいる」と上記の手順を繰り返す。�保「まだあるかな？」の質問に「……Mちゃんこっちで書きたい」と隣でえんぴつを使ってなぞり書きをするSちゃんやHくんの姿をチラチラ横目で見ながらえんぴつを示す。私は「もちろんいいよ，何て書く？」と尋ねると本児の表情はぱあっと明るくなり，「さなぎになっているって書きたい」と言ってくれたため，下書きをし，黙々とその上をなぞっていた。�保「まだある？」と尋ねると，本児は満足した表情で「もう大丈夫！」と強く答えた。

〈考察〉
はじめ黒く塗りつぶした絵を描いていたため本児に対して「間違えちゃったの？」と指摘をした。それに対して笑みを浮かべるだけであったが，そのまま描きすすめていたため，見守っていた。
2つの絵を描き終え，文字スタンプで聞くなかで，その一匹（黒く塗りつぶしたもの）が死んだ蝶を表現されていたことに気づき，自身の発言した言葉に反省をした。共に，本児の感性にハッとする一瞬でもあった。
主張がない子ほど，心の声や抱いている気持ちにどれだけ寄り添えるか，汲み取ってあげられるかが大切だと感じることができた。つい日常では，保育者の意見を押しつけてしまったり，自分で伝えることが大切だと子どもに対して接しているが，前記の対応も必要ではないかと感じ，本児に対してのとらえ方や接し方もまた考えていこうと感じた。

〈主任のコメント〉
記録から状況が伝わります。二匹の生と死をとらえて絵に描けていたのは本児一人でしたね。感性がしっかりと育っています。また，自分の意思で一枚の物語をしっかりと描けています。
また，まったく興味を示さなかった文字にも興味を示し最終的には，えんぴつで書くところまでいきついたというところは目で見える成長です。このわずかな時間に心の成長の気づきと次のステップへと進んでいったのは，本児の強い意思のある言葉に対して，保育者がそれを受け止め対応したこと，さらになかなか主張しない本児の姿を理解している保育者が要所要所で「まだある？」と聞くことで，

> 思いを表現しやすかったのでしょう。下線部はよい気づきです。ツマグロヒョウモン育てで，多くの子どもが成長，発達を遂げており本当によい保育につながっていますね。

二輪車でタイヤを越えるのはむずかしい！　だけど楽しい！

❷ 遊びこそ豊かな学び

　　　今日ほど教育の荒廃や子どもの発達の歪みが問われているときはないのではないでしょうか。本書の第1章第1節に述べたように，2010年6月に発行されたパンフレット「国連から見た日本の子どもの権利状況」の「3　委員会が指摘した問題点　2教育への権利」では，教育現場での過当競争が子どもを追いつめており，遊び経験がきわめて少なくなっていると指摘されています。『乳幼児の「かしこさ」とは何か』（鈴木佐喜子，大月書店，2010年，14ページ）では，「乳幼児をもつ親たちの間にも学力に対する不安や関心が高まり，幼児をもつ保護者へのアンケートでは『知的教育を増やしてほしい』という要望が2000年の34.8％から2005年の43％へと10％近く増えています。とくに幼稚園では37.3％なのに対して，保育園では56.1％と半数を超えている」（Benesse教育研究開発センター「幼児の生活アンケート」2005年）とのこと。

　　　「ワーキングプアー」「格差社会」の厳しい現実を前に，多くの親たちは自分の子どもが落ちこぼれにならないようにと，保育園に対して「知的教育」を求めたり，塾通いをさせているのが現状です。折しも2015年には「子育て支援新制度」が施行され「小学校との接続，連携」が重んじられ，「幼稚園及び幼保連携型こども園の3歳以上児は保育を行う学校」として位置づけられました。保護者はそのことをどのように受け止めているのでしょう。

　　　乳児期から就学期までの子どもたちが，自分の（自分たちの）やりたい活動に夢中になり"おもしろい""ふしぎだなあ""なんで？""わかった""また明日もやるんだ"などと意欲的になって遊ぶこと，私はこの遊びにおいてこそ学びたい意欲が育まれてくるのだと思います。その遊びには学び手としての能動性や，問題解決に向けた環境

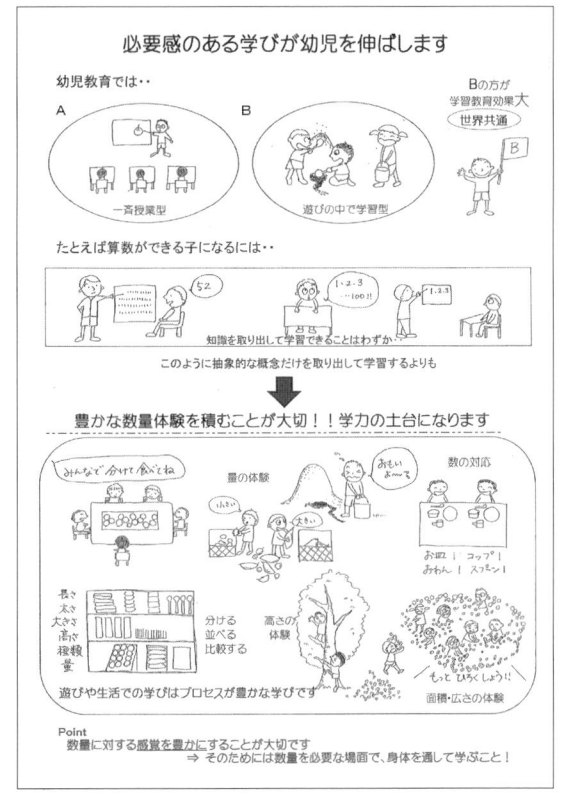

高山静子先生の原案を大分県中津市グレース保育園でイラストを入れて作成したプリント

への主体的な関わりがみられます。決して知識の詰め込み（体験や感動をくぐらずに教えられること）ではありません。乳幼児期にこそ育みたい力，育まれる力とは何かについて保護者と共に明らかにしていきたいものです。「学ぶ」とは知りたいことを知り，わからないことがわかっていくおもしろさ，さらに友だちと関わりながら学んでいくことではないでしょうか。それが人生における学びの基礎になっていくことはいうまでもありません。

主任・副園長は，職員みんなで日頃の生活や遊びのなかで子どもたちの学びの芽をとらえ，成長していく姿に感動し，語り合い，さらに研修などで確認し合いながら，子どもたちが子どもらしく生きられる生活を築いていってほしいと思います。それを保護者や社会に伝えアピールしていってほしいものです。

大分県中津市のグレース保育園では，年度はじめの保護者対象の保育説明会において前ページのような便りを各クラスごとにつくり「遊びこそ豊かな学び」であることを伝えています。

遊びは子どもの発達要求，遊びにはヒトが人になる要件が込められています。夢中になって遊びながら，体も心も開放し，子どもたちは本来の自分を表すようになっていきます。夢中で遊んでいるとき子どもは強くなります。そこに自分としっかり関われるからでしょうか。それこそ自分らしさが育つのだと思います。夢中で遊びながら自分らしさを積みあげ，主人公になっていく過程が遊びだといえるのではないでしょうか。

❸ 保護者と共に"あゆみノート"

1 保護者は子どもの一番のよき理解者

新しい制度では，「保護者が子育てについての第一義的責任を有する」という基本的な認識のもとに，認定こども園，幼稚園，保育所を通じた共通の給付（「施設型給付」）と小規模保育などへの給付（「地域型保育給付」）の創設をおこない，地域の実情に応じた子ども・子育て支援の充実を目指しています。しかし，保護者への支援については2008年の保育所保育指針改定のときからすすめられていますが，本来の家庭支援としてさまざまな施設が機能するにはまだまだ時間がかかりそうです。

とくに生涯教育の基盤は子どもの親と乳幼児教育者を含む子どものケアに携わる周りの人との関わりと，コミュニケーションを通じて生後数年間の内に築かれるといわれているように（各国政府への乳幼児保育教育のためのユネスコ10年宣言要請への呼びかけ文より抜粋）私たちの役割は非常に大きなものだということがわかります。

また，子どもや家庭への支援は連続性をもったものでなくてはなりませんが，どうかすると，単なるサービスの提供であったり，家庭批判や正しい育児方法についてこちらから何かを教えることが支援であると考える人が多いようですが，子育てを共にする仲間として，保護者の声を聞き信頼関係を構築し，子どものよいところをたくさん共有しながら一緒に子育てをするという気持ちが重要になってきます。

2 子どもの姿を共有する

　保護者との信頼関係を構築するには子どもの育ちを一緒に共有する場が必要ですが，どこでそれをやっているのかを振り返ってみてください。すると意外と保護者には集団のなかにいる子どもの姿が伝わっていないことに気づくはずです。とくに何らかの支援を必要とする子どもに対する話を伝えるときには，かなり苦労をすると思います。そのためにも，保護者には日常の保育をもっとみえるようにしていくことが大切だと思います。その入り口として，次のような情報交流をしながら，子どもの育ちを共有し，年度末には児童票（あゆみノート）をベースにして，すべての家庭と個人面談をおこない，次年度の課題を確認します。もちろん必要性を感じた子どもにはいつでもこのような連携をするために個人面談をする必要があります。

3 個人面談

　個人面談は子どもの育ちに対する今後の見通しを示し，家庭での様子，園への要望等を確認しながら，子どもに対してできる環境づくりをお互いに共有することが大きなねらいですが，できれば年に1回以上はすべての家庭と交流してください。時間はかかりますが，さらなる信頼関係の構築のために必要なことだと思います。

　子どもたちが家庭ではどのような環境のなかで生活しているのかを知ることは，園での保育に大きく影響します。一方，集団のなかでの子どもの姿を家庭に伝えることで，環境を意識した子ども理解や育て方を考えてもらう機会にもなります。経験の長い保育者たちにとっては，以前でしたらそこまでの情報交換をしなくても，家庭にお願いするだけでほとんどの子どもが集団活動についてこられた経験をもっていると思います。しかし，いまはクラスの一割強の子どもたちに対して何らかの個別支援が必要な時代になっています。その理由はまだはっきりしていませんが，家族で子どもたちを育てることが大変な時代になっているということは紛れもない事実だと思います。

　これらの背景として全国の児童相談所における児童虐待に関する相談対応件数を見ると，増加の一途を辿り，2014年は8万8931件となっていることや，被虐待児の年齢は学齢前の子どもが43.5%も占めていることなどがあげられます。さらには，文部科学省の問題行動調査においても暴力行為の低年齢化が鮮明になっており，一年生の加害児童数は2006年から2014年で5倍にも増えています。また，離婚統計のなかで結婚後10年未満で離婚する家庭数が全体の半数近くあるというデータからも，家庭での子育ての難しさが伝わってきます。

　保育所保育指針のなかに家庭への育児支援が求められているのも，こうした流れがあり，個人面談は一人ひとりに対してていねいな対応をする意味でも必要な行事ととらえたいものです。

保護者への情報提供の例

《送迎時の会話》
　子どもの幸せを考えたら，信頼関係をもった大人同士の間で預けられることが一番理想なのでしょうが，そこまでに辿り着く時間がないのがほとんどです。ですから，少しでも保護者と仲良く話をするということが大切になってきます。日々おこなっている送迎時のコミュニケーションは子どもも一緒に聞いているのでとても大切な時間です。単なる連絡にしないで，その子が一番楽しかったエピソードを伝えるよう工夫してください。園で一日楽しく過ごしたことがわかると，それだけで安心感と信頼感が高まっていきます。

《保育のエピソード紹介》
　個別の情報に加え，いまクラスではどんな活動がおこなわれているのかをお伝えすることも重要になってきます。単なる連絡ではなく，子どもたちの学びを中心に写真と短いコメントを加え，Ａ４サイズの用紙に記入して，クラスの前に貼りだします。これはビジュアル的にも伝わりやすく，子どもも写真を見て親に説明ができますから，掲示前に子どもたちに対しても説明をしておくことが重要になります。これをまとめていくだけで，一年間のクラスの保育記録になります。卒園のアルバムにも活用できますので，そのつもりでつくって保存しておきます。

《保育ボランティアでの共有》
　保育参観を参加型の保育ボランティアに切り替え一緒に保育者体験をしてもらうことによって，集団で過ごすわが子の姿や友達との関係や育ちなどを少しでも理解できるように紹介します。家庭では見られない姿，保護者が来たときにいままでの集団では見られなかった姿を共有するための，大切な一日になります。必要があれば何度でも実施してもかまいません。ここでもし気になることがあったら，保護者との個人面談をおこない，子どもの理解をお互いに深め，その先の方向性を決めます。

4　記録の共有

　保育者にとって個々の記録をとることは何より大切な，専門的仕事といえます。この個人記録は園内や保護者とどれだけ活用できているでしょうか。園内では保育者一人ひとりの理解はとても重要ですが，それを仲間と共有し，子ども理解を広げていく活用方法を考える必要があります。さらには保護者との連携のために児童票（あゆみノート）を活用し，保護者に子どものことをよく知ってもらうということが最終的な目標になります。さらに，この記録は本来子どものためにとった記録ですから，保護者と共有した後は，子どものための記録ということになります。
　私たちは"一人ひとりを大切にする保育"という言葉をよく使いますが，本当に一

人ひとりの子どもたちを温かい目（プラスの評価）で見ているかということはつねに振り返る必要があります。そして，その子に合った育ちの支援を仲間と共に考えていき，集団のなかで"みんなと一緒にいることが楽しい"という状態をつくっていかなくてはなりません。そのためにも，一人ひとりの記録はとても重要な意味をもってくるのです。それではどのような書式でどのように記録し，活用するのかを紹介します。

5　指導計画を一緒につくる『あゆみノート』

　個々の子どもの育ちを保育者の視点からみた情報として伝え，保護者が子どもをよりよく理解できるような『あゆみノート』はとても重要な書類ということがわかりますが，それをいつの時間帯で作成するかということは大きな課題です。できるだけ勤務中に記録を書く時間を捻出することが求められていますので，パート職員も含め，みんなで助け合って作成する必要があります。この点が一番大変な部分かもしれませんが，役立つ書類の作成は保育者のモチベーションをあげます。そして，子どもたちや保護者への理解度も確実にあがっていきます。

　当初，保護者に個人の指導計画を公開すると，反省やねらいの欄に，子どもの本来の姿が書けないという意見もありましたが「保護者の立場に立って，子どもの育ちをうまく伝える表現力」が求められていることを考えると，そこは乗り越えなくてはならない壁だと思います。逆に，子どものことをていねいに記録してもらえることに感謝され，保護者の知らない子どもの姿を伝えることで，さらに信頼関係が深まるというメリットもあります。さらには全園児の個別指導計画を作成することにもつながっているため，子どもたちの情報を個別に管理するように変わっていきます。そのため保育カルテのように，的確な情報をみんなで共有することが確実にできます。

　また，このような保育者がつくる専門的な書類を通してのコミュニケーションは，学校でいうと通知表のような位置づけになり，しかも，子どもの育ちをプラスの目で見て記録していくため，お互いに冷静で，より有意義な情報のやりとりが可能になります。そして，保護者の記録からは子どもに対する思いを知る機会にもなり，子どもたちへの対応が一様ではいけないことを，改めて確認する場にもなっていきます。

　3歳児未満の保護者には毎月書くことを強要しないようにしますが，だんだん書いてくれるようになっていきます。それでもまずはこちらから伝えることに重点を置いた交換日記のようなものだと考えてください（表のエピソード記録は絵日記をイメージしてもらえるとわかりやすいと思います）。

6　あゆみノートの書式について

　この書式は特別決まったものではありませんので，各園で書きやすいように変更してお使いください。児童票としても活用するため，個人記録の書き方はいままでのように5領域の発達の窓口を意識して，心情，意欲，態度の育ちをプラスの評価になるように記録していきます。細かい作成の仕方については次ページのサンプルをご覧ください。これと同時に年度末（2月頃）にはすべての子どもの保育所児童保育要録を

あゆみノートサンプル

あゆみノート（発達プログラム・児童票）

名前　かずお（個人情報保護を考慮しひらがなの名前のみ記入）　　**記録者**

Date：2015/10/10（記録した日を記入）　　組

子どもの姿（遊び・エピソード）

子どもは日々いろいろな発見と学びを繰り返しているということを伝えてください。
例1）今日は朝から少し元気がなかったかずおちゃんでした。登園した後は保育士のそばでとってもていねいに角を合わせながら折り紙で財布を折って遊んでいました。そこで，「お金があるといいね」というと，自分で広告紙を出し丸くたくさん切ってお金にし，うれしそうに財布にしまいました。それが終わると得意の飛行機づくりをはじめ，小さい子にプレゼントしていました。庭に出る頃にはいつものような元気が出て，友だちのこうちゃんと砂場で工事ごっこをして遊んでいました。そのときさくら組のじゅんちゃんがやってきて，シャベルで穴を掘りはじめました。かずおちゃんは勝手に入って，穴まで掘ったじゅんちゃんに向かって大きな声で怒鳴ったので，じゅんちゃんは泣き出しました。すると逆にかずおちゃんの方がびっくりしたようで，周囲を気にしながら背中をさすってあやしはじめました。それでもじゅんちゃんが泣き止まなかったので保育士が間に入って「かずおちゃん，えらいね」というとちょっと照れたような顔をしました。するとじゅんちゃんもきょとんとした顔で泣き止んだので，またみんなで遊ぶように提案すると，仲良く続きをして遊びつづけていました。
例2）砂場から離れたところ，砂のプリンをつくろうとしていたかずおちゃんは両手で砂をすくい，数回砂場から砂を運んでいたが，そのうちにカップをもって行けばいいことに気づき，カップを砂場に運び，砂を山盛りにして帰ってきた。そして手で砂を押さえてから上手にさっとひっくり返し，砂のプリンをつくった。なんだかとってもすごいことをしたような顔つきで，今度は友達にもそのつくり方を教え，プリン屋さんごっこがはじまった。……この後の顛末まで追ってみよう。
エピソードの視点として子どもの心が見えるシーンを意識して記入してください。
好きなことに取り組んでいる，熱中している，問題解決の方法，自己主張，役立ちたい気持ち，意欲的なシーン，人間関係，頑張り
＊注意
　そのままを記入するので，集団のなかで子どもがどのように活動しているのかがよくわかります。
　5W2H（いつ，どこ，誰が，何を，どのように，どれくらい，なぜ）で整理をする。
　子どもの物語りとして心の表現をポイントに肯定的な表現を心がける。
　保育者の言葉も重要なので記入する。
　トラブルがあったらそれをどのように解決していたのかを書きます。人間関係もポイントです。

（写真はできるだけその場に合った写真を貼りつけること）

たくさんのセミの抜け殻を発見

注）3歳児以上は各期に1枚計3回，新入園児は入った月に1枚作成する。

あゆみノートサンプル

名前　かずお（個人情報保護を考慮しひらがなの名前のみ記入）　　　歳　　カ月

Date：10月（月のみ記入し月初め（1週間以内）に記入し提出する）

		子どもの思い（評価・反省）
生活 食事 睡眠 排泄 健康 安全	ここには1カ月先までの子どもの目標と，それを達成するための保育者の関わりを記入します。否定ではなく，前向きな表現を心がけます。 この部分が実質的には月案になります。 左の項目と子どもの育ちを意識して記入してください。 『子どもが次に乗り越えられそうな課題を○○に興味が出てきたので，さらに（引き続き）○○できるようにする。と言った表記を基本に』	目標設定されたことを子どもは本音の部分でどう感じているのかを子どもの立場を考えながら記入します。 子どもの気持ちを考える機会になります。 子どもの次のねらいを意識してください。 「○○をして困っていたが，○○することで○○していた。」というような表現により，子どもの理解と支援方法についての学びになる内容を意識する。
あそび 人間関係 居場所 つながり 貢献 言葉 表現 運動	ここも月案です。1カ月先までの子どもの目標と，それを達成するための保育者の関わり（含む環境）を記入します。ねらいは保育所保育指針との整合性もポイントになります。 否定ではなく，前向きな表現を心がけます。 左の項目と子どもの育ちを意識して記入してください。 ここで保護者の子どもを見る目も育ちます。 おおよその育ちの目安やねらいも記入してください。	
保護者と子どもの関わり	家庭での子どもの発見，楽しかったこと，困ったこと，うれしかったこと，驚き，希望。 ここは保護者が何でも自由に書いていい欄です。写真でもOKです。サインだけでもかまいません。 保護者に無理をさせないでください。かけない保護者とは送迎時にしっかりつながってください。 1カ月先のねらい（次への課題）を結構意識している保護者もいますが，家庭の報告も楽しみです。 観察記録とリンクしている場合が多いので，家庭での保護者の理解や協力，前向きな記述が多くなるといいですね。 保護者が記入したものは園長へ提出。 保護者からの質問があったら必ず答え，必要事項は記録しておいてください。 月の指導計画はクラス内に掲示しておくこと。 注）3歳児以上は各期の初めに期ごとの指導計画を作成し，子どもの思いを考えた評価・反省は期の終わりにすること。 まとめ：1年ごとにカラーコピーをとり，終了式にファイルにまとめて手渡す。 　　　　2月のあゆみの交流にこの記録をベースに子どもの育ちを共有する。 　　　　3月には保育所児童保育要録の作成とねらいを次年度担任と共有する。	

作成し，それを見ながら保護者と共有し，個人面談をすすめていきます。このような積み重ねをしていくと，年長児になったときの要録内容については保護者もしっかり共有しているということになり，学校へもどんな情報が行くのか，子どもの育ちの理解と合わせてつながることができます。これらあゆみノートのファイルは個別にまとめることによりその子の育ちの記録になりカルテ的役割りももっています。

　子どもの情報を正直に伝えることが，そのまま子どもの幸せな育ちへとつながるかといったら，必ずしもそうとは限りませんが，子どもの育ちをお互いに理解しないと，子どもの失敗や行動を「何度，言ったらわかるの！」というように，必要以上に叱ってしまう対応につながっていきます。これでは子どもたちのなかに自己肯定感を育てることが難しくなります。私たちは保護者がわが子に対して愛情をもった関わりができるように，その子のよさをもっと伝えていかなくてはならなかったのですが，いままでは気になることを伝えるというやり方だったので，親子関係まで悪くしていたのです。

7　一日の子どものドラマを記録する（あゆみノート）

　記録は大変でもあゆみノートをはじめると，多くの保護者たちから「園での子どもの様子がよくわかるようになった」という声が届くように変わっていきます。それは家庭の教育力をアップし，子どもの育ちに必要不可欠の愛情を注ぐという大切な役割を共有することにつながっているからです。いままで私たちが保護者に伝えてきたメッセージは，園での保育がうまくいくように家庭でのしつけや生活リズムなどについていろいろなことをお願いすることでした。それがときとしては保護者と保育者の間に壁をつくったり，親子関係にも悪影響を及ぼしたりするような情報発信になっていたのです。発想を変えて，家庭での教育が何より子どもたちに影響を及ぼすと考えたら，そこでの教育力がアップするために相談にのったり，指導計画を考えたりしながら支援していく必要があるのです。

あゆみノート（児童票）の活用	
3歳未満	3歳以上
毎月作成	各期に作成 （3期なら3回）
新入園児は1月以内に作成	
月初めに保護者へ提出。翌月の指導案も同時提出	7，12，2月に作成，提出
1週間以内に返却してもらう	
2月に要録作成，個人面談後あゆみノート作成 3月あゆみのファイルを次年度担当者へ引き継ぐとともに，次年度要録のねらいも引き継ぐ。	
※A4ファイルにすべて閉じて提出 　5歳児は在園中のすべてのあゆみノートをファイルし，卒園アルバムに使用する	

年齢別保育要録
　全クラスであゆみノートを基に要録作成を作成し，保護者との個人面談に使用する。書式は文科省のものをサンプルに。各市町村で書類を作成しているので，それをベースに，年齢ごとのねらいを，担当保育者と相談して決める。

※これらの活用方法については園で無理のない方法を考えてください。親に見せる児童票というだけでもハードルが高いと思います。

第3章　職員相互のスキルアップ

1　職員会議の活性化

❶　話し合える土壌づくり

　職員会議は，園運営に欠かせない核になるものです。その目的としては，(1)全職員の意思の疎通，(2)自分のクラスのことだけではなく，職員みんなが保育の全貌を把握する，(3)全園児の理解を深め合う，などがあげられます。そのためにも職員一人ひとりの考えが会議に反映されなければなりません。まさに職場の民主的運営に関わる重要な話し合いの場です。ところが発言する人がいつも決まっていて，経験の浅い若い職員は沈黙……。あるところでは園長の独壇場になってしまい，重い空気に包まれ，職員はシ～ンと静まり返っている，これではせっかくの会議も意味がありません。なぜこのようなことになってしまうのでしょうか。じつは多くの場合，話し合いをおこなうための環境（土壌づくり）ができていないからではないでしょうか。主任・副園長の役割は，まずお通夜のようにならないため，全員が自己発揮できる「話し合える土壌づくり」をすることです。それでは主任・副園長の役割や工夫できる事柄について考えてみましょう。

1　援助者になる

　職員のなかでも気の合う人とは日常的によく話をしたり，相談を受けたりするものですが，まだあまり親しくないどちらかというと苦手な職員はいませんか？　日頃あまり交流がない職員に対してこそ，相手を理解したいという思いで，主任・副園長の方から積極的に関心を寄せ「保育は楽しいですか？　今悩んでいること，困っていることはないですか？」などと言葉をかけてみてください。言葉をかけることは心をかけることです。一人ひとりと心を通い合わせ，職員の悩みに共感し，どうしたらよいか一緒に考え合うことです。クラス担任が，クラスの子どもたちのみんなが自己発揮できるよう援助者になる努力を惜しまないように，主任・副園長は職員の一人ひとりみんなに関心を寄せることでしっかりつながり合ってほしいと思います。

　以前「類似性の法則」ということを心理学で学んだことがありました。人と人は，共通項が多ければ多いほど，コミュニケーションがとりやすいというものです。主任・副園長としては，まず一人ひとりの職員との共通点を見出したり，相手の持味を

つかむことからはじめてみてはいかがでしょうか？

　主任・副園長が率先して職員の役立つことをし，一人ひとりの気持ちをつかむこと，その心が伝わるとつながる力になっていきます。

2　各クラス内での活発な話し合いのための指導・援助

　園では各クラスにリーダー保育者を位置づけているところが多いようです。主任・副園長は，そのクラスリーダーたちと定期的に話し合いをもち，「日常的に子どもたちのことを楽しい話題にし，気楽に話し合う種まきをしてほしい」こと，「今，自分たちの保育，どこが課題？」を中心に，いつでも若手からも中堅職員からも言い合える雰囲気ができているかどうかを把握します。まずはクラスのなかで若手，ベテランという見方にとらわれず職員の一人ひとりが自己発揮し，日常を共有し合う話し合いがなされているかどうか，リーダーや先輩主導で保育がおこなわれていないかどうかを把握します。できれば非正規職員も話し合いに参加してもらうといいと思います。若手がベテランに遠慮して意見が出せなかったりすることがあれば「まずは新人さんや若い先生から考えを述べてもらうようにしましょう」などとアドバイスします。ベテランが若手の意見に対して否定的になることが多いというようなときは，「全面否定をせず，この部分については同感，この部分は自分と考えが異なるというように，相手の考えで共感できるところを認めたうえで違う考えを述べてもらうようにすると，話し合いがうまくいくかもしれません」などと，何はともあれクラスのなかで職員同士が対等に話し合える土壌ができていくよう援助します。ときにはクラスの話し合いに主任・副園長が入って様子を見ることもあっていいと思います。クラスのなかで話し合いが活発になれば，全体の職員会議でもみんなが安心して自分の意見を述べられるようになります。クラスで話し合ってほしい課題がなかなかでてこないときには，主任・副園長が指導計画や日誌からその課題を抽出し，クラスリーダーに「こんなことで話し合ってみて，職員会議で報告してください」と示唆することも考えられます。たとえば1歳児クラスでは「給食の残量が多くなっている」という記述があったこと，2歳児クラスでは「噛みつきが広がってしまい悩んでいる」など現在のクラスの保育の課題について注目し，担任の一人ひとりが自分の考えを出し合っていけるよう援助します。

3　話し合える環境づくり

① 人の意見を聴く

　言葉の機能には，「話す」「聞く」「書く」「読む」があります。「話す」と「書く」は説得的言語，いかに自分の考えをアピールするかです。「聞く」は受容的言語，相手の人格を受容するというコミュニケーションにおいて最も大切にしたい機能です。「耳を傾けて聴くことは，語ることよりもはるかに偉大な愛の証し」というイリイチ（オーストリアの思想家）の言葉がありますが，会議においてまず大切にしたいことが「傾聴」。若手の意見も，自分とは違う保育観をもった職員の考えもまずは全身で聴く。

それが話し合おうという雰囲気をつくります。会議においては必ず書記がいます。したがって他の職員は書かずに話す人の顔を見て聴く，話す，これを徹底させましょう。主任・副園長は年度の最初の職員会議でそのことを共通確認するといいですね。さらに話し手や司会の進行に対して頷く，声を出す（はい，いいですなど），応答すると聞き手が表現することによってお互いの気持ちが伝わり，つながり合っていきます。それが話し合いを生き生きさせます。よい発言に対しては拍手をすることもよいでしょう。

② 考え方や意見の違いを大切にする

話し合いを充実させていくには，意見の違いを大切にすることが前提になります。まずは一人ひとりが自分の思ったことを言う。反論を恐れずに言う。しかし正しい自己主張は相手が主体者であることを決して傷つけないという人間関係の基本をふまえて発言します。そのためには全面否定ではなく，まずは共感できる部分を伝え，さらに違っている部分はどこかと話すことをみんなで大切にしていきましょう。

③ 主任・副園長がよき司会者のモデルを示す

会議の進行において司会者の役割がいかに重要であるかはいうまでもありません。まず司会者はその会議における目的を明確にもっていて，それをあらかじめ職員みんなに確認します。次に，議事項目の確認をし，話し合いに入ったらいつも決まった人だけが長々と発言することがないよう，最初に一人何分ぐらいで発言をお願いするかを述べておきます。それでも話が伸びて他の人が発言できなくなるようなときは，「あと1分位でお考えをまとめてください」と伝えます。違う考えを引き出すために「では今のご発言と違う意見を聞いてみましょう」と提案し，話がそれてしまったときにはきちんと軌道修正をすることも司会者の役割です。また決めておいた会議の終了時間がきたときは，「このまま続けるか，いったん打ち切り，後日続けるか」など必ず職員に投げかけます。なかには自分の子どもを誰かにお願いして会議に出ている人もいます。職員が困らないよう配慮することも大切です。その他，有意義な話し合いをするため，司会者として工夫すること，配慮したいことを以下にまとめます。

司会者として工夫すること，配慮したいこと

・議題によってはテーマを予告し，どのように話し合うか，前もって準備しておいてもらう。たとえば「○○の議題については，クラスごとに事前に話し合っておいてもらい1クラス約3分ずつ，今回はクラスの一番若手に報告してもらいます」「全員の意見を聞きたいので今回の議題は，一人2分間スピーチでお願いします」「今回のテーマは小グループに分かれて話し合ってもらいます」など。

・テーマに関する参考資料などを事前に配布し，読んできてもらい共通の理解をもって話し合う。

・会議の終了時には決定事項の確認をし，欠席者や非正規職員への連絡を徹底してもらう。記録はコピーして各クラスに配布することで，受けとり方の食い違いを防ぐ。そして次回の司会者，記録者の確認をする。

---

4 職員会議の開催手順

① 主任・副園長は園長，看護師，栄養士らと相談し，年間の職員会議計画を立てる。

職員会議の年間日程はもとより，各月の会議の主要な話題，たとえば園行事に追われないためにも，運動会や生活発表会などの内容検討はいつ頃からはじめたらよいか，生活環境と安全管理のための話し合い（たとえば健診や身体測定のすすめ方については従来通りでよいか？　熱中症の初期対応はいつ頃から話題にするか？　給食からの年間行事・調理保育と保育内容をいつ頃の会議で検討していくか？など），また保護者対象の行事についても確認し，話し合う必要のある行事についてはいつおこなうか大方決めておきます。会議ごとの年間の司会者，記録者を決めておくことも必要です。司会ははじめの２，３回は主任・副園長がおこないそのモデルを示すとよいと思います。記録簿はいつでも職員が見られるようどこに保存するかを決めておきます。

② 会議の事前準備

　会議の数日前に，司会者は各クラスや行事の係などから必要な議題を申請する。そのうえで司会者と主任・副園長が打ち合わせをおこない，(1)報告事項と討議の必要な議題を整理し議事項目の確認をする，(2)それぞれの時間配分，(3)話し合う事柄についてはどのようにすすめるかの予告をし準備をしてきてもらう。以上を全職員に回覧し了解を得る。

　当日は会議において参加者全員の顔が見えるよう，セッティングをする。

　次に，菜の花こども園の会議展開（一人ひとりの職員みんなが自主的に参加する会議になるよう工夫を重ねられた展開例）について紹介しましょう。

❷　主任の役割と工夫（菜の花こども園の実践）

1　職員会議の目的

　新制度がスタートし，保育園にはさらに資質向上が求められるようになってきました。保育所保育指針の「第７章　職員の資質向上の１の(2)」には

> 保育所全体の保育の質の向上を図るため，職員一人一人が，保育実践や研修などを通じて保育の専門性などを高めるとともに，保育実践や保育の内容に関する職員の共通理解を図り，協働性を高めていくこと。

が求められています。その部分を計画していくのは主任保育士の役割の一つだと思います。ここではまず，職員会議の本来の目的について考えていきたいと思います。

　各保育園では職員会議はそれぞれに工夫されていることでしょう。その会議内容といえば主に，(1)前月の反省と翌月の予定調整，(2)トップダウン形式での公の決定事項の伝達，(3)クラスごとに子どもたち一人ひとりの情報の共有やクラス運営，環境に対しての意見交換や研修報告会，(4)クラス内で対応が難しいとされる，気になる子どものケース会議，(5)保育全体のなかの課題を改善していくための全体会議，などがあげられます。主任保育士は，そのすべてにおいて調整役をおこないますが，とくに(4)(5)の会議内容については，園長やリーダー保育士との話し合いのもと，そのときの園の課題をタイムリーに見極め，議題決めをおこない，どんな方法ですすめ，職員の意見を引き出し，まとめていくのかは主任保育士の力量が問われるところだと思います。

　会議では，議題に対してベテランから新人までの一人ひとりの保育者が，園の方針

と照らし合わせながら、疑問に感じていることを率直に述べ合い、議論を交わし、刺激し合いながら、お互いの考えを理解し合えるよう、そして、最終的には納得して子どもたちの成長発達につながるために「明日からこんなことをやってみよう」という献身的な方向で結論づけることが大切です。

11時間以上の開所が求められるなか、真摯に子どもと向き合い、生活の世話、基本的生活習慣の自立への援助、人間関係、さまざまな知識・技術の伝達、そして保育記録にいたるまでシフト勤務のなかでおこなう保育者の仕事は多いものです。そのような保育者個人、または全体の指導や、保護者支援などをおこなう主任保育士が、職員全体の意識統一をはかり、職員会議を活性化していくためには、時間の確保やそのすすめ方において創意工夫が必要とされます。当園では、月2回、昼の1時間をリーダー会議にあて、月の予定の伝達と全体会議の内容について意見を出し合い検討します。そして月1回、夕方勤務終了後の3時間程度を利用して正規職員全体会議にて一つひとつていねいに話し合いをおこなっています。

会議をおこなうにあたり、主任保育士が司会を担当し、全体会議で意見を聞いていくのですが、ここ数年いくつかの課題が出てきました。それは、一つの議題に対しておこなう会議で、経験年数の長い保育者の意見が出ると「それがよいと思います」という共感的な意見ばかりで、議論する姿が減っていました。また、毎月の会議のなかに短時間のパート職員が入る機会がなく、会議録を回覧して読んでいただくのみにとどまり、職員全体の意識統一が不足しているように感じていました。そこで、半年ほど前から主任保育士として学んできた「KJ法」（文化人類学者の川喜田二郎氏が、1967年に発表した情報処理法）をときおり取り入れ、会議の活性化をはかりました。目的は、(1)年齢や経験年数、正規、パートの就業形態にかかわらず、保育者全員が意見を出し合えるようになること、(2)子どもを観る目を育て保育に活かすこと、(3)それが「PDCAサイクル」として保育の質の向上につながることでした。そして現在では、回数を重ねるごとに少しずつですが、上記3つの目的が達成されていっていると感じています。

それでは、会議の活性化をはかり保育の資質向上の意識を高めるためにおこなっている実践を紹介していきます。

2 保育の課題と話し合いの方法

新年度がはじまり一カ月が過ぎ、園全体の様子を見たとき、私には子どもの遊びが単調で同じ遊びが多く、発展性のないことが感じられました。その原因は、保育者が全体的に見守りの姿が多く、自ら子どもと共に遊びながらその発展性を援助したり、ときに全体を見渡しながら子どもの興味関心を感じとり、環境を整える姿が少なくなっていたことにあるのではないかと思いました。保育者は怪我を恐れ安全な保育を第一に優先しているようにも思えました。もっと子ども理解を深め、環境を整備し、子ども本来のもつ挑戦心や知的好奇心に結びつくような関わりが必要ではないか、子どもの葛藤や子ども同士のぶつかり合いの場面を増やし、心身共に成長発達を促したい、

と感じ，5月の全体会議の場で，「子どもたちの興味関心に気づき，共に遊ぶ姿勢で保育してほしい」という思いを伝えたところ，保育者に意識した関わりが出てきました。そこから3カ月が過ぎた8月，リーダー会議で，意識して環境を整えたり，関わりをもち継続している遊びのなかで，3，4，5歳児の縦割りクラス，0，1，2歳児のクラスでおこった，またはおこなっている遊びを1つ取りあげ，その遊びが子どもたち一人ひとりのどんな学びにつながっているのかをKJ法を利用して，ポストイットに書いてもらうことを提案しました（会議に参加できない短時間勤務の保育者も同じ議題で，書いてリーダーに提出してもらいました）。会議の時間を有効に使うため，議題を2週間前に全職員に伝え，あらかじめポストイットに各自の意見を記入してもらい当日を迎えるようにしました。

　そしてその後の全体会議で5領域の視点に分けながら，順番に張り付けていってもらいました。最後に気づいたことを意見としてあげてもらい，今後の展開をまとめて発表してもらいました。

3　KJ法にいたるまでの保育の環境構成と子どもの遊びの経過（0，1，2歳児の遊びの実践例）

　2015年4月，主任を含める3歳未満児のクラス会議で，最近の子どもの気になる姿として，「平坦な床や戸外で転ぶ子が増えた，また転んだときに手の出ない子が増えたように思う」という意見が出ました。原因として考えられることについては，(1)ハイハイの期間があまりなく立ってしまうため，とっさの場面で手が出ないのではないか，(2)歩く機会が少なくベビーカーや車での移動が多くなったせいではないか，(3)家庭においても，バリアフリーが増え段差に慣れていないのではないか，などの意見が出ました。次に，「どのような計画や環境をつくることが望ましいか？」というところでは，散歩に出かける機会を増やし，歩く経験を多くつくっていくことや，室内に大きな鏡を設置し，自分の全身の動きを自分で見る機会を増やし，言葉がけを添えてボディーイメージをつかめるようにしていくこと，室内にもあえてでこぼこな道や階段を用意して，日常のなかで遊びとしてできるようにしていくことがあげられ，すぐに保育環境として準備し実行されました。とくに室内のでこぼこの空間については「バイオマット」を設置し，そのなかにソフトブロックを入れ込み環境として用意したところ，子どもたちは，つねにその場所で環境として関わって遊ぶことが日常化され，4カ月間継続した遊びの充実がみられました。現在の子どもの姿として保育者からは，(1)活発に遊ぶ子どもと，下からもしくは保育者の膝で様子をじっと見ている子どもがいる，(2)進級児は，多くの体を使った遊びを経験してきたからか，足の親指に力を入れて上り下りをしている姿が見られる，(3)ただ，でこぼこ感を楽しんでいる子どもと頂上を目指していく子ども，その上で立ち上がる子どもとそれぞれに思いの違いがあるようにも思う，(4)頂上の奪い合いでけんかも見られる反面，笑い合う姿も多く見られる，という話も聞かれ，今回はその「バイオマット遊び」を取りあげ，子どもたち一人ひとりの学びについて保育者全員がポストイットに書き，「5領域からの

学び」として意見を出してもらうことにしました。

[4] 実践活動とKJ法での話し合い

○議　題：「0，1，2歳児で行っているバイオマット遊びについての学び〜5領域の視点から考える〜」

○記入用ポストイットの分別：水色→健康，黄色→言語，ピンク→人間関係，緑→表現，紫→環境と分けて書いてもらいました。

○グループ編成：0，1，2歳児担任7名（＋6名），3歳以上児担任4名（＋1名）〈（　）内は会議には参加できない短時間パート職員〉に分かれました。

○方　法：領域に分けたA3の用紙にあらかじめ記入しておいたポストイットの意見を年齢の若い保育者から順に読みあげながら5領域それぞれの枠のなかに貼り付けていきます。2番目の保育者からは同じ意見は，同列に貼り付けるようにしていきました（パート職員から預かった意見のメモも同様，各リーダーが貼り付けました）。また，いくつかの領域に共通するものは領域と領域の間にメモを貼り付けてもらいました。（　）内は同じ意見の保育者の人数です。

○話し合いの風景

○メモを貼り付けていく A3の表（縮小版）

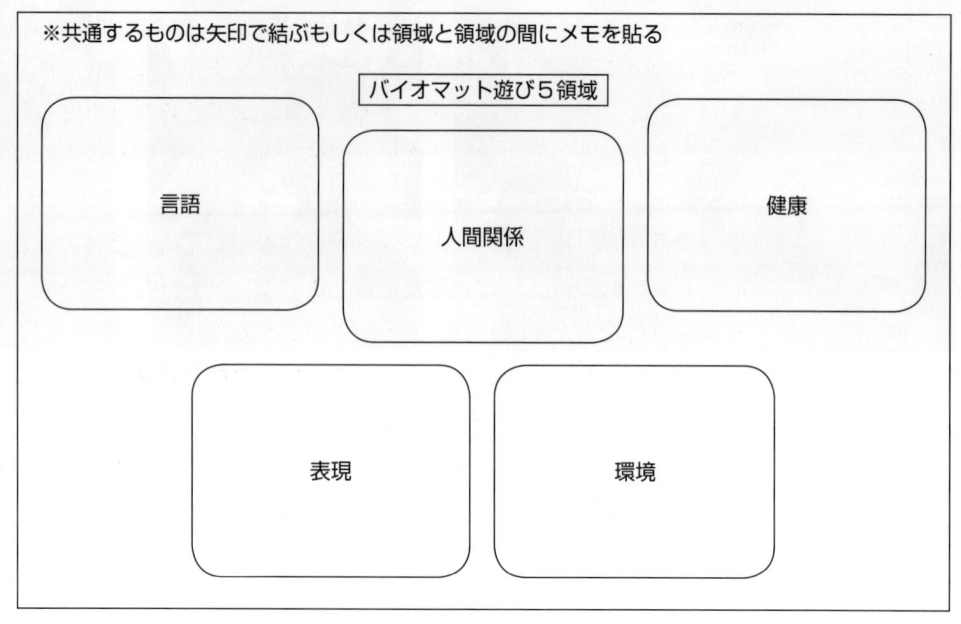

※共通するものは矢印で結ぶもしくは領域と領域の間にメモを貼る

バイオマット遊び5領域

- 言語
- 人間関係
- 健康
- 表現
- 環境

○KJ法での話し合い（図3-1）

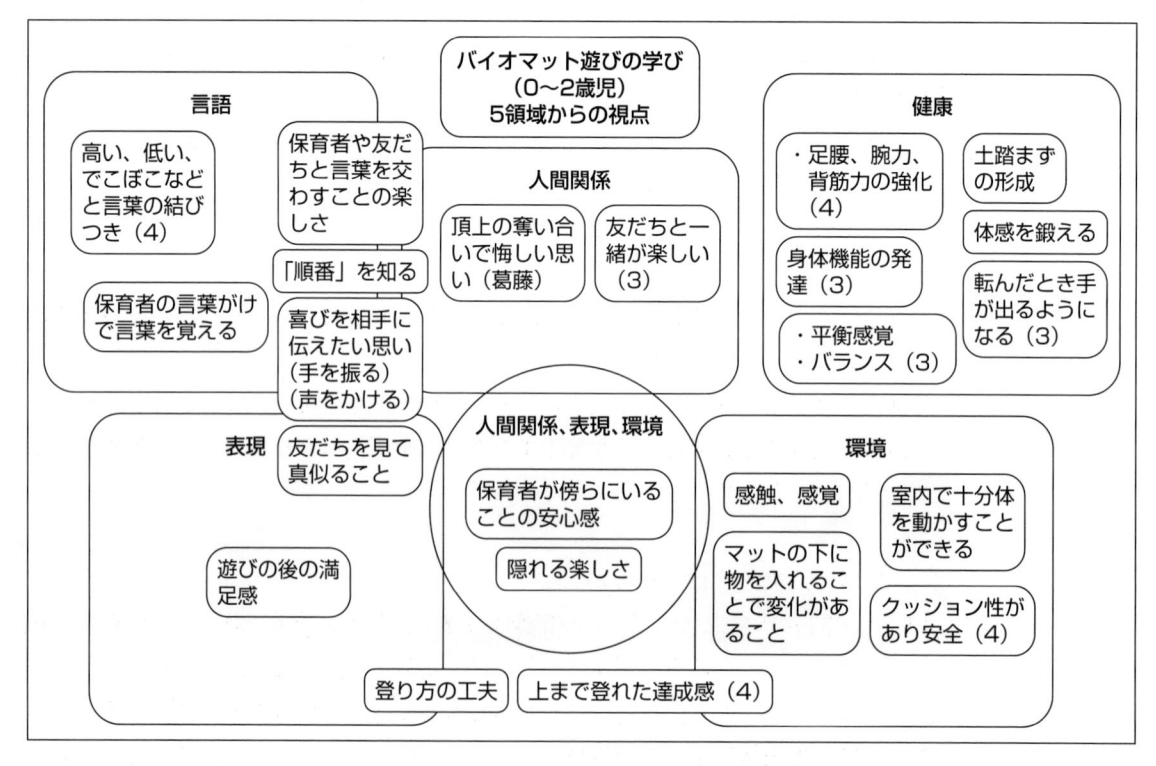

バイオマット遊びの学び
（0～2歳児）
5領域からの視点

言語
- 高い、低い、でこぼこなどと言葉の結びつき（4）
- 保育者や友だちと言葉を交わすことの楽しさ
- 「順番」を知る
- 保育者の言葉がけで言葉を覚える
- 喜びを相手に伝えたい思い（手を振る）（声をかける）

人間関係
- 頂上の奪い合いで悔しい思い（葛藤）
- 友だちと一緒が楽しい（3）

健康
- ・足腰、腕力、背筋力の強化（4）
- 土踏まずの形成
- 身体機能の発達（3）
- 体感を鍛える
- 転んだとき手が出るようになる（3）
- ・平衡感覚
- ・バランス（3）

表現
- 友だちを見て真似ること
- 遊びの後の満足感

人間関係、表現、環境
- 保育者が傍らにいることの安心感
- 隠れる楽しさ

環境
- 感触、感覚
- 室内で十分体を動かすことができる
- マットの下に物を入れることで変化があること
- クッション性があり安全（4）

- 登り方の工夫
- 上まで登れた達成感（4）

図3-1

○話し合い後の保育者の気づき
・日常何気なく環境として設置していることが，こんなに多くの学びにつながっていることに気づけた。

・子どもたちの活動の学びは、一つの領域だけということは少なく、複数の領域を兼ねていることがほとんどであることに気づいた。
・健康分野でこの時期は日常の平坦な場での保育より、こういったちょっとした環境の変化をつくることで、足腰、手の力の強化ができることを感じた。
・毎日の繰り返しで、少しずつ慣れ、自信をもっていく姿や誰かに見てほしいことや、友だちと笑い合う姿など、大事だと感じた。
・室内に置くことで、裸足での活動を十分におこなえることがよいと感じた。
・いつもそこにある（日常化している）ことが、繰り返しおこなえ、知らず知らずのうちに運動能力をあげていることがよいと感じた。
・個々の保育者の意見を、メモに貼ることで、普段意見交換のできないパートの保育者の意見を知ることができてよかった。
・自分自身もメモに書いて提出すること、またその後に正規の先生の意見も含め図として見ることで、保育者としての専門意識が高まった。
・ハイハイが少なくても、意図的に今回のような環境をつくることで充分足腰の強化や手をつくことを補えるのではないかと感じた。
・動作の後の言葉がけの大切さを改めて感じた。
・最近、転ぶことが減り、転んでも手が出る姿が多くなったなと改めて気づいた。
・2歳児になると競い合う姿もでてきて、葛藤も経験することを知った。

○今後の展開
・今後も継続していくが、子どもの様子を見ながらなかに入れる物や高さを工夫してさらに足腰の強化をはかっていきたい。（0，1歳児）
・2歳児になると物足りなくなるため、園庭の築山の利用に移行していく経験を多く計画する。
・散歩コースもさまざまな困難のある道を選択して、楽しみながら、足腰を鍛えることにつなげていきたい。（1，2歳）
・運動会などにも取り入れ、保護者にも日常の様子を見てもらうのもよいと思う。
・専門的な視野で子どもたちのさまざまな遊びを学びへとつなげて考え、目的をもって工夫して関わっていくようにしたいと思った。

5　職員会議を活性化するために

　KJ法での今回の話し合いは、私の想像より多く意見が集まり、同じことに喜んだり、違う面には感心したりの声も聞かれ、思いのほか活発な意見交換がみられました。また、新たな気づきもあり、次への取り組みを考えるきっかけもできたように思います。このように、主任保育士が広い視野をもって、園の課題をみつけ、保育者たちに働きかけていくことで、子ども一人ひとりの成長発達の理解や促しにつながっていくことが感じられました。また、KJ法を利用し、"書く"という作業を通して考えを伝えることは、それぞれの意見を視覚化したり、分類することで自分と違った人の視点にふれ固定観念なく納得したり、刺激されたりして、自分の考えもより整理され、保育の

見直し改善につながり、さらに次のアイデアを導ける手段にもなることも感じました。そして、いまおこなわれている保育を、子どもと関わる保育者全員で語り合うことで、さらに専門性が磨かれ、チームとしても個人としても、意識して目の前の「子どもを観る目」が養われていることを実感しています。

このことについてKJ法の発案者である川喜田は、

> これを使う事によって、仕事の場においては人と人とがお互いに理解し合う事ができる。彼らの間の壁がなくなるのである。（中略）組織の体質改善に役立つことはいうまでもない（川喜田二郎『続・発想法——KJ法の展開と応用』中公新書、1970年）。

と述べています。

職員会議を活性化するためには、定期的に決まりきった内容を単調におこなうのではなく、ときには新たな手法を取り入れ角度を変えて話し合うことも必要だと思います。

今回のKJ法を利用した会議をおこなうことで、保育の一活動をていねいに観ること、そして子どもの言動の一つひとつを大切にとらえることにつながりました。そして専門的に分析し合い、意見を出し合うことで、今までと違った考えや発想が生まれるきっかけづくりになったと感じています。それは、子どもの遊びの一つを取りあげ、具体的に掘り下げて話し合っていくことで、遊びを意識して観る目が養われ、主担任の立案に従っておこなう保育から、すべての保育者が主体的に環境を工夫し行動し、子どもと関わる保育へと変化していくことができると思います。

KJ法を利用して一つの遊びについてじっくりと考える経験をしてからは、他の遊びに対しても、同じような眼差しで子どもを観る姿勢へと変化し、会議の活性化＝保育の活性化につながっていると感じます。そして、最初に目的とした、(1)職員全員が忌憚なく意見を出し合えること、(2)子どもを観る目を育てること、(3)「PDCAサイクル」として保育の質の向上につながること、を達成する一歩につながっていると実感しています。これからも、研修などで得た学びを会議のなかに取り入れ、保育者一人ひとりのもつ力や気づきを最大限に引き出していくことが、主任保育士として重要な役割だと思います。

2 課題を共有化する園内研修

❶ 園内研修とは

近年、保育園における園内研修の重要性が高まってきています。とはいえ、その取り組み方は、保育園ごとに種々多様です。園の規模や地域性、保育者の経験年数などの構成が大きく影響しているからでしょう。なかには、オブザーバーとして、外部の学識経験者を招いている園もあると聞いていますが、多くの保育園は、手探りでおこなっているところが多いのではないでしょうか。

そこで、ここでは、園内研修における主任・副園長の役割に視点をあてて、考えてみたいと思います。

そもそも園内研修とは何でしょうか。一口でいえば、職場内研修、いわゆるOJT（On-the-Job Training）です。しかし、利潤追求が第一義的目的となる企業などがおこなうOJTとは少し意味合いが異なり、保育園における園内研修の目的は、保育の質を高めることにあり、子どもの最善の利益を尊重するという社会的意義が込められています。

エピソード記録をもとに園内カンファレンスをおこなう

保育所保育指針では、職員の研修について、次のように示されています。

資料1（平成20年3月28日告示）
1　職員の資質向上に関する基本的事項
　職員の資質向上に関しては、次の事項に留意して取り組むよう努めなければならない。
（1）子どもの最善の利益を考慮し、人権に配慮した保育を行うためには、職員一人一人の倫理観、人間性並びに保育所職員としての職務及び責任の理解と自覚が基盤となること。
（2）保育所全体の保育の質の向上を図るため、職員一人一人が、保育実践や研修などを通じて保育の専門性などを高めるとともに、保育実践や保育の内容に関する職員の共通理解を図り、協働性を高めていくこと。
（3）職員同士の信頼関係とともに、職員と子ども及び職員と保護者との信頼関係を形成していく中で、常に自己研鑽に努め、喜びや意欲を持って保育に当たること。
　　　　　　　　　― 中略 ―
3　職員の研修等
（1）職員は、子どもの保育及び保護者に対する保育に関する指導が適切に行われるように、自己評価に基づく課題等を踏まえ、保育所内外の研修等を通じて、必要な知識及び技術の修得、維持及び向上に努めなければならない。
（2）職員一人一人が課題を持って主体的に学ぶとともに、他の職員や地域の関係機関など、様々な人や場との関わりの中で共に学び合う環境を醸成していくことにより、保育所の活性化を図っていくことが求められる。

このように保育所保育指針では、職員の資質向上および専門性の向上をはかることは保育の一環であり、努力義務となっています。また、「保育所全体の保育の質の向上を図るため」に、保育実践を通した園内研修をおこなうことは、保育の専門性が高められ、職員の保育や子どもに対する共通理解をはかり、それが一つの園において同じ目標のもと園長、主任および副園長、保育士をはじめそこに働く職員全員が協力・協調して保育する力を高めることにつながります。

また、保育士の自己評価をさらなる改善に結びつけるという意味でも園内研修は重要な役割をもっています。

保育所保育指針では，保育士等の自己評価について，次のように示されています。

> **資料2（平成20年3月28日告示）**
> 2 保育の内容等の自己評価
> (1) 保育士等の自己評価
> ア 保育士等は，保育の計画や保育の記録を通して，自らの保育実践を振り返り，自己評価することを通して，その専門性の向上や保育実践の改善に努めなければならない。
> イ 保育士等による自己評価に当たっては，次の事項に留意しなければならない。
> 　(ｱ) 子どもの活動内容やその結果だけでなく，子どもの心の育ちや意欲，取り組む過程などに十分配慮すること。
> 　(ｲ) 自らの保育実践の振り返りや職員相互の話し合い等を通じて，専門性の向上及び保育の質の向上のための課題を明確にするとともに，保育所全体の保育の内容に関する認識を深めること。

　保育士などの自己評価は，いわゆる「PDCAサイクル（Plan（計画）→ Do（実行）→ Check（評価）→ Action（改善）の循環による事業改善）」における評価にあたり，それを改善につなげるためのしくみの一つが園内研修といえるのではないでしょうか。
　さらには，保育士の自己評価を保育園の自己評価につなげ，組織的に質の高い保育を目指していくしくみにつなげていくことも園内研修の大きな役割といえます。

❷ 園内研修のマネジメント（運営管理）

　実際の保育のなかでは，園内研修をどのように運営していくか，マネジメントが問われます。園内研修は，実施しないより実施した方がよいことは確かだと思いますが，やり方によっては，保育に反映されず，誰も問題意識をもたないワンパターンの保育に陥る危険性さえはらんでいます。
　こうしたことから，主任・副園長が園内研修の運営を任されることが多いと思います。園全体のマネジメントはもちろん園長の役割ですが，園内研修のマネジメントについては，実践者としての保育者の立場とマネジメントする立場の両方の立場を兼ね備え，なおかつ，実践者と運営管理者のそれぞれの立場をよく理解している主任・副園長が適しているからです。子どもに対するねがいを理解し，言葉で伝えることができる力量をもっている主任・副園長だからこそできることです。
　その意味で，主任・副園長が園内研修の中心的役割をするのは，至極当然のことといえます。

> **事例　切られてしまった柿の木**
>
> 　年長児のM組では，その年のテーマを柿の木に絞って，造形表現をすることに取り組んでいました。自然の少ない都会の保育園で，園庭にある大きな柿の木が四季を感じることができる唯一の樹木であり，格好の観察対象でした。4月から毎月，柿の木を描いて，自然の変化を感じることを保育目標に掲げていました。幼児クラス会議でその報告を受けた主任保育士のQ保育士が「せっかく表現するならば，自

> 然の変化を表現するのにふさわしい造形材料を子どもたちが選ぶということも実践に加えてみたら，子どもたちの表現の幅が広がるのではないの？　それを園内研修で取りあげましょう」とアドバイスをしました。Q主任保育士の助言で園内研修にふさわしいテーマとなりました。しかし，こうした研修は，園長，Q主任保育士をはじめとする幼児クラスの保育者だけが共有し，3歳未満児の保育者や他の職種，とりわけ用務員には，伝えていませんでした。そのため，これから葉が赤くなる，紅葉の時期を前にして，バッサリと枝を切られ，剪定されてしまいました。用務員にとっては，落葉のゴミを減らす意味でとても必要な作業でしたが，保育者たちには知らされず，午睡中に剪定されたので，午睡から起きた年長のM組の子どもたちの失望は大きいものでした。切ってしまった柿の木は元には戻りません。Q主任保育士は，保育園の職員全員に共有しておくべきであったと反省しました。

　このように園内研修だけではありませんが，年間または複数年に関わるテーマや目標はきちんと調理員，用務員にも伝えておく必要があります。また，ときには，協力を仰ぐ必要が生じますので，こうした管理・マネジメントは，主任・副園長の役割であり，園内研修の調整は欠かすことができません。

❸ テーマの選定

　園内研修は，テーマ選びが非常に重要になってきます。保育園全体で課題を共有共感できることが必要になります。

　主任保育士・副園長として，日頃から保育園全体の保育や環境を見たり，聞いたり気配りをしながら，保育者全員，できれば調理員や用務員も含めて全職員が関心をもてるテーマや課題をいくつかあげておくことが必要になります。

　　　　　園内の環境……遊具やおもちゃのあり方，配置，保育室等々
　　　　　保護者対応……保護者会のあり方，連絡帳，園だより・クラスだより等々
　　　　　保育内容……表現，言葉，環境，運動，散歩，食育等々
　　　　　保育形態……担当保育，異年齢保育等々
　　　　　その他……障害児保育，地域における子育て支援等々

> **事例**　一年中同じ絵本が出ている!?
>
> 　園長から今年度の園内研修のテーマを考えるように頼まれていた副園長のW保育士は，以前から関心が高く，勉強会にも参加していたことから「絵本」をテーマに研修することを思いつきました。しかし，一口に「絵本」といってもとても幅広く，どこかに焦点を絞らなければ，園内研修にならないと考えました。そこで，W副園長はいつも気になっていることを書き留めているメモを見ました。このメモは，園内を見回ったり，他のクラスの保育に応援に入ったりしたときなどに気がついたことをメモしたものです。大体はその場で「これはどうなっているのかしら？」と近

> くにいる保育者に聞いて解決していますが、いくつか未解決のものがあり、そのなかの一つに「・本棚に同じ絵本が一年中出ている……」というメモがありました。これをきっかけに、テーマを絞れないかと考え、園長に相談すると「確かに私も気になっていたわ。子どもの興味や関心もいろいろ変わるでしょう？　子どもの興味関心を膨らませたり、引き出したりするようなタイミングで絵本が出せるといいわね」。W副園長は園長のアドバイスを受けて、「子どもの興味関心と絵本を生かした実践について」をテーマに研修をすすめることにしました。

このように、日頃から疑問に思っていることや課題と感じていることをテーマに取りあげることは、職員の資質向上だけではなく、保育園全体の保育の質の向上をはかるという園内研修の目的にもつながっていきます。

そのためには、自ら自己研鑽に励み、勉強会や研修会に積極的に参加し、つねに学ぶ姿勢をもち、自らいくつかのテーマをもっていることも大切です。しかし、それだけでは、自己満足に終わってしまいますので、保育園全体、全職員の質の向上につながることを考える必要があります。

そこで、W副園長のように日頃から気になったことや課題と感じていることをメモしてためておくことが大事です。たとえ、その場で解決したと思えたことのなかにも課題が潜んでいることもあります。毎日、一つのクラスで仕事をしていたり、一つの保育園しか見ていなかったりすると、なかなか気がつかないことがたくさんあります。「日常に慣れる」「環境に適応する」ということで、それ自体は決して悪いことではありませんが、往々にして課題や問題点を見逃してしまうことがあります。そのために、「アレ⁉」「おかしいな？」「これでいいのかしら」「気になる」という思いをきちんとメモや記録に残しておくことが大切になります。その場で聞いて解決することや後日見直してみて、勘違いだったということもあるかもしれません。そのなかでも、重要な課題は残っていることがあります。そうした課題や問題点を発見できるのは、経験を積んだ主任・副園長だからこそではないでしょうか。とはいえ、独りよがりのことがあるかもしれませんので、園長に相談してみるとよいでしょう。すると「主任も気になった？　実は私も……」ということが少なくありません。

メモの他にも、日誌を活用し、過去3年間程度の一定の時期の日誌を振り返り、課題となっている項目を整理し、同じ項目があがれば、偶然その問題が生じたというわけではなく、その保育園のそのクラス（年齢）の問題や課題として理論的に整理することができます。また、問題や課題だけではなく、同じ遊びが自主的に発生していて、なおかつ特性がみられれば、その保育園のそのクラス環境などから派生する遊びとして分析することができるのではないでしょうか。できれば、主任・副園長がこうした理論的な視点を取り入れてテーマを提案できると、園内研修の質がより高まり、深まると思います。また、若い保育者も園内研修には、理論的な視点が必要ということが理解でき、保育の専門性を高めることにつながっていきます。

この他、保育者の自己評価を活用して、共通性の高い課題は、園全体の課題として

取りあげて，園内研修のテーマに結びつけることもできます。

　次に，主任・副園長の役割として，その課題をいかに，園全体のテーマとして絞ったり，膨らませたりするかということがあげられます。その際，各クラスの状況を思い浮かべて「3歳未満児だったら，絵本を使って繰り返しやまねっこで保育者や友達と共鳴しながら共感する実践を通してテーマを深められる」とか「絵本をテーマにし，食育という視点だったら調理員さんでも参加できるかもしれない」など研修の方向性をイメージできるのは，主任・副園長だからこそできることであり，主任・副園長として力を発揮できる場面だと思います。

❹ 方法・計画

　一番大切なことは，全員が参加することですが，保育園の規模や保育者の経験年数の構成などに応じて，ふさわしい研修の方法や研修計画を考えていきましょう。

> **事例　子ども二人に絞って**
>
> 　主任保育士のR保育士は，園長から「最近，保育園で育ち方の気になるお子さんが多くなってきているけれども，その子どもも保護者も含めた支援について，園内研修で取りあげて職員全員で考えてみることはできないかしら」と投げかけられました。R主任保育士も同じことを考えていました。ここ数年で，支援を必要とする子どもたちが増え，クラスに複数いて，保育者たちも支援に手が回らないという場面も見受けられました。しかし，そうした子どもたちを取りあげるのは，個々の家庭環境や取り巻く状況が異なり，内容や議論が拡散して難しいのではないかということが気になりました。そこで，R主任保育士は，園長に「思い切って，3歳未満児で一人，3歳以上で一人，合計二人に絞って1年間追ってみてはいかがでしょうか。保育研究大会で一人の子どもの発達とその支援を追った事例研究を見ることがあるのですが，一人の子どもの保育研究でも多くのことが深く見えてくると思います。二人でしたら，職員の誰でもその子どものことを気に留めることができますし，職員全員が勉強になるのではないかと思うのです」と提案しました。そのうえでR主任保育士は，一人は，R主任保育士が副担任で入っているクラスのTちゃん，もう一人は，乳児クラスで家庭状況の違うYちゃんを選び，記録などの資料については，R主任保育士が中心になって作成し，園内研修が終わると，毎回その記録資料は回収するようにして，個人情報の取り扱いには十分に配慮すること，また，前半は，職員に子どものことをよく観てもらうことを中心に，後半は，子どもと家庭がかかえる課題や困難を整理し，保育の見直しや対策などを考えてもらうという年間の研修計画を立てて，園長に提出しました。
>
> 　園長の同意も得られて，二人の子どもに絞った研修がはじまりました。園内研修をはじめた当初は，研修対象の子どもが在籍するクラス以外のクラスの保育者等職員は，ただ報告を聞くだけで発言も少ない状況でした。しかし，回数を重ねるに

> つれて，全職員がその子どものことに心を配るようになり，研修会でも「この前，Tちゃんが全員ではないけれども，お気に入りの小さい子におもちゃを譲ってくれる姿が見られた」「飲み終わったコップを返しに来てくれたとき私たち調理員にも『ごちそうさま』と言ってくれた」「Yちゃんのお母さんにおつかれさまと声をかけたら，初めてにっこり笑ってくれた」などの発言がでるようになりました。
> 　職員全員が関心をもつようになって，いよいよ本格的な園内研修がスタートしたと感じたR主任保育士は，それぞれの子どもや家庭のもつ課題や困難さを整理し，それをプラスに変える方法を自ら提案し，保育の効果をみんなで検討してもらいました。R主任保育士が具体的な保育の方策を提案したので，他の保育者からも「けんかの場面を見ていたけれども，Tちゃんはこんな気持ちだったというのがわかる気がしたので，言葉で代わりに言ってあげたら，表情がパッと明るくなったわ」「Tちゃんが先の見通しがもてるように毎日一日のスケジュール表を貼って，次は何をしたいのか相談してみたら？」「Yちゃんのお家は家庭支援センターだけではなく，民生委員児童委員さんとも相談してお母さんの具合の悪いときは，訪問してもらったら？」などの具体策も出されるようになりました。
> 　年度末には，対象の二人の子どもと保護者が明るくなって，落ち着いてきました。即座に園内研修の効果とはいえませんが，二人の担任以外の保育士からも「子どもがよく見えるようになった」「子どもに言葉で伝えるだけでなく，図にして貼ったりマークをつけたり，いろいろな方法が思い浮かぶようになった」という意見が出るようになりました。

　この事例のように気になる子どもや家庭が増えているという漠然とした課題を解決するには，園内研修を通して一人，二人の子どもに焦点を絞って観るという力を保育者が身につけていくことも実践的な方法の一つです。この事例を通して，担任以外の保育者も「もっと子どもを観よう」「保育を観よう」ということに気づかされる機会となりました。こうした研修を可能にするには，記録をまとめたり，保育内容や方法を提示したり，日常の保育の他に労力が求められます。R主任保育士のように保育の質の向上のためにすすんでその労力を買ってでるという姿勢が，園長をはじめ他の保育者等職員全員の信頼を得ると同時に，保育園全体の質の向上につながっていると思います。

事例　活発な話し合いのために

> 　今年度のP保育園のテーマは，食育の計画の見直しです。子どもの食に関する環境も大きく変わってきていますので，見直すいいチャンスでもあり，全クラスに関係するだけではなく，看護師や調理員など他の職員にも関係するテーマであるということで，職員全員一致で決まりました。これまでの食育の計画を基に職員全員参加で意見を出し合うという方法がP保育園のこれまでのやり方でした。主任保育士

> のE保育士は、これまでの園内研修を振り返ると時間の関係もあり、毎回意見を出す人と一言も意見を出さない人とが偏ってしまい、とくに若手の保育者は、ベテラン保育者の意見を聞く一方になってしまう傾向があることを危惧していました。そこで、時間を有効活用するために、グループに分かれて意見を出し合う方法を提案しました。1時間という決められた時間のなかで、みんなが発言するためには、5〜7人が適当な人数と考え、3グループに分け、グループの構成も若手グループ、中堅グループ、ベテラングループとし、園長、主任保育士、調理員には、それぞれのグループに分かれてできるだけオブザーバーとして参加してもらうようにしました。経験年数の近い職員を集めたことによって、課題と考えていることが共通して出され、発言も活発になりました。
>
> また、ただ単に気がついたことを意見に出すだけではなく、園長と相談してクラスの代表者に食育の実践記録を出してもらい、それを基にグループで話し合いました。これまでのP保育園の食育計画に具体的な実践記録が加わることによって、職員だけではなく、調理員もイメージをもつことができ、話し合いに参加することができました。

このように、話し合いを円滑にすすめるためのアイデアをだすことも主任・副園長の役割の一つでしょう。活発な発言を促すためには、やはり保育実践を基にした資料は欠かすことができません。

事例のように実践したことを書いてもらうこともできますが、個人的な負担が生じることも事実です。そのときは、保護者の了解をいただいて、主任・副園長またはクラスの担任がビデオ撮影をし、それを活用するのも有効でしょう。事実、園内研修にビデオを活用している園はたくさんあります。その一方で、ビデオをただ流すだけでは、時間がかかってしまうので、ビデオを編集するなどの労力は必要になります。主任・副園長としてビデオの編集に協力して、園内研修の進行、時間管理をするのも大切な役割になります。

⑤ 園内研修のまとめ方

園内研修の大切さは、研修の過程にあると思いますが、職務の一環としておこなううえには、一定の成果をまとめることも重要になってきます。やりっぱなしではいけません。その研修のとりまとめや見直し、効果の測定などです。それこそが、主任・副園長の力の見せどころです。

> **事例** **手作りおもちゃ集の作成**
>
> S保育園では、ここ数年園内環境をテーマに研修に取り組んできました。昨年度は、保育室のコーナーの環境をテーマとして、主任保育士のD保育士は各クラスが撮った写真をまとめてコメントをつけて、コーナー環境集をつくりました。この写

真集は大変好評で,保護者会でもスライドにして見せるなどして,大活躍しました。そのスライドをまとめる過程で,D主任保育士は,各コーナーに置いてあるおもちゃが気になりました。どれも市販の色鮮やかなものばかりで,やや温かみにかけるような気がしたからです。そこで,園長に「園内研修の積み重ねで職員の保育室の環境への関心は高く,それぞれ工夫されていると思うのですが,それに比べ,おもちゃは,市販のものばかりで気になったのです。せっかく子どもを観る目を確かなものにするために環境を勉強してきたので,次は,子どものニーズに合った手作りおもちゃに取り組んでみたらどうでしょうか」と提案しました。園長から「市販のおもちゃを否定するわけではないけれど,もう少しおもちゃにも関心をもってもらって,その延長で手作りおもちゃを考えられるといいわね」とアドバイスを受け,園内研修のテーマを「目の前の子どもの興味関心にあった手作りおもちゃ」としました。

　D主任保育士は,今回も写真をたくさん撮りました。また,それだけではなく,保育者たちがいろいろなアイデアでつくりだすおもちゃのつくり方も記録しました。簡単な手作りおもちゃは,園便りにも載せて,家庭にも知らせました。また,子どもたちが使うおもちゃを保護者会で保護者と一緒につくるという取り組みもありました。年度末には,写真とつくり方がセットになった手作りおもちゃ集が完成しました。D主任保育士は,「おもちゃをつくった！」ということで満足してしまわないように,目の前の子どもの興味関心に応じていたかということを,3月の職員会で保育者に発表してもらうことを園長に提案しました。「手作りが苦手でしたが,子どもが喜んで遊んでくれたので,またつくりたくなりました」「子どもの遊びに何を加えたらさらに遊びが発展するかと考えたり,子どもと相談して一緒につくるおもちゃを考えたりして一年間が過ぎました。最後は子ども自らが段ボールでおもちゃをつくっていました。子どもたちにも私たちの姿勢が伝わったことが一番の成果です」という声があがりました。

保育者になったつもりで"さあ,ねましょう"

"ここになにか入ってるよ"
探索の楽しみがわいてきます

　このように研修の成果が実感できることは必要だと思います。これまで手作りする機会の少ない若い保育者が増えてきていましたが,目の前にいる子どもの興味関心を

考えておもちゃをつくるという行為は，子どもを観る目を育てるばかりではなく，保育者としての自覚や人間性を育てていくことにつながったのではないでしょうか。そうした成果を若い保育者が実感できるためにも主任・副園長として，園内研修を文書だけではなく，写真やビデオなどを使ってまとめることも大切です。

また，この事例のようにコーナー集や手作りおもちゃ集としてまとめ，蓄積されていくことは，園の貴重な財産にもなります。また，保護者にも還元することができれば，さらに効果は高いものになります。職員だけではなく，保護者も一体感をもって，園内研修を受け止めてもらうことができます。

このように保育者の質を高めるだけではなく，保育園の一体感，保護者や地域への還元などを見通して研修計画を提案したり立てたりしていくことも，主任・副園長の役割の一つだと思います。

❻ 園内研修の展望

園内研修を継続的にすすめていくうちに，もっと質の高い保育を目指したいと思うようになります。どうしても園内研修は，保育園の自己満足に陥りやすい危険性があります。それを修正するには，外部のオブザーバーが必要になることもあります。また，第三者の意見を聞くことも非常に参考になります。先駆的な実践を学ぶことで新たな側面を発見し，一段高い園内研修が展開されます。

そのためには，他の保育園の園長や自治体の専門職（社会福祉士，保健師，医師など），小学校の先生などを招いて特別研修会を開催することで第三者の意見を聞くことができます。その際，いま取り組んでいる園内研修の内容をきちんと伝え，アドバイスをいただきたい点をはっきりと伝えることが大切です。そのポイントを取りまとめるのは，主任・副園長の大事な役割になります。

さらに，大学教授等の専門家の意見を聞きたいという熱意が高まった場合は，近くの園と合同で研修会を開催することも一つの方法です。また，これまでの研究成果を保育研究発表会で発表することも一つの方法です。そこでは，専門家からのアドバイスだけではなく，他園の保育者からの質問や意見が出され，何物にも代えがたい勉強になります。園内研修をつづけていくと，停滞することもあると思いますので，そのようなときは，主任・副園長として，研究発表会へのエントリーを提案することも停滞期を打破するいいチャンスだと思います。

また，保育者の成長，保育の質を高めるということを目的に園内研修に取り組んでいますが，保育者の自己研鑽という意味では，園内研修だけでは十分ではありません。そのためには，園外（職場外）の研修も活用する必要があります。自治体などが実施する研修や民間が実施している研修にも参加し，園内研修だけでは学ぶことができない，新しい考え方や理論を学ぶことも大切です。

ただし，園外研修への関心は個人差があり，積極的に参加する保育者とまったく参加しない保育者がでてしまいます。個人的に参加する研修は別ですが，自治体などが実施する研修や所属する法人が実施する研修への参加は，できるだけ万遍なく多くの

保育者が参加できるように，園長と相談して参加の記録をつくっておくとよいでしょう。「F保育者は，今年度まだ一度も外部研修に参加していないです」「G保育者は，Hちゃんの対応に困っているようなので，今度発達障害の研修が来たらぜひ勧めたいと思います」という情報を園長に提示し，研修を勧めてもらうことも必要です。こうした積み重ねによって保育園の研修計画もより具体的実践的な計画となり，さらなる保育の質の向上につながっていきます。

3　園独自ですすめる園内の公開保育（小羊保育園の実践）

1　園内視察研修をしよう

　保育者にとって，保育が楽しく感じられ，職員のチームワークがとりやすいかどうかは，日々の活動の大きなポイントになります。年齢も経験も性格も好みも異なる者同士が，よりよい関係性をつくりあげていけたらどんなにいいことでしょう。

　当園では，ただの仲良しチームではなく，お互いが専門性を磨き合うプロとしての意識をもちながら，認め合い，育ち合い，高め合える保育者集団でありたいという思いで，園内研修の一環としてお互いの保育を見合いながら学び合う研修（当園では園内視察研修と称しています）をはじめました。この研修の機会を無駄にしないためには，職員間である程度の決まりごとが必要になります。自分の園だと視察している側であっても，わかり合っているだけに，何かあるとすぐに手伝おうとしたり，子どもたちの相手を必要以上にしてしまったりと，よかれと思ってする行為が，この研修を台無しにすることはあらかじめ予想されました。そのために決めたルールが5つあります。

園内視察研修のためのルール
①まるでよその園に視察に来たような新鮮な気分になって観ること
②どこを見てもいい
③口出しをしない
④できるだけ目立たないところで観察する
⑤その日の内に振り返りをする（お昼寝の時間帯に他のグループの協力を得て）
　振り返りのときは，よかった点（学べた点）と課題だと感じた点の2つの視点から発言する（参加者は保育をした側と見た側，園長，主任）

　いざとりかかろうと思っても，実際にできるのだろうかとさまざまな不安材料があがってきます。この計画時には「そんな研修やれたらおもしろそう，いいですね」と，ちょっと他人事，現実味のない意見や「え～っ見られるって何か緊張しそう。意識しすぎないかなあ」とネガティヴな意見などがありました。そんな職員間の揺れる気持ちを受け止め，私は主任保育士として計画をきっちり出すことにしました。私自身不安もありましたが，日頃の保育のなかで，とにかくこういう研修をしてみたい，必要だという思いを信じてはじめてみました。まずは，やってみようという姿勢でないと，あまり練りすぎるとかえって長続きしないプラン倒れになりかねません。保育者間で

園内視察研修のルールに対する共通認識がもてたら，はじめてみましょう。

2　園内視察研修の2つの方法

ここで当園の2つのやり方を紹介します。

一つめは，みんなが参加しやすくわかりやすい設定保育（集まりを見る）に絞って視察研修をはじめました。まるで実習生の部分実習を見るような感じです。正職員も非常勤職員も関係なくプランのなかに入れ込みました。みる側ももちろん同じです。できるだけいろいろな立場，さまざまな年代，経験年数など，偏らないように園内視察研修の表をつくり，職員室に貼り出しました（表3-1）。

表3-1

- 設定保育場面（集まり）を見る
- 2週間ほどかけて1日に2回の園内視察をおこなう

保育園内視察研修

	9時半〜	視察する人	10時〜	視察する人
4月25日（金）	M保育士	3名	T保育士	3名
4月30日（水）	Y保育士	3名	R保育士	3名
5月2日（金）	D保育士	3名	S保育士	3名
5月7日（水）	H保育士	3名	I保育士	3名
5月13日（火）	O保育士	3名	K保育士	3名
5月20日（火）	Mi保育士	3名	E保育士	3名
5月23日（金）			Z保育士	3名

＊園長，主任はすべてに参加。

二つめは表3-2の通りです。設定保育のみの視察ではなくて，実際に他の園を視察する場合は1時間〜1時間半ほど自由に保育を見せてもらうこともあります。一つのグループ（クラス）に1時間半かけて，視察する3人が30分交代で絶え間なく入る方法です。この方法はそのグループの保育を時間経過（縦の流れ）に沿ってとらえる

表3-2

日時	視察するクラス	9時半〜10時	10時〜10時半	10時半〜11時
・遊びの場面や移動，片づけの場面など，保育を流れのなかで見ることができる					
5月26日	年長児（きりん）	A保育士	B保育士	C保育士
5月27日	年中児（うさぎ）	D保育士	E保育士	F保育士
5月28日	年少児（りす）	G保育士	H保育士	I保育士
6月2日	2歳児（ぺんぎん）	J保育士	K保育士	L保育士
6月4日	1歳児（こあら）	M保育士	N保育士	O保育士
6月9日	0歳児（ひよこ）	P保育士	Q保育士	R保育士

＊園長，主任は都合のよい時間帯に視察に行くようにする。

ことができます。また，30分交代制は，視察する保育者の通常保育の妨げにならないように，それからできるだけたくさんの保育者が関わって視察するために効果的です。見る側の視点はさまざまで，どこを見たのか，どういうところが気になって見たのか，一人ひとりの違いもはっきりわかります。

③ 振り返りの時間をもつ

振り返りの時間をもつことも園のチームワークを育てることにつながります。その日の内に振り返りをすることが何よりも大切です。園内では協力体制を上手にとりながら時間の確保をします。また，せっかくみんなから協力してもらった大切な時間ですから，有効に使うようにそれぞれが意識して集まります。決められた時間のなかで（30分なら30分と決めたなかで）よい学び合いの時間にするために，一人ひとりが発言することを考え学び合う気持ちをもって集まることで，その場の雰囲気もぐんと高まります。

そのために当園では，発言する順番を決めています。まずは見た人から感想，学んだこと，課題だと感じたことを簡潔に述べてもらいます。次に見てもらった人，あるいはグループ（チーム保育の場合）が感想や課題，ここを見てほしかったというアピールも含めて発言します。最後に主任保育士が感じたこと，ワンポイントアドバイスをして，終了するようにしています。

④ 見る見られることで得るもの

当園では普段から，5歳児の集まりに3歳児の子どもたち数人が先生に連れてきてもらって参加していたり，2歳児と3歳児が手をつないで散歩したりと保育のなかで，グループを超えた交流をたくさんしています。保育者同士もお互いの保育の方法（その人らしさといった方がいいでしょうか）をわかり合っています。子どもへかける言葉も何となく似通ってきています。園舎の立地条件や規模から，保育室が見えなくて孤立しているグループはなく，園全体が見渡せるような環境になっています。

そんな当園でも，やはり，園内視察として意識して見られるということは，どの保育者もそれなりの緊張を味わったようでした。ほとんどの保育者が前日からドキドキした，何となく意識してしまったと言っています。緊張するなかだからこそ，自分の言葉を意識したでしょうし，普段の自分の言動を自分なりに感じながら保育ができた時間だったのではないかと思います。自分自身で自分を感じることは一番大きな収穫ではないでしょうか。保育者が主体的に動き，感じられることこそが保育の楽しさにつながっていくものだと思います。視察当日，見られることで意識してしまうことのなかにも，プラスに働く面がたくさんあります。

また，他の人の保育を第三者になりきって見るという経験はなかなか貴重なことでしょう。30分ずつの交代制で見るので，ある保育者は，公園に出る前の準備段階で（一人ひとりの支度にまだまだ手が掛かっている）の様子だけを見ることにもなりかねません。しかし，これまで見えなかった保育者間の連携，保育者の手際（何を準備して

いるか），子どもの動きなどがはっきりと見えます。また，保育者たちが何を大切にしているのかも感じとれるでしょう。ときには，保育者のマイナス行動を見てしまうかもしれません。そのときは自分の姿と重ね合わせながら，自分だったらどうしただろうか，と距離を置いて考えることもできます。さらに，普段ならば見逃していたであろう子どもの姿に出会うこともあります。視察後に「○○ちゃんって，こんなことができている」「すごく優しい子だったんだって思った」などの感想が飛び交うことがあり，子どもを知るという大収穫にもつながっています。視察を終えた保育者の感想をここに紹介します。

・普段の保育に没頭しているときには聞けないような子ども同士の会話を聞くことができた。どんな遊びをしているかをじっと見て知ることができた。（10年目）
・他の先生方の話し方，保育の仕方を知り，真似したいと思うことを発見でき，自分の視野も広がった。
・3人の先生方の役割分担がしっかりできており，先生方自身も楽しんでいたので，子どもたちもすごく（遊びを）楽しんでいるのが伝わってきた。
・公園（園に隣接の）ではかけっこをしていたが，保育者がかけっこしようというのではなく，子どもたちからの"したい"という意思が伝わってきて，何度も繰り返し遊んでいた。
・0歳児グループに入ったとき，温かさを感じた。子どももその温かさ，先生たちの雰囲気の居心地のよさを感じているようであった。私も子どもたちが安心できる場，雰囲気をつくりたいと思った。
・保育者が複数いる場合の連携のとり方がまだまだ課題であると感じた。
・外遊びのとき，門扉のすぐ側に一人だけ子ども（1歳児）がいたけど，その子がいることを心にとめていたのか，気づいていないのかわからなかった。人数把握の徹底と一人ひとりへのていねいな関わりとともに全体をしっかりと見ることが大事だと思った。
・第三者となって自分の園の保育をゆったりとした気分で見ることができた。
・遊びに夢中になっている子どもの姿を追いつつ見ることができて幸せだった。一方で子どもの鼻水，洋服の汚れなどが気になり，自分のグループではどうなっているかと意識した。
・子どもたちが好きな遊びを見つけられるコーナーが充実していて，その場所で集中して遊ぶ姿があった（年長児）。自分のグループでももっと子どもの興味にあった遊びのコーナー，種類を考えていきたいと思った。

5　学び合いから保育が変わる

　保育は人と人とがつながってなせる業でもあります。保育者同士のいがみ合いや，批判を内面に押し殺しているような関係のなかでの保育だったら，どうでしょうか。

　保育者間のつながりの良し悪しはかならず表にあらわれます。自分と性格が合わなかったり，理解できなくてなかなか好きになれない保育者がいる場合は，その人の悪い面ばかりが目に入ってしまうこともあるでしょう。園内視察研修で最も大切にしたことは，そこで学んだこと，よいと思ったこと，課題だと感じたことを言えるようにするということでした。そこで保育者に求められるのは専門職としての自覚と相手を尊重したうえで発信する言葉で伝える力です。お互いを高めるためにときには，厳しい発言も必要でしょう。疑問に感じたり，課題ではないかということをあえて発言することに私たちは慣れていません。発言することで問題が起こることを避けているか

らかもしれません。時間がとれない現場の事情もありますが，私たちは人的環境としても子どもの育ちに深く関わっている重要な立場にいます。子どもの最善の利益のために保育をすることを第一の目的に考えるならば，お互いが自然体で語り合える関係性をつくりあげることが大切です。そのためにプロとしてきちんと言葉で伝える力と，学び合いながら保育を深め合う力が必要だと感じています。それが子どもを大切にするということだと思うのです。

園内視察研修を通して，自分の園でありながら第三者になりきって，「なるほど！」と感動したり，「あれ？　どうかな？」と新たな課題を発見したりすることによって，園全体のことや自分たちの保育のこととして話し合える関係性を目指し，園をつくりあげていきたいものです。

6 自らの課題に気づく

園内視察研修は，同じ園の保育者の保育を見ながら，自分の目を通して改めて園の保育を見つめ直し，自らの課題を自ら感じることができます。少し距離を置いて見ることで，人と自分の保育を重ね合わせ，自らを振り返る機会にもなります。自分の保育園だからこそ，身近なこととして目に飛び込むもの，心で感じるものはすべて等身大で受け止めることができ，無理のない学びにつながっているように思います。

7 主任が共感したエピソード

この園内視察研修のなかで私が共感したエピソードを紹介します。

1歳児グループは子ども12名に対して保育者が2名です。フリー保育者もいるので，ときには手伝いに入ることもありますが，この園内視察をした日は17年目のM保育士と3年目のN保育士の2名で保育をしていました。

子どもたちは外遊びを十分に楽しみ，ちょうど室内へ入っている最中。靴を上手に脱げる子と，脱がせてもらうのを待っている子，手を洗ったり，室内に入って水を飲んだり，すでに遊びだしている子もいました。N保育士は先に室内にいて，目まぐるしく次々に来る子どもたちを迎えたり，水を飲ませたり，トイレに誘ったり，それでも一人ひとりていねいに声をかけて動いていました。M保育士はテラスで最後まで靴を自分で脱ごうしている子や手を洗っている子たちを見ていました。そろそろほぼ全員の子どもたちが室内へ移動し終えるときです。水道で水を流してその流れを見入って遊びだしているⅠ子がいました。M保育士はしばらくその様子を見ながらも，最後の子が靴を靴箱に入れて手を洗い終え，室内に入ったのを見届けた後，Ⅰ子の側に行き「Ⅰちゃん，お水おもしろかったねえ，手もきれいに洗えたね，さあ，お部屋に行こうか」と声をかけていました。

案の定，Ⅰ子は「イヤッ」。

M保育士「そうね，楽しいものね，でもお友だちはみんなお部屋に入ったらから先生と一緒にお部屋に戻ろうね」

Ⅰ子　聞いてない振りをして水を触りつづける。

M保育士「今日はもうおしまいにしてね。先生はお部屋に戻んないといけないから、今はおしまい（少しピシリと）。またお水遊びをいつかしようね」と、半ば強引にⅠ子の手を引いて室内に戻りました。
　一瞬、Ⅰ子の遊びを無理やり中断して部屋に連れ帰ってしまい、Ⅰ子の心情を大切にしていないようにも見てとれるかもしれません。しかし、この日は外で十分に遊び込んでいました。Ⅰ子に寄り添ってあげたいというM保育士の気持ちもあったと思いますが、実際6対1で保育をしている現状のなかで、先に室内へと入っている11名とN保育士のためにもここは少しでも早く室内へ入らなければ……と葛藤している様子がうかがえました。M保育士はⅠ子へわかりやすい言葉と態度で保育者の思いを伝えて行動したのです。私は思わず「そう、それでいいのよ、今はそれしかできないもの、いい選択だよ」と心のなかでエールを送っていました。
　保育者の優しさのなかにも凛とした行動で子どもに対応したこのエピソードは、保育者としての頼もしさを感じると同時に、日本の厳しい保育の現状を突きつけているのです。もっと保育士の定数を増やしてください！とどこかへ叫びたくなって、ただ胸が熱くなったのです。

8 第三者の視点で撮った写真から見えるもの

　当園では保育中の写真をよく撮ります。何かあると記録に残せるようにと、園内にはデジタルカメラが数台いつでも誰でも使えるように置いてあります。しかしいつでも撮れるようにといっても、担任や保育者が保育中に撮るのはやはり制限があります。そんなときに活躍できるのが園長や主任保育士です。
　私はおもしろい場面や思いがけない場面が撮れないかと、時々カメラを手に園内をウロウロします。そしてなるべく邪魔にならないように保育の様子を眺めます。いまの子どもたちはカメラを持っていることがわかるとモデルさながらの構えをするので、なるべく普段の姿を撮りたいと思ったら、それなりの努力が必要になります。カメラを意識させないように子どもたちのなかに上手に入り込んだり、そこの環境や雰囲気に溶け込み、カメラを持っている私自身に興味をもたせないようにして、何事もないかのようにシャッターをサッと押すのです。
　それらの写真は、子どもたちのじつにおもしろい表情や保育者の生き生きとした様子など、ときには子どもの葛藤も見えることもあります。

年長児グループが隣の公園で遊んでいたと思ったら、木陰に集まって歌を楽しそうに歌っていた。なんだかとても楽しそうないい雰囲気が伝わってきて、パシャ！　先生の表情もいい！

気の強いKちゃん，3歳児。「泣きたいことあったんだね」って声をかけたが，とても悔しそうに泣き続けている。その前を見ていなかったので，「なんか悔しいよね……」と声をかけるが，どうしていいかわからない私。

Kちゃんの側にあった花の話になり，「きれいだね，蜜は美味しいかな？」というと，どれどれとKちゃん。

あっ甘いって言いながら蜜を吸う。私も蜜を吸ってみた。するとお友だちがすぐに来て「甘い？」って聞いて真似をはじめる。

どんどん，仲間が増えてきたね〜。

そんななか，Sくんだけは冷静。本当かな？ これって甘いの？ 食べられる？ え？って表情。

　Kちゃんの写真は，第三者として関わるなかで撮れた写真です。担任だとなかなかここまで一人の様子や一場面を追い続けていくことは難しいと思います。
　自分の気持ちをきちんと言葉で言うことがまだ難しいKちゃんは，何かあるとすぐに手放しで大泣きします。そのKちゃんが気持ちをどのように切り替えられたか，第三者の立場から，関わることができました。この写真をみんなで見ながらKちゃんの心の変化と同時に，周りの子どもたちとの関わりや，Sくんの個性などを感じとることができました。このように子どもの姿を共有し，保育の楽しさやおもしろさを実感することで，保育の醍醐味をみんなで味わうことができたのではと思います。

第4章　職員間のチームワークを育む

1　なぜチームワーク保育が大切か

❶　有機的なチームワークづくり

　子どもたちの育ちを支え，園の保育の質を高めていくには，職員全員の力を合わせ取り組むことが何よりも大切です。主任・副園長が最も力を注いでいかなければならない仕事といえましょう。

　いま，家庭が子どもたちにとって必ずしもよい養育の環境ではなくなっています。メディア社会になり，家庭でも子どもたちはビデオやゲームなど相手を必要としない遊びに移行し，親子の会話が少なくなり，親の忙しさから食事もおろそかになっています。保護者の都合が最優先され，子どもの思いが届きません。ネグレクトのような見えない虐待も増加しています。子育てが孤独で閉鎖的になっている現状も個人の問題ではなく社会全体が求めてきた心地よさの結果とも考えられます。このことを家庭教育の崩壊ととらえ，保護者だけに改善を求めても何の解決にもなりません。子どもは大好きな人から愛され，自尊感情を備えた「個」としての育ちが十分満たされないと，保育園，認定こども園，幼稚園での保育や学校での教育を苦痛に感じ，集団から外れていきます。これが「保育がいま本当に大変になってきた」といわれる原因の一つです。

　そこで家庭に代わって園が「個」を育てる役割を果たすことも重要になってきています。しかし就学前までの期間だけではやはり限界があります。つまり就学した後でも「個育て」がうまくいくような保育をする必要性が生じてきます。いわゆる保護者の養育力を支える，子育て支援です。このような状況を解決するには，保育者がいくら孤軍奮闘しても成せることではありません。なぜなら子どもが育ちにくい状況は社会的な構造を背景に起きている現象だからです。こうした事態に対応するためには，地域社会に視野を広げた子育て支援をすすめるという認識をすべての保育者がもつことと，園としてこれまでとは違う価値観で子どもの育ちを見つめ，一緒に楽しい生活をする提案が重要なのです。

　職員が仲良く仕事をし，子どもたちや保護者を温かく見つめ，子どもといることを心から幸せに感じることができる。こうした園職員のチームワークから保護者もたくさんのことを学んでくれるはずです。共に学び合い，高め合う仲間集団を構築するた

子どもたちがいま喜んで見ている絵本の紹介

めに，チームワークによって園の"保育力"を向上させる。そして保護者や地域の子育て力もアップさせていく力が求められます。

チームワークによる保育とは単なる仲良し集団ではなく，いろいろな意見を言い合える仲間関係を目指さなくてはなりません。またチームが結束し一枚岩のように園の価値観が固まってしまうと，自分たちの立場を守ることが中心になり，公平な立場で子どもの気持ちや保護者の考えを受け入れることができなくなりがちです。よいチームにしていくには，まずはみんながどんな気持ちで働いているか，主任・副園長はそれをつかむためのアンケートをとってみることも考えられます。これについては第3章第1節でもふれましたが，一人ひとりのみんなに関心を寄せ，いまかかえている悩みや疑問などについて知ってほしいと思います。「私はここでやっていけるんだろうか？」と悩んでいる人，「困っていても誰も声をかけてくれないし，自分は孤独だ」と思い込んでいる人もいるかもしれません。主任・副園長はまず職員一人ひとりの悩みなどを理解し「安心感」と「支え合う気持ち」を共有し合うなど，関係の土台づくりからはじめてみてはどうでしょうか。最も重要な援助は，困ったことがあったときに声をかけ合うことです。

そんなとき，とくに先輩の苦労話や，失敗談は心に響きます。週のちょっとした時間を定め「困ったことを話し合う場」を設けてみることも一案です。主任・副園長の援助から，何かあったときは声をかけ合う状況が生まれ，誰かとつながっている，一人じゃないというつながりへと発展していきます。主任・副園長の援助をリーダーや担任同士にも広げていくことで，少しずつ前向きな気持ちの連鎖が生まれていきます。さらにチームワークをよくしていくためには，以下のことが考えられます。

① 話し合い→情報を共有する

園ではリーダー会議，乳児担当者会議，幼児会議，給食会議，ケア会議などさまざまな会議をやっています。大切なことは，そこでどんな話し合いがなされているのかをみんなに伝わるようにすることです。ときにはそれらのグループに新しいメンバーや所属の違う仲間が加わることがあってもいいですね。

② 一緒に苦労する

チームワーク保育とは，うまくできなかったこと，失敗してしまったことを職員みんなでカバーし合うことだと思います。あるクラスの失敗事例を対岸の火事として見るのではなく，その失敗から学び合うこと，個人の痛みをみんなで請け負う姿勢を副園長，主任は貫いてほしいものです。

したがって園内で起きている問題（事故，保護者の苦情など）をみんなで考えます。主任・副園長はその機会（日時や場）を設けることを忘れないでほしいです。

③ 決定の過程と結果を大切にする

議論を活発にし，みんなで決めたことは力を合わせ推進します。

④ 学び合うチームをつくる

保育のスキルを学ぶために園内研修や保育研究チームをつくり，主任・副園長が後押しし，発表の際は職員みんなに参加してもらいます。

⑤ 陰口や噂話をしない

気の合う人たちだけのグループをつくったり，若手／中堅などの壁をつくらない。

⑥ 共に活動し楽しさや苦労を分かち合う

誕生会など，職員みんなで人形劇や演奏をし，子どもたちや保護者に見てもらう。ときには呼びかけ人の意向で，演劇を見たりスポーツをしたり共有体験をし，楽しさや感動を分かち合います。みんなの心がつながっていくにはこうした体験，活動がとても有意義です。

❷ 子どもも保育者も保護者も変わる

チームワークがよいということは，「連帯感」が外にも広がっていきさまざまな価値観を共有できるようになっていきます。職員間のチームワークで，子どもたちにも多様な対応が可能になります。これによって救われるのは担任だけでなく，じつは子どもたちであることの意味が大きいです。自分たちのスキルアップにもつながります。いくつかの事例からみてみましょう。

事例1　クラスの課題をみんなで考え合う

クラスとしてまとまりがなく，乱暴な子や，人の話が聞けない子どもがたくさんいるクラスがあったとします。

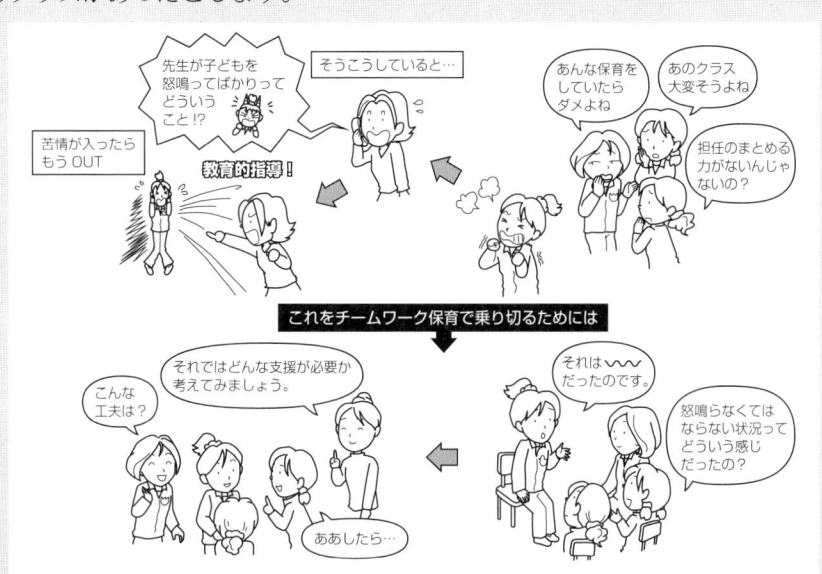

保育の問題が発生したらケアー会議を園全体でおこなうことが最も重要です。

> **事例2** 保育園は大きなファミリー "帰ってきてよかった"
>
> 　散歩からまだ帰ってこないクラスの給食の準備を，隣のクラスの保育者や給食のスタッフがでてきてはじめました。その配膳がちょうど終わったころ，おなかをすかせて疲れ切った子どもたちが帰ってきました。「お帰り！　給食すぐ食べられるわよ」。給食のスタッフからでたその一言が子どもたちの笑顔を生みました。子どもたちのなかにはきっと"帰ってきてよかった"という思いが浮かんだに違いありません。こんなときに子どもたちは園のいろいろな人が自分たちのことを思ってくれているんだという心地よさを感じとるのでしょう。

> **事例3** 職員劇
>
> 　夏祭りの行事に毎年職員みんなで15分ほどの劇を上演します。練習時間もなかなかとれず，演出も配役もすべて園の職員がやります。おそらくドタバタした劇にしかならないでしょう。でも，こんなところから，いつもと違う表情を見せる職員の姿に，子どもたちや保護者は親しみを感じてくれるのではないでしょうか。大変好評ですし，翌日からの保護者の表情も変わるような気がします。職員間でも一緒に恥ずかしい体験をするので，連帯感が深まります。
>
> 　ある年，給食担当の保育者が主役を演じたときのことです。ある女の子が大変感動し，憧れをもったのです。給食のとき，「これあの先生がつくってくれたんじゃない？」というと，嫌いなものを一生懸命食べようとしました。
>
> 　これもチームワークから生まれた効果です。

　園に一歩足を踏み入れると，その園が大事にしている空気が伝わってきます。チームワークの風かもしれません。人には得て不得手がありますが，なかにはいろいろな能力をもった人もいます。園が小さな社会だとしたら，そこで生活している人たちが子どもや保護者たちのために，みんなで助け合って仲良く仕事をする姿は周囲に予想以上にいい影響を及ぼします。お互いを支え合い，笑顔で頑張る姿を子どもや保護者たちにぜひみてもらいたいですね。そして人とつながっていく力を取り戻し，職員も元気になっていく，そんな心地よい風を起こしていきましょう。

＊　本文は島本一男「チームワーク保育で『園力』アップ」『０１２歳児の保育』（小学館，2007年４，５月号）を基に今井が書き下ろしたものです。

> **チームワーク保育で園全体の保育力アップを！**
> ① 一人ひとりに力があっても，チームとして機能しなければ園力にはつながりません。
> ・チーム力（組織力）＝「個人力」×「つながる力」（個人間のつながり）。
> ・関係の土台づくりは，「安心感」と「支え合う力」。
> ・人間関係が円満だと，互いの感情が連鎖し和やかムードになっていく。
> ② 人と異なる多様な意見を出し合える関係になっていますか？
> ・認め合う，聴く，受け止める（相手の主張を理解したいという思いで，否定せず最後まで聴く），失敗を許し合う。
> ・一人の悩み（一クラスの課題）を，その人，そのクラスの問題にとどめず，園全体，チームで考え合う。
> ・困っているのに誰も気づいてくれない，助けてくれない，そう思うと仕事への思いが揺らぎ，イライラし，やる気が失せていきます。このマイナス感情を覆すのは，あなた！ いざというときは，誰かが助けてくれる，この「あたたか感情」がチームを支える土台。
> ③ 「子どもの最善の利益」を目指し，共に学び，共に活動し達成感を共有し合う。
> ・一緒に学び，一緒に遊び，一緒に苦労し，共通体験を重ねていく過程で，連帯感が育まれていきます。この連帯感（つながる力）こそが個を支え，園力アップの原動力。

❸ 理想とするリーダー像

『倉橋惣三選集 第1巻』（フレーベル館，1960年）に幼稚園における先生のあり方について次のように書かれています。「先生の存在は，子供の後にいて極めて目立たないものでなければなりません。（中略）つまりその先生は非常に大きないっぱいの働きをなさっていながら，その在り方が子供の生活を圧するような，どぎつい存在になってこないことが大切なのであります。まず第一に，外から見て強い存在に見えないことはもちろん，第二には，そこにいる子供たちにとって，決して強い存在に感じられないことです。私としましては，ここのところが幼稚園というもののほんとうの特質を実現してくる，非常に大事な問題であると思われるのであります」（54～55ページ）。

また，『子どもを蝕む空虚な日本語』（斎藤浩，草思社，2012年，193～194ページ）のなかで次のような文章と出合い，おもわず身が引き締まるような体験をしました。

　　教師の仕事の大変なところは，子どもが自分をモデルにしている可能性があるということを，常に頭の片隅においておかなければならない点である。中には，そこまで過剰な意識は傲慢だという考え方もあろう。しかし，子どもたちの最も身近な大人が自分の親と担任教師であるという事実からすると，そのくらいの意識でちょうど良いと思う。

　　では，どのようにして子どもたちのモデルになればいいのだろうか。子どもたちの視線を意識し，モデルとしてふさわしい言動をしようというのでは本末転倒である。子どもたちが主役であるべきところ，その座を奪ってしまうことになりかねないからだ。まず，教師ありきではなく，最初に子どもありきという考え方が最も大切であろう。従って，モデルはモデルでも，一番目立たないモデルでなくてはならない。

　　具体的なモデル像を，国語学者の大村はま氏が，自身の恩師，奥村正造氏から

聞いた話として，次のように紹介している。(『新編教えるということ』，ちくま学芸文庫より引用)

「仏様がある時，道端に立っていらっしゃると，一人の男が荷物をいっぱい積んだ車を引いて通りがかった。そこはたいへんなぬかるみであった。車は，そのぬかるみにはまってしまって，男は懸命に引くけれど，車は動こうともしない。男は汗びっしょりになって苦しんでいる。いつまでたっても，どうしても車は抜けない。その時，仏様は，しばらく男の様子を見ていらしたが，ちょっと指でその車におふれになった。その瞬間，車はすっとぬかるみから抜けて，からからと男は引いていってしまった」

奥田氏は，続けてこう語ったという。

「こういうのがほんとうの一級の教師なんだ。男はみ仏の指の力にあずかったことを永遠に知らない。自分が努力して，ついに引き得たという自信と喜びとで，その車を引いていったのだ。(中略)，生徒に慕われているということは，たいへん結構なことだ。しかし，まあいいところ，二流か三流だな」

奥田氏のこうした言葉に対し，大村氏は次のように述べている。

「もし，その仏様のお力によってその車が引き抜けたことを男が知ったら，男は仏様にひざまずいて感謝したでしょう。けれども，それでは男の一人で生きていく力，生き抜く力は，何分の一かに減っただろうと思いました。仏様のお力によってそこを抜けることができたという喜びはありますけれども，それも幸福な思いではありますけれども，生涯一人で生きていく時の自信に満ちた，真の強さ，それにははるかに及ばなかっただろうと思う時，私は先生のおっしゃった意味が深く深く考えられるのです。」

ここまでの域に達したとき，子どもたちは教師から学んだという実感をともなわずとも，確かなコミュニケーションの力を身につけていくであろう。しかし，それにしても，険しい道である。

倉橋惣三氏にしても，奥田正造氏にしても，大村はま氏にしても，斎藤浩氏にしても描いている理想とする教師像は同じです。これを私は保育のリーダーに最もふさわしい理想像として考えたのですが，本当に険しい道です。私が現役時代一番至らなかった姿でもあったと痛く感じました。

2 新人保育者の指導援助

❶ 保育士1カ月の新人の悩み

先日，大学の卒業生からこんなメールが届きました。

> 担任をもって1カ月が経とうとしています。本当に難しいですね。毎日ここの園に向いてないのかと考えます。がんばっているつもりですが周りにはそうは見

> えないみたいです。きっとまだまだなんですね。保育の現場って本当に自分のやりたいことはできないんですね。やるべきことはあっても，自分で考えた活動ができたりゆっくり子どもと関わったりする時間はあると思ってました。けれど甘かったです。大学で学んだこと，全然活かせていません。悔しいです。クラスの子どもは大好きなのですが。毎日園に行くのが怖いです。この園は怒って育てる保育方針で毎日怒ってて，全然子どもと時間とれなくて，毎日わたしなにやってるんだ……って悲しくなります。今年他の園に就職した友達の園のことを知れば知るほど，おかしいなと思うことがいっぱいあります。今の園の保育には絶対染まらないように頑張りたいです。でもいつか自分もそうなってしまうのではないかって思うと怖いです。２年目の先輩先生がこの前５年目の先生に「あなたは怖くないし全然怒らないから子どもがこんなふうにまとまらないんだよ！」って怒られてました。外遊びで泥遊びをして靴を濡らしてしまった子どもが先生に怒られていました。子どもの話を聞かずに無視して決めつけて怒るし，喧嘩しちゃだめでしょ！ってキレるし……。怒るばかりでその子どもの気持ちを聞かなかったりと「受け止めること」がないんです。子どもの作品には手を加えるし，いろいろあってハテナがいっぱいです。自分に保育のセンスがあるなんて全然思ってません。こんな保育をしたくてこの職についたんじゃない！と思ってしまいます。

　就職して一カ月の間に，彼女は「子どもは怒って育てるものだ」という方針に疑問を抱くようになりました。このままでは彼女は保育の喜びも知らずに早期に退職をすることになるでしょう。それは園にとってもこの卒業生にとっても，何より子どもたちにとっても不幸なことだと思います。

❷ 保育を目指す最近の学生たち

　さて，保育を目指す最近の学生たちは，基本的に誰に対してもやさしいという印象を受けます。相手を否定しないのです。ただこれは相手を注意することによって，自分がいやな思いをしたくないということが本音のようです。さらにいえば，自分は自分，相手は相手など，他者に対する関心の薄さの表れという感じもします。また，さまざまなことを自分の視点から考え，他者がどのようにとらえているのかについて思いをはせることが苦手なタイプの子を多く見かけます。つまり自分の視点を広げることが苦手なようです。自分の将来が開かれているということを感じている学生も少ない気がします。また，将来への見通しをもって生きることが苦手なようです。つまりいま現在が楽しいことが最優先される傾向が強いようです。そうなると，未来の自分像に向けて見通しをもって努力するということも難しくなると思うのです。一言でいうと，自我の育ちの弱さ（自我形成不全）を感じています。「僕は！」「私は！」を幼少期からしっかり主張することなく育ってきたため，他者とぶつかり，他者と向き合う経験も乏しくなったと予想されます。だから，ちょっと先輩先生から何かを言われ

ても，自分の意見を主張できないのです。また逆に，先輩先生から言われても他者の視点に立つことが苦手なので，自分の思いに固執しつづけることしかできません。この卒業生の事例も，いまの若者がかかえる自我の育ちの弱さを表している事例の一つなのかもしれません。自分が就職した園に対するイメージを一旦もつと，そのことに類する情報しか入らなくなるという傾向が読みとれます。

　すると，指導する立場の主任・副園長は，最近の新人保育者にはこうした特性があるということを認識して指導を行うことが必要になってきます。ただ，そうした特性をもっているからといって，新人保育者の保育の見方や子どものとらえ方が間違っているということではありません。そうではないことが先のメールに書かれた内容から読みとることができるのです。それでは主任・副園長は，どのようなスタンスで新人保育者の成長を支えていけばよいのでしょう。

　保育には正解がないとよくいわれます。それは保育の援助・指導も無数に存在するということです。若い先生でも，経験年数が少ない人であっても，逆に経験年数が長い人であっても，その援助・指導法は同等に価値のあるものとして尊重されなければならないと思うのです。保育現場が多忙をきわめるのは，いまも昔も変わりません。どのように保育の質を高めるかは喫緊の課題といえるでしょう。そうしたなか，自分の保育を物語ること，保育を語り合うことの重要性がより一層求められています。

③ 語り合いの大切さ

　保育の語り合いの特徴として，具体的な事例が現場にはあるということがあげられます。具体的な事例が提示されることで，保育者は自分の体験した保育と照らし合わせ，振り返ることができます。語り合いを通して，新たな気づきを得ることができます。新たな気づきは，保育を見る視点を広げることにつながり，それは評価する枠組みを広げていく作業です。保育は正解がないからこそ，評価の枠組みは広ければ広いほど，さまざまな視点から保育をとらえ，保育の本質に近づけると思うのです。そのために，多くの園では，保育を語り合う場を少しでももとうと努力しています。

　話し合いが楽しくなると，日常的にあちらこちらで子どもの話題や活動の話題が飛び交ってきます。新任保育者が「先生，いま，こんなことがあったんです！」と主任・副園長を摑まえて話しかけてくれるようになったら，その園の保育の質は自ずと高まっていくことでしょう。そのために，日頃から，保育を語る喜びを保育者がもつことに尽力してほしいのです。ただ，自分の保育を表現したくなるのは，それを肯定的に受け止めてくれる対象がいることが前提になります。これは表現豊かな子どもを育てることとまったく同じことなのです。そのため主任・副園長や経験年数の多い保育者はできるかぎり新任保育者の言葉に耳を傾けてほしいと思います。そしてゆっくり保育に対する共有感を醸成していってほしいのです。

④ 主任・副園長の役割

　保育者は，保育者である前に一人の人間です。子どもとの関わりは一人ひとりの人

間対人間の関わりです。主任・副園長は，一人の人間として，子どもや保育に向き合っている新任保育者の苦悩を受け止め，それを支える重要な役割があります。あるときは自分自身の保育者としての成長過程を語ることが，相手の気持ちを揺さぶることになるでしょう。また，あるときは，主任・副園長の失敗談が新人保育者を支えることになるかもしれません。自分の弱さを伝えていくことがあってもいいのです。こうしたなかで，新任保育者からすれば，「主任・副園長は経験を積んだ先輩でありながらも，自分と同じように苦しんできた成長過程があった」ということで，同志として互いに認め合う関係が成立し，結果，新任保育者の成長が促進されていくのかもしれません。

　新任保育者の悩みはもちろん保育に関することだけではありません。職場の人間関係，保護者との関わり，家庭の事情など多様です。そのため，普段からコミュニケーションをとる必要があります。そして，"いつもの状態"を把握しておくことが大切です。いつもの状態がわかれば，何かあったときの変化に気づきやすくなります。気づいたときには，さりげなく声をかけてみたり，その人と親しい保育者に聞くなどして情報を集めることができます。

　最近，心の弱さを抱えている若者が増えているように思います。よく最近の若い子は耐性がないという表現が使われます。じつはその裏側に隠されたものは，その人のまじめさであったりやさしさであったりする場合が少なくありません。まじめでやさしいからこそ，すべて自分を責めるかたちで受け止めてしまい，それが心の病として表れることがあります。

　また，日頃から，何でも話してもらいやすい関係性を築いておくことも大切になります。そのためには，「あなたのことをいつも気にかけています」「あなたのことを職場の大切な一員として認めています」というメッセージが伝わるような言葉がけや，保育記録へのコメントの書き方を工夫してほしいものです。

　また，何かを訴えてくることがあった場合は，とにかく傾聴するという姿勢が大切になります。どんな些細なことでも，頷きながら気持ちを傾けて聞くことです。身近な同世代の保育者ではなく，あえて主任・副園長に訴えてくるのは，それなりの勇気や覚悟をして訴えてくるのです。だからこそ，言葉を遮らず，まずはその人が訴えようとしていることに向き合ってほしいと思います。

　それでは新任保育者に注意をしなければならない事項が起きたとき，どのように対応すればよいのでしょうか。一人の保育者の問題を全員の問題として考えるという方法もありますが，それによって，がんばっている保育者はさらにがんばらざるを得なくなり，とてもつらくなることも考慮しておく必要があるでしょう。個人的に呼んで注意を促すということがいいと思います。ただ，そのときの様子をしっかりつかんでおく必要があります。本当に納得したのか，それとも腑に落ちない部分があるのかなど，とらえておきましょう。「はい。わかりました」の裏に隠されたメッセージを受け止めていくことが求められるのです。また，改善が見られたときやがんばっているときは，必ず評価をすることが，見ていてもらえるという安心感を培います。

　また，注意を促すときは「みんながあなたのことをこんなふうに（悪く）言ってい

秋を感じさせる自然物を使った壁面装飾

る」というような言い方はやめましょう。それはその職員集団に対する疑心暗鬼をもたらし，結果的に職員全体の関係性を悪化させることになります。それはいつも誰かに監視されているという感覚をもたせ，のびのびと保育に取り組むことができなくなります。責任のある指導的立場にある主任・副園長の言葉で語ることが大切です。だから「私はこう思う」という伝え方が基本になります。

　また，主任・副園長は他の人からある職員に対する否定的な情報を聞いたときは，自分の目で確かめるということを怠らないようにしましょう。人がある情報に出合ったとき，その情報をどのように受け止めるかは，受け手によって異なります。立場が異なることで，否定される内容が肯定される内容に置き換えられることもあります。また，ある人の情報を他の職員から集めようとするとき，相手によって話しぶりが変わるということもあります。とくに上司から何かを尋ねられるとき，人は，上司が求めている答えにひきずられてしまいがちです。

　主任・副園長は職員間の理不尽ないじめには毅然と指導しましょう。人格をおとしめる言動や無視することなど，人としてしてはいけない行為に対して向き合うことは，管理職として最も大切な業務の一つです。いじめの訴えに対しては，互いの思いを聞く必要があります。その際，あくまで中立の立場で向き合っていくことが求められます。また，いじめる側には，自分が将来を豊かに生きる子どもを保育する立場の人間であることを十分自覚してもらう必要があります。

　また，主任・副園長はパワーハラスメントについても敏感である必要があります。主任・副園長には，さまざまな権限が与えられていますが，そのことがときとして無自覚にパワハラにつながることもあります。そういう意識をつねにもっていることでパワハラを防ぐことができます。パワハラとは「公開叱責（多数の面前での叱責），人格否定」「感情的な叱責」「無視を強要する」「その人の能力を超えた仕事の強要」「過剰なノルマ」「パワハラの訴えを聞き流す」などがそれにあたります。上司からパワハラを受けていることを周りの職員が知ることで，他の職員から無視や仲間はずれなどの対象になることもあります。指導は必要ですが，そのあり方が相手に対して必要以上の物理的，精神的な負担を強いることは許されません。

　何より乳幼児の人格形成に深く関わる保育者が，共に働く職員の一人ひとりの人格を尊重できないこと自体に問題があります。そうしたことが起こること自体，とても恥ずべきことであると認識しておく必要があるでしょう。

3 園長,副園長,主任,保育者それぞれの立場を尊重しつながり合う

❶ 園長と副園長の立場

　園のカラーを決めているのは園長です。そして決めた園のカラーをつくりだすのは,職員一人ひとりです。その色や色の出し方の違いに気づける目が,主任・副園長に必要なのではないでしょうか。そのためには日頃から園長のよきパートナーとして共感したり,理解を深めておくことが大切です。

　園長はじつはとても孤独だと思います。園の経営や保育方針など,園の核となる部分は園長が決定しなければなりません。また,何か問題が起きたとき,最後に責任を負うのはやはり園長です。どんなときも,園のこと,子どもたちのこと,職員のことを考えているのが園長です。そんな園長の思いや気持ちを副園長は間近で聞き,話し合いながら同じビジョンを見据えていく。それが,園内の心地よい環境をつくりだす一番の秘訣かもしれません。そして,園長と共に語り合える関係は自分自身の仕事に対するやりがいにもつながります。園長に対して尊敬の気持ちを忘れずに,園長の思い描く園のカラーを職員と共につくりだしていきたいものです。

　さて,副園長にとって両親のどちらかが園長という関係は多々あるのではないでしょうか。私は母親が園長をしており,勤めはじめた頃は,園の保育内容や保育環境をここまでつくりあげてきた母親に尊敬の気持ちでいっぱいになりました。

　しかし,3年目以降から自分のやりたい保育と理想とする子どもの姿を思い描くようになり,園長との意見の食い違いが生じるようになりました。園長が今まで築きあげてきた園の特色はもちろん自慢ですし,誇りに思っていました。しかし,これから自分が担っていくのだと思うと,これでよいのか,このままでよいのか非常に悩みました。

　そんなときにこの迷いを消し去ってくれる方法が,園長とこれからの夢を語ることでした。園長にももちろん,夢があります。自分にも,保育園がどのような地域の子育て支援施設として機能していきたいか,そして,これから,どのような子どもを育てていきたいか理想があります。

　園長も自分も同じだけの熱い思いがあり,将来の夢を語り合うことで今の意見の食い違いは些細なことのように思えました。

❷ 園長,主任,保育者の立場

　園長と主任保育士の役割と立場について考えてみると,基本的に主任は園長の経営理念を実現するために,その内容をかみ砕きながら,実現可能なように,実行部隊が取り組みやすいように,環境や組織を整えたり,手立てに関する相談にのったり,進捗状況を確認したりする役割があります。また,その経緯で出てくるさまざまな課題を園長に報告し,現場との調整役をする役割があります。

　当然,園長も主任保育士もお互いにそれまでの保育歴や育ちに違いがありますから,

思いがすべて一致することは難しいかもしれません。それでは主任保育士として，どのようなスタンスをとり，どのような配慮が必要なのでしょうか。

　園長は園運営に全責任をもち，対外的な業務に追われる立場です。そのため主任保育士は，園長の指導のもと，保育内容に深く関わり，保育そのものを俯瞰して観る役割を果たせる唯一の存在といってよいでしょう。俯瞰して観る視点が広ければ，保育を語る視点は自ずと増えるのです。職員と同じレベルで共感的に保育事象を理解することに加え，職員とは異なる見方をさりげなくできる力を磨いていくことも，主任保育士にとっては大切になってきます。

　園長も主任保育士も，それぞれの育ってきた過程も職歴も異なっています。すると，同じ景色を見ても感じ方が異なるのは当然です。それは受け止める器が異なっているからです。そのため大まかなところで思いは一致していても，細かな部分ではズレているということはよくあります。その際，そうしたズレは当たり前と思えるかどうかが必要になってきます。ズレることが当たり前と思うことができれば，人は相手に対して寛容になります。相手に寛容であるという雰囲気が伝われば，相手も自分を受け止めてもらいやすくなります。よく，「あなたがこういうのもよくわかる」と言ってから自分の意見を述べる人がいます。これはとても大切な台詞だと思います。これは相手の考えに敬意を表す言葉です。相手への敬意が伝われば闘う関係にはなりません。

　また，ときには意見を闘わせることも重要です。対等の立場で語り合う場を設けることも必要です。そこには相手への敬意が土台にないといけません。また闘わせることで，論点がはっきりし，目指す方向を理解するきっかけにもなります。

　ただ，職員に園長と主任保育士のぎくしゃくした関係を見せないということは鉄則です。職員が判断を仰ぎにいく対象が二通りあると感じはじめると，職員は二人の上司の顔色をうかがうようになります。指揮系統を一本化し，園長と主任保育士の意見が一致していることが望まれます。ただ，ちょっとした意見の違いをあえて示すことで，職員一人ひとりが判断する機会をもたせることも重要になってきます。指示されたことを迅速・的確におこなう力はもちろん必要ですが，自分で考え判断し自己決定する機会を繰り返しもつことで，主体的に考える職員集団をつくることができます。

　人が何かの結論を出すまでには思考のプロセスが存在します。そのプロセスを紐解いていくと，その結論にいたるまでの必然性がみえてくることがあります。園長と主任保育士の意見が異なる場合は，それぞれの結論を導き出すまでの経緯をそれぞれがていねいにとらえ，互いに説明する機会をもちましょう。その経緯を話すことで，じつは，目指している方向は同じだったということがみえてくることもあります。

春を告げるふきのとうを飾った保育室の一角

園長と主任保育士はある意味，夫婦のような関係が望ましいのかもしれません。互いに自分にないものをもち合わせ，互いに補い合うことができる関係の夫婦です。子育てのなかでよく一貫性のあるしつけをということがいわれます。しかし，夫婦が二人とも同じように厳しく子どもに関わっていたとすると，子どもにとってはつらい状況がでてくることが予想されます。子どもが育つためにはちょっとした抜け道も必要なのです。これは職場でも同様です。父親役の人がいたり母親役の人がいたり，あるいは，祖父母役やお姉さん役の人がいたりと，さまざまな役割を演じる人がいた方が職場としては健全なのではないでしょうか。だから，園長・主任保育士は互いに自分自身の職員への関わり方の特性をよくとらえ，相手とは異なる質の関わり方をする存在として自分を位置づけてほしいと思います。

4　保育士，他の職員の相談支援

　職員集団のなかで，主任・副園長の役割は，目に見えるものではありませんが，保育所を円滑に運営していくうえで，各クラスや職種ごとの調整をはかり，連携を密にする点で欠かすことができません。まさに潤滑油のような役割を果たしています。
　また，多種多様な職員が集まる保育園のなかで，主任・副園長は公私にわたる相談支援の役割を担っています。ここでは，保育士・他の職員の相談支援の実際について考えていきましょう。

❶　多職種の協力・協働

　保育所には，たくさんの職種の職員がいます。保育士の他は，看護師，調理員，用務員，園医，英語や体育，音楽等の講師等々多くの立場の職員がいます。また，働き方も非常勤，臨時，委託契約等々さまざまです。こうした多種多様な立場の職員集団を調整していくことも主任・副園長の重要な役割です。

> **事例**　0歳児の離乳食をよりおいしくするには
>
> 　新設園のZ保育園の副園長に着任したS保育士は，0歳児クラスのX保育士から次のような相談を受けました。いまの0歳児クラスには，産休明け（8週経過）児からお誕生日を過ぎて離乳食を卒業した月齢児までいるため，食事のタイミングが合わず眠くなってしまう子どももいて，どうしたらよいかという相談でした。0歳児クラスの担任は，5年目のX保育士の他，2年目と1年目の保育士で構成され，担任たちにとってS副園長が頼みの綱でした。
> 　まず，S副園長は園長にお願いして，1日0歳児クラスの保育に実際に入って，食事の様子を見ることにしました。9時半の間食にはじまり，10時の離乳食とミルク，11時の乳児食，14時の離乳食とミルク，15時の間食という具合に1日5回

も食事があり，その間当然，遊びや睡眠，着替え，おむつ交換等もあり，実際保育士が右往左往している感じでした。S副園長がたとえ手伝いに入ったとしても何を手伝ってよいのかわからないことも気になりました。

　そこで，0歳児クラスの打ち合わせにS副園長も入り，0歳児クラスの保育士が子どもたちに「おいしいね」と盛んに声をかけ「子どもたちが食事は楽しい」と実感できるように配慮していることをまず，認めました。次に，S副園長は担当制について提案しました。理由として，いまは新設園ということで担任保育士同士の多少の遠慮もあり，リーダー，サブ，雑用という大まかな役割で1週間を回しているけれども，0歳児は集団生活がはじめてであり，当然，はじめて保育園に子どもを預ける保護者も多く，まずはクラス担任と子ども・保護者の信頼関係を築くことが何より大切だと伝えました。そしてそのことをふまえ，当面は月齢を中心に，乳児食のグループ，離乳食のグループに分け，乳児食の担当は一人，離乳食の担当は二人として，副園長が雑用など必要なところに手伝いに入ることを提案しました。担当制に抵抗があるかもしれないけれども，離乳食の子どもが乳児食の月齢になれば，乳児食の担当を二人にするという前提ではじめたらどうかと説明しました。

　そのうえで，S副園長は声をかけ合うことの大切さも付け加えました。担当制ではややもすれば自分が担当した子どものことしか目に入らなくなってしまうので，たとえばおむつ交換のときは，自分の担当の子どもだけではなく，担当以外の子どものおむつも一緒に交換するなどの配慮をすることが大切で，そうすることによって，保育者が一斉に動くことを避けることができると考えました。保育者一人は子どもの傍らで動かず様子を見ることができます。動く大人（保育者）が減ることで子どもが落ち着いてくるようになるので，気をつけましょうとアドバイスしました。

　X保育士をはじめ0歳児クラスの担任保育士は，早く子どもたちが落ち着いた生活ができるようにという思いで，S副園長の提案を実践することにしました。

　また，打ち合わせ時間の後半には，調理員さんにも入ってもらい，子ども一人ひとりの食事の様子を説明し，とりわけ家庭の事情で登園するとすぐに眠くなってしまうFちゃんの離乳食は，11時の乳児食と一緒に出すことができるか相談し，調理員さんに調整してもらうことができました。調理員さんからは，「眠くなってしまう子どもがいたらすぐに連絡してください。あとから出すこともできますよ」と言ってもらい，担任保育士たちはほっとしていました。

　S副園長は，「Cちゃんは離乳食だけれども，空腹のあまり噛まずに丸呑みしてしまうところがあるので，先にミルクを飲んで少しお腹がいっぱいになってから離乳食を食べるとよいのではないかしら」という具体的なアドバイスもしました。調理員さんからも「離乳食とは別に口を動かす練習用にパンの耳を用意しましょう」と提案をもらいました。パンの耳は子どもたちが手に持って食べるいい経験にもなりそうです。S副園長も担任保育士たちも，0歳児クラスの話し合いに調理員さんに参加してもらってよかったと思いました。

このように，X保育士からの些細な相談を主任・副園長としてていねいに取りあげることが大切です。クラスのなかでの困っていることの背景には，保育上の課題が隠れていることも多いからです。S副園長のように，「担当制」など，保育の体制や保育方法など抜本的な課題解決をアドバイスすることで，クラスの担任集団のなかでは解決できないことが，整理されてみえてきます。とりわけ，若い保育士には，主任・副園長としての幅広い経験や知識を活かして，具体的な方法を示すことが大切です。その際，一生懸命に取り組んでいるクラス担任の保育士の努力も認めるようにしましょう。自分がクラス担任のときにできなかったことを若い保育士が実践していれば，「頑張っているね」「その点はすばらしいと思う」とできるだけ評価するようにしてください。そのうえで，気になった点を整理して，きちんと理由を説明して，助言していきましょう。できれば，いくつかの方法を提示してクラス担任で話し合って選択できると，なお一層よいと思います。

　また，せっかく多くの職種の職員がいるのですから，職員会議の他にクラス打ち合わせや乳児クラス打ち合わせ，幼児クラス打ち合わせに参加してもらい，情報交換をすることも大切です。保育士が「このようにしてほしいのだけれども……」「この時間を変更してもらいたいのだけれども……」と思っていても，調理員や用務員，看護師には伝わらなかったりわからなかったりすることが多いと思います。まずは，コミュニケーションが必要です。主任・副園長は，こうした情報交換の場面を設定しましょう。会議や打ち合わせですべてを共有することは難しいかもしれませんが，たとえば30分と区切って一緒に話し合う時間を調整してください。保育士だけでは考えが及ばない，違った視点でのアドバイスや意見等，貴重な情報交換ができると思います。

　ときには，立場の違いから，意見が対立することもあるでしょう。しかし，それもすべて子どもの幸せを願ってのことです。話し合いを続ければ，どこかで必ず折り合いがつくはずです。主任・副園長は意識的にお互いの立場や状況を理解し，間に立つことにより相互理解がはかれるように心がけましょう。

❷ 保育者のメンタルヘルス

　近年は，ストレス社会ということで，仕事や家庭のことがきっかけでうつ病や適応障害などの心の病気になる保育者も少なくありません。当然，主任・副園長はこうした相談を受けることもあります。そこで，ここでは，保育者のメンタルヘルスについて考えてみましょう。

> **事例** 心の病気をのりこえて
>
> 　主任保育士のQ保育士は，2歳児クラスのT保育士から同じクラスのY保育士について，次のような相談を受けました。「最近，Y先生の様子がおかしいので気になっています。保育中もぼーっとしていることが多くて，そのうえ，子どもの着替えを間違えて渡してしまったり，アレルギー食を他の子どもの前に配膳しようとし

たり，保護者への連絡ミスも多くて……」。Q主任保育士もY保育士の最近の様子が気になっていました。以前は毎朝元気よくあいさつしていたのに，最近ではあいさつもそこそこに園長や主任を避けるようにロッカー室に行ってしまいます。

　Q主任保育士は早速園長にY保育士の様子について報告しました。園長は「私もY保育士のことが気にはなっていたの。以前は，日誌もよく子どものことを観察して書いてあったのだけれども，最近は，記録はしてあるのだけれどもちょっとおざなりな気がして……。わかったわ。今度，ゆっくり話を聞いてみましょう。Y先生の次の延長当番はいつかしら。そのときにちょっと時間をください」。「園長先生ありがとうございます。Y先生の延長当番のときは，クラスに私が入るようにしますので，ゆっくりお話しください」とQ主任保育士はひとまず，園長にお任せしました。

　Y保育士は，園長との面談の後，休暇をとりました。園長は「主任だけには……」と話をしてくれました。Y保育士は，家庭のことがきっかけで仕事にもミスがつづき，自信がもてなくなり，家でも眠れない日がつづいたということです。面談のときに園長が診療所を紹介してすぐに診察を受け，しばらく仕事を休んだ方がよいという医師の診断で，保育園をお休みすることになりました。

　Y保育士の病気休暇中は，Q主任保育士がY保育士に代わって，クラスを担任し，児童票などの記録も担当するなど，T保育士のフォローにまわることにしました。4月に決めた行事や園内環境プロジェクトチームの担当も代理として担当し，Y保育士が戻ってきたら代われるようにしました。Q主任保育士の仕事については，いくつか園長が代わってくれました。

　また，Q主任保育士は，メンタルヘルスについても知る必要があると考えました。厚生労働省のホームページなどにも「心の病気は身近なテーマであるけれども理解はまだ十分ではない」とあり，これを機会にみんなでメンタルヘルスについて理解することが必要であると感じました。

　3カ月後，Y保育士は元気になって保育園に戻ってきました。園長とQ主任保育士は，Y保育士が無理をしないように，1カ月は半日勤務とし，行事と園内環境プロジェクトチームの担当については，引き続きQ主任保育士が担当することとしました。

　Y保育士は，復帰してからも定期的に受診をしていましたが，仕事が忙しくなると疲れた様子を見せました。すぐさま園長と相談して，Y保育士に受診を勧め，休ませるようにしました。しかし，長期休暇にはならず，10日間程度休むと復帰できるようになりました。Q主任保育士は，引き続き園長と相談して，Y保育士を見守り，安定して生活や仕事ができるように支援していく必要があると感じました。

　最近，心の病をかかえていたり，ストレスをかかえていたりする職員は少なくありません。心の病気は誰でもかかりうる病気です。主任・副園長は，保育者をはじめ職員のメンタルヘルスに関心をもつようにしましょう。SOSを発信している職員がい

たら，すぐさま園長に報告して受診を勧めてもらいましょう。生半可な知識によるアドバイスを避け，できるだけ早く本人が医師など専門家に相談することが大切です。

　心の病気は回復しうる病気ではありますが，一定の期間，仕事を離れる必要がある場合が多いので，その際の仕事の割り振りや担任のフォローなどについては，主任・副園長が率先して取り組みましょう。とはいえすべて主任・副園長が補うことはできないので，園長にも相談をして園全体で考えるようにしましょう。何よりも保育園全体でメンタルヘルスに関心をもち，心の病気を正しく理解することが大切です。

　また，心の病気の予防には，ストレスと上手に付き合うことも必要です。主任・副園長は，ストレスをためない生活や物事の考え方についても積極的にメンタルヘルスの研修を受けて，職員と共有するようにしましょう。園長と相談して定期的に職員がストレスチェック（厚生労働省ホームページ等参照）をおこない，自分のストレスサインを知るなど，心の健康に関心をもつように働きかけることも大事な役割です。とりわけ，ストレスの多い主任・副園長は自ら率先して，自分のストレスサインを知り，セルフケアを心がけましょう。

第5章 保護者との連携と地域・他機関との協同をはかる

1 日頃からのコミュニケーションの積み重ねが大切

❶ 保護者との行き違い

1 子どものことより親の立場を優先し訴える

　いま，多くの保育者がかかえている悩み，それは「保護者との連携，共同，協同によって信頼関係を築く難しさ」ではないでしょうか。ちなみに共同は，「同等に関わる，一緒に事をおこなう」ということなので，まさに保育は保護者との共同といえましょう。そして協同は「力，心を合わせて事に当たる」という意味合いなので，保育は保護者との協同でなければ成り立ちません。

　私が「家庭との連携と子育て支援」をテーマにした研修の講師をさせていただくと，保育者からの質問，相談や悩みが噴きだします。「"暑くて汗をかいても絶対に服を脱がさないでください"と言われます」「昨日は熱が38度5分あったのに薬を飲んで下がったからと，翌日もう登園してきます。そんなとき保護者からは，決まって"私は仕事を休めないんです"と言われてしまいます」「"夕方迎えに行くと，子どもたちがよくけんかをしているのを見ますが，うちの子には絶対けんかなんてさせないでください"と言われます。"けんかは決して悪いことではない"と話すのですが，わかってもらえません」。

　「この頃の保護者の要望は自分勝手で，子どもの立場など少しも考えていないので困ってしまいます」と訴える中堅保育者。「連絡帳を好意的に書いていても誤解され……思うように書けなくなってしまいました」「保護者が迎えに来たらあのこと，このことを伝えようと思っているのですが，いざ保護者と向き合うと頭が真っ白になってしまい，うまく話せません」と述べる新人保育者。「熱を出し，早く迎えに来てくれた親子に"お大事に"と言ったら"子どもを大事にしない親なんているわけないでしょ"と怒られてしまいました。気持ちが通じ合えなくなっています」「噛みつきが広がってしまい，親同士のトラブルになってしまいました。噛みつきをしてしまう子どもの保護者にそのことを伝えた方がいいのでしょうか？　主任は"園で起きたことなので園の責任です。保護者には言う必要ありません"と言われますが，噛みつかれた子どもの保護者からは"うちの子はいつも誰に噛みつかれるんですか？　その子の親は，友だちに噛みついていることを知っているんでしょうか"と言われてしまいま

す」。噛みつきによる保護者同士のトラブルは全国的に広がっています。

　副園長からの悩みもありました。「3歳児クラス男児の保護者のことですが……。お迎えに来て子どもの顔も見ずに長いこと携帯のメールを打っているので，私が"お子さんが待っていますよ。早くお子さんのところに行ってあげてください"と言うと"園の迷惑になるようなことはしていません！"と言われたので"○○ちゃんの気持ちをわかってほしいんです"と話したら，その後トイレに入って10分以上出てこないんです。次の日からもお迎えに来るとまずトイレに入ってなかなか出てきてくれません。私の言い方がまずかったのでしょうか？」。この話には後があります。3歳の男の子は保育者によくこんな話をしているそうです。「おうちに帰ってもお母さん，メールばっかりやってる。ごはんのときもやってる」ということだったので，保育者が「赤ちゃん（0歳の弟がいる）のごはんは誰が食べさせてやるの？」と聞くと「ぼくが食べさせてやる……」。その子は以前に比べると表情がなくなってきたため，副園長も保育者も心配していたそうです。また別の副園長からは「2歳と5歳の兄弟が園に通ってきていますが，父親がゲームに夢中で，帰宅するとテレビゲームにかじりついて寝るまでやっているのだそうです。子どもたちは父親の傍でいつもそのテレビゲームを見ています。だから2歳の子どもはその影響だと思いますが，まだ言葉らしい言葉も出てきません。年長のお兄ちゃんはいつもそのゲームの話ばかりで，友だちとの会話がなり立たないのだそうです。それも『△△△……』と独り言のようにゲームのことばかり語っているのですが，誰にもわかりません。母親は"お父さんに話しても，家に帰ったときぐらい好きなことさせてくれと言うばかりなの。子どもたちに見るなと言っても，私はやらなければならないことがいっぱいあって，子どもと関わってあげられないから……"子どもたちの言葉の遅れについては，専門機関に相談に行ってくださいとお願いしているのですが，なかなか行ってくれません。園としてどこまで家庭の問題に踏み込んでいいものか……」という深刻な悩みもありました。

　保護者との関係が「ぎくしゃくしている」と言う悩みは増えるばかりです。「決して黙って保護者の話を聞いているだけではありません。こちらの考えを話しても保護者になかなか理解してもらえないという焦りがあります」。それでなくても「日々忙しくて保護者とじっくり向き合って話せる時間がありません。それができるのは個人面談ぐらいです」と訴えられる保育者の悩みは痛いほどよく伝わってきます。

　さてこうした保護者とのコミュニケーションの課題を主任・副園長は園でいかにすすめていけばいいのでしょうか。これは主任・副園長だけに委ねられるような問題ではありません。第4章第1節に述べた園全体のチームワーク保育で取り組んでいかなければならないことだと思います。

2　なぜぎくしゃくした関係が起きるのか

　家庭が家庭としての機能を果たせなくなってきたことは，日本の重大な社会問題です。親が親として育つ機会や環境が与えられていないからです。最も憂えることは育児が伝承されなくなってしまったことです。親子の愛着関係が育まれるために最も重

要なことは，赤ちゃんが泣いたときのケアです。なぜ泣いたのかをわかってあげて適切な世話をしてあげること，これが愛着形成の6〜7割を決定するといわれるほど育児に欠かせない大切なことです。しかし，赤ちゃんが泣くと，母親は泣いている赤ちゃんを横にインターネットで情報集めをしたり，スマホを見せて泣きやませているのが現状です。そばに育児の先輩がいてくれたら「赤ちゃんが泣くのは何か訴えたいことがあるからなのよ，だから"なぜ泣くの？"って抱いて赤ちゃんの顔を見て聞いてあげて……」とあやし方を教えてくれることでしょう。

　私は二十数年前から子育て支援センターなどでお母さんたちの悩みや相談を受けてきましたが，いまの若い母親のなかには「あやす」ということばも「あやし方」も知らない人が大勢います。第一子を出産するまでに赤ちゃんの世話をしたことのない人が6割以上です。その母親たちのことを笑ったり責めたりすることはできません。お母さんたちは育児のことがわからないだけに必死です。何もわかっていない自分に焦りを感じ，自分を責め，自己嫌悪に陥ってしまったら，育児放棄になりかねません。

　日本のこれまでの育児文化の伝承を取り戻していくにはどうしたらいいのでしょうか。これこそ社会問題として取り組んでいかなければならない重大事だと思います。「少子化対策＝将来の労働力（納税者）を増やすこと」ではありません。子どもの存在自体が私たち大人にとってかけがえのない貴重な存在だということ，それを一番実感しているのが（かつての）母親であり，保育者なのではないでしょうか。思うようにならないのが子育て，その子育ての煩わしさを超えて，子育ての喜びをつかみとっていく過程を保護者と共に歩んでいくこと，それが子育て支援だと思っています。

　育児を伝えていくのは人類の最も大切な業であり，命をつないでいく生き物としての知恵ではなかったでしょうか。それがいま，途絶えてしまっているのです。私たち大人が次世代育成を真剣に考えていかなければ，日本の子どもたちはどうなってしまうでしょうか。

　さらに今日の親は，長時間労働を強いられています。子どもが乳幼児の間だけでも親の労働時間をおさえ，家庭や地域に向き合えるように考えられないものでしょうか。両親が家にいられる時間，子どもと共に在る時間を毎日数時間増やすだけのことです。子どもと共に在るから親になっていくのです。子どもの成長が人生のなかでも最も著しいといわれる乳幼児期，最初の6年間です。その大事なときの「子育て」が仕事優先で，後回しになってしまってはいけないと思います。

　福田誠治先生（都留文科大学）がフィンランドの教育について，「フィンランドでは16歳の中学3年生まで，他人と比べるようなテストはありません。テストのために勉強するのではないのです。（中略）親は子どもと一緒に過ごし，その人生を楽しみます。子どもたちが小さいのはほんの少しの間のこと。だからこそ，皆で一緒の食事や，何もないけど家で一緒に過ごす週末は，とても大事にしています。（中略）フィンランドの教師の帰宅時刻は平均午後3時半，もちろん一般の労働者も，週37時間労働，午前8時〜午後4時までの勤務で，午後5時前には帰宅し，家庭の時間をたっぷりとります。子育てしながら，大人が生活を楽しめるのです」と述べていました（『母のひろ

ば』532号，童心社，2008年」)。日本の共働き家庭からみるとなんと夢みたいな話でしょうか。

　日本で保護者を「利用者」と呼ぶようになったのは1998年頃です。その頃から保育はお金を払って受けるサービスと同じようにとらえられるようになり，「お金を払っているんだから」という感覚で一部の親は子どもたちを園に預けるようになってきたのではないでしょうか。忙しいという文字は「心を亡ぼす」と書きますが，その文字のごとく，親の忙しさは，子どもの心のなかにまで目を向けるゆとりをなくしています。「私はこんなに忙しく大変なのに」という意識が強くなると，子どもの立場や保育者の立場に思いを寄せることが弱くなり，他者への共感性が乏しくなってしまう傾向があります。そうすると子育ての困難や悩みを，自分で考えようとする力が弱くなり，園任せにしたり，人のせいにしたり，依存状態や苦情が多くなります。苦情や不満は保護者のねがいが屈折し表現されているのかもしれません。保育者は苦情や不満の裏側に隠れた保護者のほんとうのねがいを読みとっていくことが求められているのではないでしょうか。保護者とのつながりができてきたなと感じると，確かに苦情は減っていくような気がします。

❷ 朝，夕の登降園時が重要なカギ——主任・副園長としておさえておいてほしいこと

1　担任以外の子どもでも名前を呼んで受け入れましょう

　園の1日は朝の登園時からスタートします。必ずしもクラス担任が受け入れるわけではありませんが，保育者から「○○ちゃん，おはよう。寒かったでしょう」などと子どもの名前を呼んでもらえると，保護者は何よりもうれしいといわれます。「この園の先生方は，自分の組の子どもだけでなく園のどの子も知っている」と感じとってくれます。また病気などの理由で休んだ後，登園した子どもには「○○ちゃん，元気になってよかったね」という一言を。そして保護者にも「回復が早くてほんとうによかったですね」などと声をかけましょう。園児の誰がどんな理由で欠席していたか，（職員だけが見られる）小さな掲示板にその記述があるだけで，休んでいた子を温か

登園時「少し咳が出ます」
「しっかり様子をみておきますね」

降園時「神社まで歩いていけましたよ」
「わぁ！　すごーい。がんばったね」

く受け入れることができます。

2 視診は園の大事な業務

　視診は子どもの健康状態を観察したり，伝染病の感染を防ぐためにおこないます。登園してきた子どもの手を握ったり，ハイタッチをしたり，小さい子にはおでことおでこをくっつけるなどして熱の有無を把握する身体的ストロークをします。プールの時期などは流行性結膜炎や皮膚炎にかかっていないか，念入りに視診をします。保護者には，「何か変わったことはありませんか」と手短に連絡をとります。朝の視診でしっかり受け入れをしておくと，クラスにもどってから体調が悪いことに気づき，すぐお迎えをお願いするといった事態は避けられます。いち早く感染を防ぐことにもつながります。視診簿を作成し，必要事項をもれなく記述しておくと，後でクラスに回覧し連絡すべき事項（体調，薬のことなども）を徹底，確認できます。ところが早朝保育の子どもが多い園では，職員の配置が十分でないため，受け入れをするだけで精一杯で大切な視診がおこなわれていないのが現状です。とても残念なことです。それにもまして，視診をするということが園の職員に伝わっていないところもあるようです。受け入れ時の視診は，園の大事な業務であることを徹底させてほしいものです。

「先生おはようございます」
「○○ちゃんの手，今日もあたたかいね」

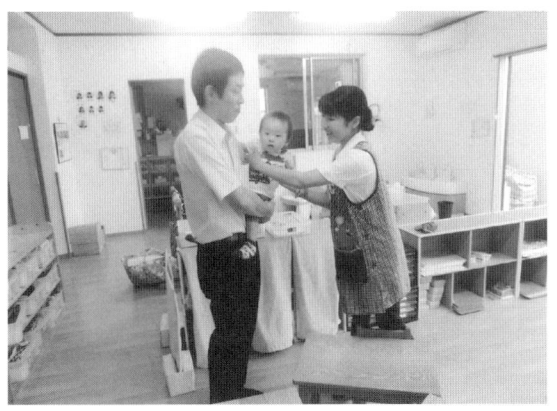

「お父さん，今日も一日おあずかりしますね～」
「はい，よろしくお願いします」

3 登園の喜びが増すひと工夫──誕生日にバッチをつけて登園する

　名古屋市の植田ケ丘保育園では，誕生日を迎える子が，その日に大きなバッチをつけて登園することになっています（園でつくった誕生日用のバッチを，前日保護者に渡し，当日つけて登園してもらうようにしてきました）。きっかけは，園の誕生会に対する保護者の意識が低かったことから，その理由を分析したところ，保護者は誕生会よりも，わが子が生まれた誕生日の方が重要な日であると考えていることがわかりました。それからは生まれたその日こそ「保護者とともに子どもの成長の喜び」を感じてもらえる大切な日として考えたそうです。

　年度はじめに，バッチをつけて登園することは全保護者と子どもたちに知らせてお

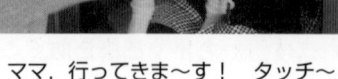

ママ，行ってきま〜す！　タッチ〜　　　　　　　ニコニコで保育園に来れたね。さあ，おいで

きます。そしてバッチをつけて登園してきた子にはみんなが「おめでとう」の声をかけ祝福してあげるようお願いします。登園するとバッチを見て，知らない保護者からも声をかけてもらいます。保護者同士で「おめでとうございます。何組さんですか？」などと声をかけ合うようにもなりました。その日は1日，子どもたちがバッチをつけたお友だちに，「おめでとう，何歳になったの？」「名前は？」と集まってきます。

　それをきっかけに園内のコミュニケーションがそれは親しみ深くなってきたという報告を聞きました。子育て支援の真髄は，「生れてきた子どもの命を尊び，成長の喜びを保護者と共感し合うこと」につきます。とてもいい実践が生まれたことに感動し，私も園長になってから園の職員に賛同してもらい実践してみました。そこに人と人の輪ができていく喜び，その豊かさを実感できました。

③　降園時は心の通い合いを豊かに

１　「ただいま」「おかえりなさい」のあいさつを

　「1日の仕事が終わり迎えに行くと"おかえりなさい，お仕事お疲れさまでした"という保育者の気持ちのこもった一言に，仕事の疲れを忘れます」と保護者がうれしそうに話してくれます。日々のあいさつはほんとうに大事です。だからそのあいさつを，お迎えを心待ちにしている子どもたちともしっかりしてほしいと願わずにはいられません。

　私が保育者だった頃は，保護者がお迎えに来ると子どものところに真っ先に駆けつけ，「ただいま」「おかえりなさい」と抱き合って再会を喜び合う姿がつねでした。いい姿でした。ところがいつの頃からでしょうか。お迎えに来ても子どものところにすぐ行ってあげずに連絡帳に目を通し，帰りの支度をすっかりすませてから「もう帰るよ。早くしなさい」というそっ気ない再会の仕方になってきているようす。なかには帰りの支度を済ませ，子どものところには行かず「まだ片づけてないの，お母さん先に帰っちゃうからね」と，離れたところから声をかける姿を見ます。子どもは半べそをかきながら慌てて追いかけていきます。毎日の別れと再会も，愛着関係を築くのにとても大切な機会です。

そこで私は園長になったとき，懇談会などで保護者に「お迎えに来たら真っ先にお子さんのところに行ってあげてください。子どもたちはみな，夕方になるとお迎えを心待ちにしています。だから"お迎えに来たよ，会いたかったよ"という一言をかけ，手を握るとか肩をそっとたたくなどのスキンシップをしてあげてほしいのです」とお願いしてきました。最初保護者は「そんなの照れくさい」などとおっしゃっていましたが，子どものうれしそうな顔を見て少しずつ再会を楽しみにしてくださる方が増えてきました。

2　忘れてはならない連絡事項

園でその日にできてしまった傷のこと，それに体調の変化などは必ず伝えなければなりません。とくに傷や怪我はいつ，どこで，どのようにして起きたのか，その際どんな処置をしたのか，医者に連れて行く場合などは事前に保護者にその連絡をとりますが，その後のことも報告しなければなりません。何らかの事情で担任が伝えられない場合は，主任・副園長が話します。体調の変化についてはどんなことでも気づいたことを伝えるようにします。午睡がいつになく短く体調が悪かった子が，夜やはり発熱があった場合，園での様子がわかっていれば保護者も慌てずに済むこともあります。

3　保育を伝え，つながり合う

園によっては子どもたちの生活ぶりをデジカメで撮り，その日のうちに壁新聞にして貼っておき，今日の保育を親子で振り返って見ていってもらう試みがなされています。「お天気がよかったから，お散歩に行ったのね」「そうだよ，どんぐりたくさんとってきたよ」などと親子の会話がはずみます。

またある園では，玄関のフロアーに大きなテレビが設置されていて，その前に椅子が並んでいます。お迎えに来たら親子でそこに座って，その日に展開された保育の一コマを見てもらうようにしています。誕生会の様子，運動会に向けての子どもたちの頑張り，ときにはけんかの場面も見てもらいます。その場で保育の様子を語るのは主に年長さん。語りの係を交代で務めます。主任・副園長がそこにいてフォローします。保育をビデオ撮りするのは主に主任・副園長だからです。親子でその日の保育の様子を見ることで，帰宅してからの会話も活発になります。子どもたちがどんな思いで園生活を送っているのか，生活を共有するような楽しみがあるようです。伝わる心こそがつながる心になります。なるべくどのクラスの様子も見てもらえるよう順番に撮っていきますが，どの子もみんなが写るように配慮することが難しいと話していました。

またある園では，2階の廊下が広いので，その一角を「ぽかぽか広場」と呼び，そこでお迎えに来てもらったとき親子で絵本を楽しんでもらったり，各クラスでつくっているアルバムを見たりできるコーナーを設けました。ちょっとした時間，親子でほっと向き合える場としてとても喜ばれているそうです。

親子の日々の再開に心が通い合えるように，子どもたちの園生活の様子を見てもらい，そこから保育の様子を感じとってもらえるようにといろいろな実践が展開されて

います。そのような各園の努力から，保護者との信頼関係が確かに育っていくことを多くの園から学んできました。日々の生活の積み重ねのなかでこそ育っていくことも再確認できました。

2 保護者行事で連帯の喜びを

❶ 保護者の保育参加をはかる

［1］ 保育はサービスか

　2008年4月にはじめて告示化された保育所保育指針の第6章には保護者に対する支援が大きく取りあげられています。そこには保育園における保護者に対する支援には，大きく次の2つがあると示されています。その一つは，「入所している子どもの保護者に対する支援」です。そしてもう一つは，保育園を利用していない子育て家庭も含めた「地域における子育て支援」です（これは認定こども園でも同じことが求められています）。

　前者に関しては，保育園の本来業務として，その中心的な役割を果たしていると考える人が多いと思いますが，はたして本当にそうなっているでしょうか。

　保育がサービスといわれてから，保護者への対応については随分気を使うようになってきました。そのなかには園行事への参加についても，働く保護者への配慮として極力負担をかけないよう指導もありました。そこで，行事をとりやめたり，雨天でも実施できるようなプログラムにしたり，親子の活動を控えたり，保護者の手伝いをあきらめたり，園のスタッフだけで行事をすすめることが重要だと考えるようになっていきました。

　しかし，保護者へのサービスと子どものねがいが必ずしも同じではないということに対しては，つねに矛盾を感じていたのが保育者たちです。たとえば，保護者が休日でも子どもを園に連れてくる保護者が多くなったことや，不必要に長時間預ける保護者などの増加です。親子が一緒に過ごすということができる環境にあっても，保育を受け入れなくてはならないという葛藤です。子ども・子育て支援新制度のなかでは，保護者の第一義的責任を果たすという基本が謳われ，短時間利用の認定を新たに開始し，保育の必要のない子どもについては利用料を少し下げ，時間が長くなったら別途徴収するという制度になりました。

［2］ 子どもを保護者に帰すための保育

　みなさんは保護者が第一義的責任を果たすという言葉にどのような印象をもつでしょうか。子どもにとって家庭はかけがえのない場所であり，親と子が引き離されないということは法律でも基本的には守られていますが，基本的には子どもが親といる権利（子どもの権利条約）なのです。しかし，子どもを家庭に帰すときに，そこが子どもにとって安心して暮らせる場になっているかということを私たちはつかんでおく必

要があります。確かに仕事が休みのときぐらいは親子が一緒にいてほしいと願うのもわかりますが，そのことが子どもにとって本当に幸せなのだろうか，ということも考えたいと思います。保護者が家事や趣味をするときなどに，子どもがいることでストレスを感じている家庭はかなりあります。そのとき子どもがいることを邪魔だと思っているとしたら，それは子どもにとっても幸せな時間を過ごしていることにはならないはずです。

　それではどうやったら子どもと一緒にいることが楽しくなるのでしょうか。いままで女性なら子どもが生まれるとすぐに親としてのスイッチは入ると思われてきましたが，本当にそうでしょうか。現在の生活はその準備ができにくくなっていることはわかります。たとえば子どもに触れる機会も少なく，生活体験が消費中心の受け身的なものになっていたり，家族での子育て文化が伝わっていなかったり，日々気軽に相談できる相手がいなかったり，夫が非協力的で子ども嫌いだったり，隣近所とうまくいっていなかったりといったことです。また，情報だけならインターネットなどで簡単に手に入れることはできますが，実際には目の前の子どもの育ちとはずれているので，かえって不安になったりイライラしたりするのではないでしょうか。

　このように考えると，単純に家庭へ子どもを返せばいいという話ではないということに気づくはずです。それではどのようなことをすれば保護者の育児能力をあげ，子どもがいることを家庭がもっと喜べるようになるのでしょうか。

3　保護者こそ子どもの一番の理解者に

　保護者を子どもの一番の理解者にするためには，先に述べた子どもの育ちの様子をプラスの目で見た児童票（あゆみノート）を保護者とやりとりすることがとても有効だと思います。なぜなら，ほとんどの子どもたちは園と家庭では違う姿を見せているからです。そのなかで保護者たちが集団である園に求めている教育は，個性を伸ばしてほしいということよりも，まずは「みんなと一緒に活動できる力」を求めているような印象をよく見受けます。

　しかし，集団のなかで自己発揮をしながら友だちとの生活を楽しめるためには，前段階として愛着形成や他者から自分を受け入れてもらった体験が必要です。

　このなかでとくに最近弱くなっていると感じているのは，0歳児からの応答的関係です。簡単にいうと向き合って話をしてもらったり，楽しくさせてもらったり，いけないことをしたときには叱ってもらったりした関係です。いまの子どもたちは住環境も影響しているせいでしょうか，とにかく静かにしていることや親に迷惑をかけないようなことを求められるので，必然的に自分の世界に閉じこもるしかありません。そんなときにスマホやビデオはとりあえず静かにしてくれるおもちゃ？なので，早い年齢から子どもたちが使っています。このような生活のなかで相手のことを考えたり，自己主張やコミュニケーション力はなかなか育たないのではないでしょうか。

　そう考えると保育園は，保護者自身が乳幼児期の子どもたちに対して心地よい応答的関係がつくれるような支援を考えていく必要があります。つまり保護者が子どもの

一番の理解者になれるような保育を創造することが求められています。それでは，どのような支援ができるかを考えてみましょう。

❷ これからの園行事に求められるもの

1 子どものための園行事

> **資料1**
> 行事の指導に当たっては，幼保連携型認定こども園の生活の自然な流れの中で生活に変化や潤いを与え，園児が主体的に楽しく活動できるようにすること。なお，それぞれの行事については教育的及び保育的価値を十分検討し，適切なものを精選し，園児の負担にならないようにすること。
> （幼保連携型認定こども園教育・保育要領）

　行事は子どもの生活に変化と潤いを与える機会となります。そのため，子どもたちが園生活を主体的に楽しみ，生活体験や人間関係を深める機会につながるように取り組むことが行事の本来あるべきねらいです。このことは保育所保育指針や幼稚園教育要領のなかでもずっといわれてきたことなのですが，教育的価値のとらえ方の違いや，幼児の負担という解釈の違いからか，行事は保護者に子どもたちの成長した姿を見せる場という解釈が主流を占めています。しかし，子どもの最善の利益を考えたら，そのことが一番大事なことではないはずです。嫌な思いでやらされた行事は，たとえそのことが成功をしたとしてもいい体験にはなりません。

　行事の達成感は子どもたちのためにあるのであって，保育者や保護者のものだけではないはずです。保育者のなかにはあまりに多い行事に対して，強いストレスを感じている人もいますが，そのことを次年度の行事計画を立てるときに，園全体で話し合うことも大切です。しかし，行事は園の重要な事業ですから，主任を含めたリーダー層は園長に保育者や保護者の声を文書などで見えるように届け，その大きな方向性については下話をしておき，有意義な会議になるようにしておくことも重要です。自分たちの考えが届かない組織だとしたら，保育者たちのモチベーションにも影響します。

　このようなことを繰り返しながら，つねに子どもたちのための行事になるよう，工夫をしていくことが求められています。

　行事では一人ひとり育ちのペースが違うことがよりはっきりします。そのことを注意して紹介しないと，自分の子どものことをもっと頑張れないものかとマイナス思考で見てしまいます。本来その違いが個性であり，素敵なところなのでしょうが，なかなかそうは理解できないのが現実です。それではどのように子どもたちの姿を伝えればいいのでしょうか。ここでは園行事の事例を中心に考えてみたいと思います。

2 保育参加

　いまではだいぶ広まってきた保育参加ですが，多くの保護者が一度にやってくる保育参観から変更するときに，一番の抵抗は保育者かもしれません。なぜなら保育者たちは日常的に他者から見られることにあまり慣れていないからです。しかし，保育参観は非日常的状況をつくることであり，子どもたちもいつもと違う表情や態度を示し

ます。保育者も保護者の目を気にするため、保護者が見ている姿はいつもの子どもとは違うと思うのです。そう考えると、子どもたちの何を伝えるかということになるのですが、ここを集団ではなく、一人ひとりの理解ということに視点を当てると、保護者を少人数ずつお呼びして、保育のお手伝いとして、一緒に活動してもらった方が、はるかに子どもやクラスの様子はわかります。子どものなかには保護者が来ることで甘える子もいます。それもいつもの園生活のなかでは見られない子どもの姿です。またそのときの保護者の対応が私たちの参考にもなりますし、さらには、保育者が子どもたちにどのような声かけをしているのかも、参考にしてもらえます。そして保育者自身も子どもの主体性を意識した、質の高い保育に変わっていきます。子どもを通して、保護者も保育者も学ぶことができる行事が保育参加です。

保育ボランティア

以前いた園でおこなっていた保育参加（保育ボランティア）を紹介します（保育ボランティアといっているのは、その方が保護者が会社に対しての休暇が取りやすいという声があったからです）。

当日は子どもと一緒に登園し、朝から子どもが寝るまでの保育に参加してもらいます。人数は保護者が自分を出して参加できるよう1日1～2名の少人数にします。はじまる前に一日の流れや、どのような参加をしてほしいのかを保護者に伝えます。3歳以上の子どもたちには、大人の人が気持ちよく利用できるように繰り返し話をします。はじめは子どもたちも興奮していますが、そのことを伝えることによって、徐々にクラスが落ち着きます。3歳未満児では子どもたちのありのままの姿を共有します。遊んでいるときの関わり方、食事のときの会話などからも保護者の子育てが垣間見えます。子どもたちの表現からもいろいろと学べるものがたくさんあります。食後は紙芝居や絵本を読んでもらうことも体験してもらいます。午睡中は他のクラスで参加した保護者と一緒に、園長、職員でお茶を飲みながら、子どものことを中心とした雑談をします。ここからも保護者の価値観がわかります。グループ懇談の後は一緒に帰るか仕事に戻るかは保護者の自由です。

子どもたちは毎日入れかわり来る保護者に喜びを感じるため、興奮して乱暴な関わり方をする子もいますが、その都度大人との気持ちよい付き合い方を知らせる大事な機会になります。期間は1カ月以上かかると思いますが期日を決めて、保護者に予定を立ててもらった方が参加しやすいと思います。保護者はクラスの子どもたちや担任の保育のすすめ方を知る機会になりますし、子どもたちも保護者との関わり方を徐々に学び、大人とのよい関係がつくれるようになります。基本的には一年中いつ来てもいいという状況にしながら、気になる子どもがいたときには気楽に保育を見学できるようにしておきます。はじめは午前中だけというやり方でもいいと思います。

3　親子遠足

　近所の公園へ親子遠足に出かけました。午前中は親子遊びなどでかなり体を使った遊びが入ります。それだけにお弁当の時間を告げると歓声があがるほどお腹がすいているという状態です。それぞれ自由に場所を決めてシートを敷くのですが、このとき声をかけないと親子二人で食べているという風景も生まれます。その状況を見ると保護者たちのつながりもわかります。それを無理やり一緒にしても今度はそれでストレスを感じる保護者もいますから、無理強いは禁物です。なかにはそのような人間関係がストレスだということで、遠足に最初から欠席する人も出てきました。こうなると子どもは参加したいのですが、保護者が行けないという理由であきらめるしかありません。

　遠足の食事時の交流にしても、人間関係の苦手な人にとっては、園行事は参加することさえ大変努力のいることなのです。また、子どもが腕白であったり、発達が少し気になるところがあったりしても、保護者の気持ちはハラハラドキドキの大変疲れる行事となります。気になる子どもたちが多くなっているのと比例して、保護者たちも変化していることを考えると、今までの行事のやり方では楽しめないのです。

　遠足といえばもう一つ、別のエピソードがあります。それはほとんどの家庭が子どもと保護者のお弁当を別々につくっているということです。一つのお弁当を一緒につくるという風景はもう過去のもののようです。そして、子どものお弁当はお母さんたちが張り合うかのように見事なキャラ弁がつくられているので、蓋をあけるたびに歓声があがります。お母さんも他者から認められ、ほめてほしいのだと思いますが、話を聞くと、なんとほとんど寝ないでお弁当をつくったというのです。そのため、寝不足で子どもたちと遊ぶのはかなり大変だったようです。そして食後は保護者が眠くなってしまうという状態で、何のための親子遠足なのかわからなくなります。何十年も同じ行事を繰り返していたのでは、いまの保護者の気持ちはつかめません。

遠足に変わる行事例

　お弁当づくりがエスカレートして、負担になっている様子を見て、4、5歳児は園内で子どもと一緒にカレーづくりをする親子クッキングをおこない、それを親子遠足の代わりにしてみました。園内でおこなうため雨天の心配もありませんし、バスの予約も必要ありません。しかも、子どもたちとどんなカレーをつくるか、サラダやデザートまで考えて、準備から片づけまで、子どもを中心にした園生活の延長線上で行事を考えることができるので、保育の一環として取り組むこともできます。また、いつも縁の下の力持ちである栄養士や調理員の出番をつくり、ニンジンの切り方を工夫すると鍋につきにくくなるというような料理のコツやプロの技を披露してもらうことにより、保護者とつながる機会にもなります。

　調理のシーンでは親子で包丁を使う様子がほほえましかったり、家庭によって切り方が違っていたり、遠足ではできないような交流の場になりました。保護者の方

> もお弁当をつくる必要もなく，子どもといつも以上に向き合うチャンスが広がったことで，遠足以上の交流がもてました。なかにはこの行事をきっかけに子どもに専用の包丁を買った家庭まであり，家庭生活においても子どもと向き合うことを楽しむきっかけづくりにもなりました。
>
> ある年には中国人の保護者の方がいましたので，その方に料理の先生になってもらい，餃子の皮からつくる本格的な水餃子づくりがはじまりました。このことをきっかけに，中国籍の方と他の保護者も仲良くなっていきました。インドネシアから来ていた家族と仲良くなった家庭は，夏にその方の実家へ遊びに行くというつながりまで生まれた家族もありました。

4 プロセスを伝える行事（運動会，劇遊び）——保護者も先生になれる

行事を保護者に見せるものと考えると，保育者はもちろん子どもにもプレッシャーを与えることになります。しかし，子どもの育ちはそのプロセスが重要であり，当日の出来栄えは非日常的なもので，いつもと違う子どもの姿であることを保護者に伝える必要があります。

行事は毎年の繰り返しになるため，子どもたちもある程度の予測がつきます。しかし，子どもたちが主体的に行事に取り組むと，楽しみな活動になるため，子どもたちは家庭でもその体験を話したり表現したりします。ダンスをみんなで踊ったら，家庭に帰っても踊る子がたくさんいます。じつはその姿を見てもらうことがとても大事なことなのです。ある保護者が行事の後，連絡ノートに感想を書いてきてくれました。それは『運動会当時，病気で欠席して残念でしたが，前日まで，家の中でうれしそうに踊ったり，でんぐり返しをする姿から，子どもの育ちをとってもよく感じることができました。当日お休みしたのは残念でしたが，わが子の育ちを感じられて，うれしく思いました』というような内容が書かれていました。

これはクラスの担任が運動会のプロセスをクラス便りや送迎時の情報交換などで，ていねいに伝えてきたことによる結果だと思いました。行事のプロセスを見えるようにすることは，保護者だけでなく子どもたちにとっても先が見えるわかりやすい行事となり，主体的に取り組むことができます。

5 個人面談

個人面談が行事かというと少々はずれるかもしれませんが，園の情報を提供し子どもの育ちの確認を保護者とともに共有するという意味では，園行事に組み込んだ方がいいと思います。子どもの育ちに対する今後の見通しを示し，家庭での様子，園への要望などを確認しながら，子どもに対してできる環境づくりをお互いに共有することが大きなねらいです。できれば年に数回はすべての家庭と交流し，さらなる信頼関係の構築ができればと思います。

子どもたちが家庭ではどのような環境のなかで生活しているのかを知ることは，園

での保育に大きく影響します。一方，集団のなかでの子どもの姿を家庭に伝えることで，環境を意識した子ども理解や育て方を考えてもらう機会にもなります。経験の長い保育者たちにとっては，以前でしたらそこまでの情報交換をしなくても，家庭にお願いするだけで，ほとんどの子どもが集団活動についてこられた経験をもっていると思います。しかし，今はクラスの一割強の子どもたちに対して，何らかの個別支援が必要になっています。その理由はまだはっきりしていませんが，家族で子どもたちを育てることが大変な時代になっているということは，紛れもない事実だと思います。

　これらの背景として，全国の児童相談所における児童虐待に関する相談対応件数を見ると，調査のはじまった1990年（平成2）の1101件から2014年（平成26）の8万8931件まで一直線に増えつづけています。さらには，文部科学省の問題行動調査においても暴力行為の低年齢化が鮮明になっており，一年生の加害児童数は2006年から2014年で5倍にも増えています。

　保育所保育指針のなかに家庭への育児支援が求められているのも，こうした流れがあり，個人面談は一人ひとりに対するていねいな対応をする意味でも必要な行事ととらえたいものです。

6　世代間交流

　地域の人や保護者，保護者の祖父母などとの交流は子どもたちの世界を広げます。園芸係をお願いしたり，一緒に遊んでもらい食事をしたり，おやつを食べに来てもらったり，運動会行事で交流したり，作物の収穫やおもちつき，どんどやきなどの地域行事を教えてもらうなど，保育をみんなに見てもらえるようにオープンにしていくと，次々アイデアが広がっていくはずです。こうして多くの交流を通して，子どもたちはだんだんと地域の方々の顔を覚えていきます。じつはこのことが地域にとっても子どもたちにとっても，有効な子育て支援につながっていくと思うのです。

　地域というと園とは関係ない方との交流を考える人がいますが，保護者やその祖父母たちのネットワークを活かした交流からスタートし，その輪をどんどん広げることで，その先にいる地域の人たちとつながっていくのです。その意味では散歩のあいさつ一つとっても重要な世代間交流ということになります。子育てにはさまざまな世代の方の力が必要です。そのための連携のきっかけになるのが子どもたちなのです。その意味では子どもは人と人をつなげる地域の接着剤であり，社会の大切な宝物ということも納得がいきます。

③　子どもとの関係性を意識した行事

　子どもが園と家庭では違うという話をしましたが，細かくいうと園のなかでも保育者によって表現を変えます。それは別に不思議なことではなく，大人でも同じことが言えるからです。保護者や保育者たちは子どもたちに対して，自分にとって心地よい表現を無意識に求めています。それは大人のいうことを素直に聞かなくてはならない上下関係になりやすいため，その人の前ではいうことを聞かざるを得ない関係になる

のが子どもたちだからです。その結果，子どもたちはその人の期待に沿った表現をするようになります。このことを教育とかしつけだと考えている大人が多いように感じますが，果たしてそれでいいのでしょうか。いまの子どもたちに求められているのは表現力であり，それを生かしたコミュニケーション力のはずです。少なくとも威圧的な人のいうことを素直に聞く力だけではないと思うのです。つまり園行事を通して，子どもたちがどのように伸びたのかということを，しっかり伝える表現力が求められているのです。

　子どもたちの成長を感じるには，ビデオ片手の見学ではなく，子どもと一緒に活動したり，行事の運営にも参加してもらいながら，一緒に協働する喜びを感じてもらう方が，より大きな喜びにつながります。保護者のなかにはさまざまな個性をもっている人たちがたくさんいますから，そのことを発揮できるような出番を用意するテーブルをつくり，単なるお手伝いではなく，企画から参加してもらう取り組みも考えられます。子どもたちも大人同士が協働する姿は大きな喜びとして心に刻むはずです。保護者も園での経験が地域活動にも役立つはずです。

保護者がつくった橋をわたる子どもたち

"親子ラベンダー刈り"にてコツを伝える園長先生

イクメン講座（そばうち）
お父さんといっしょでうれしいな

"親子レクレーション"親と子，保護者同士の
大切なふれあいのとき

3 連絡帳の有効活用

❶ 連絡帳の役割

　1日の大半を保育園で過ごす乳幼児にとって，生活の基盤である家庭と保育園の24時間の生活の連続性が，心身の安定にいかに重要かはいうまでもありません。連絡帳は，一人ひとりの子どもの保護者と，子どもの成長を見つめ合う「成長記録」であり，「家庭と園」をつなぐ架け橋です。主任・副園長は毎日，家庭とやりとりするこの連絡帳が有効活用されているかどうか点検し，その役割を十分に果たしていないものについては書き方について一緒に考え合うなどの指導がなされることをのぞみます。そこで改めて連絡帳の役割とその書き方の基本について考えてみたいと思います。

　連絡帳は「子どもの育ちを確かめ合うもの」ですが，同時に子育てに不安が大きい保護者にとっては，「質問や相談が気楽にできるもの」です。さらに，保育園での子どもたちのさまざまな姿，たとえば偏食がでてきたとか，おしっこの失敗が続くようになったなどに対して，保育者がどのように関わっているのかを連絡帳により具体的に伝えます。保育者の関わりを具体的に書くことで，保護者は，「好き嫌いがでてきたらそのように対応すればいいのか」と気づいてくれます。教えるというよりは気づいてもらえるように，園での保育者の関わりを書くことが最も効果的な支援になります。また長引く不況，不安定な雇用状況，長時間保育など，保護者の忙しさは子どもの心のなかにまで目を向けるゆとりをなくしています。しかし保育園があればこそ子どもの思いやねがいを語り合うことができ，見過ごしていた子どもの内面に目を向けてもらうことができます。帰宅し連絡帳に目を通すことで，ゆとりの再生をはかることができることも連絡帳の大きな役割ではないでしょうか。次の連絡帳はまさに子どもの心の育ちを伝えるすばらしい記述だと思います。

保育園より　（1歳児組）

　食後，友だちのえいじくんとふざけっこをしていたひろしくん（2歳6ヶ月），めずらしく立ったままおしっこをしてしまい，黙って立ちつくしていました。私が「ひろしくん，おしっこが出ちゃったね」といって拭いていると，「ちがう……みず」という返事。「もうぼくおおきくなったんだ。だからほんとはおしっこなんて失敗したくなかったんだ……」と訴えたかったんでしょうね。ひろしくんの心に大きくなった自分を主張したい自尊心が芽生えてきたことを感じました。
　だから私も「そう，お水が出ちゃったのね」と言って拭きとりました。2～3歳にかけ，子どもたちの心に「おにいちゃんになった自分，大きくなった自分を認めて！」という思いが広がってきます。大人からそれを認められることで，「自分の気持ちが大切にされた」と感じ，人の気持ちも大切にしたいという思いが，育っていくのだと思っています。

> 心に残る一場面でした。

　保育者はひろしくんの自尊心の育ちを，大切に受け止めています。ところがもしひろしくんが家でおもらしなどしてしまうとどうでしょうか？「またおもらしして！そんな子は，おしめにしちゃうから……」などとつい子どもの自尊心を傷つけるようなことを言ってしまいがちですが，保育者が温かい眼差しでわが子の心の育ちを観ていてくれることに気づけば，保護者は家庭で排泄の失敗をしたときも，叱るだけでなく，失敗したくない気持ちを思いやることができるようになるのではないでしょうか。また，「先生は子どものことをよく見ていてくれる」と感じそれが保育者への信頼になり，保護者の子育てを省みるきっかけや励みとなるにちがいありません。書くことは「目に見えない心の動きをとらえること」です。子どもの心の育ちを理解し，ぜひ連絡帳に記してほしいものです。それがゆとりの再生につながるのだと思います。

❷　保護者との相互信頼を育む連絡帳の書き方

1　子どもの姿や育ちを具体的に書く

　保護者が連絡帳に期待していることは，「うちの子は今日，保育園でどんなことをして過ごしたのかしら……」，というように園での子どもの様子を知りたいのです。ですから連絡帳にはまず，その子の姿が見えてくるように，浮かんでくるように具体的に書きましょう。抽象的，羅列的書き方では見えてこないことを，以下の例で確認しましょう。また，誰にでも当てはまるような書き方になっていないでしょうか。

　連絡帳は，A子ちゃんならA子ちゃんについて，その子の保護者と保育者が共に手をとりあって育んでいくノートです。したがって，その子自身のことが見えてくるように書いてほしいものです。

> **例1　具体的でない記述**
>
> | 2歳児組 | 天気が良かったので，今日も園庭で遊びました。友達と庭を走り回ったり，ブランコに乗ったりしてとても楽しそうでした。 |
>
> **コメント**
> 　友だちは誰だったのか，具体的に名前をあげて書いたり，友だちができてきたこと，その友だちと一緒に遊ぶ楽しさを味わえるようになったこと，などを記述することで，その子のいまの心境が感じとれるようになります。

2　お互いの意見交換ができるように

　つぎの事例は，保護者がA男くんのだだこねに悩んでいるのに，保育者は少しも共感していません。残念ならが心の通い合いが感じられません。保護者は質問や相談ごとに対し，保育者がどのように受け止め応えてくれるかが大きな関心事です。書いた

ことに対して何の反応もなければ，「読んでもらっていないのかしら」「こんな質問してしまいまずかったのでは……」などと不安になり，書く気がなくなってしまいます。小さなことでも日常的に保護者とのやりとりをていねいにしながら，通じ合える喜びや安心感を育んでおくことが大切です。

> **例2** 一方通行になっているもの
>
> 家庭の生活　　9月12日（木）　1歳児
> 今日はよく泣いて夜を過ごしました。あんぱんをもっともっと食べたいと泣きつづけ，同じ飲料水のパックなのに冷蔵庫を開けては，「これがいい，あれがいい」と泣きつづけ……。A男に泣かれるのが一番こたえます。
>
> 園の生活
> 敬老の日の集会に参加しました。圧倒されて椅子から保育者の膝に。膝の上だと，保育者のおてもやん，ひまわり組の合奏「ドロップス」，おじいちゃんおばあちゃんのまりつき，お手玉などよく見ていました。
>
> **コメント**
> 保護者の悩みに共感する一言，「自我がめばえてくると，対応に苦労しますね」がほしいですね。その後保育者が書きたいと考えていたことを述べれば保護者もほっとします。

3 保護者に不安を与えるような記述や，否定的な表現を避ける

「指しゃぶりが多くなってきました」「よくとらぶっています」「今日もお友だちと遊べませんでした」など，気になる子どもの姿だけを否定的に書いてしまうと，保護者はどうしていいかわからないだけに，「また指しゃぶりしている」「どうしてあなたはトラブルばかり起こすの？」と，子どもを追い詰めてしまいます。これでは保護者の不安や悩みを増幅するばかりです。連絡帳を読む保護者の立場になって，肯定的に書くよう配慮したいものです。

> **例3** 新入児の保護者に
>
> 園から家庭へ　（2歳児組）
> 今日も，やっぱり1日中泣いてばかりいました。給食も少しも食べませんでした。
>
> **コメント**
> 否定的に書くのは，保護者の不安をあおるばかりです。

↓

> 園から家庭へ
> Aちゃん，今日もよく泣いていましたが，音楽が聞こえてくると急に泣き止むんですよ。きっと音楽が好きなのかもしれませんね。昼食もあまりすすみませんでしたが，吸い物とデザートは泣かずにたべました。

　保護者に喜んでもらおうと，その子らしい活動や姿を具体的に書こうとすれば，個々の子どもをよく観るようになります。主任・副園長は，保護者の立場になって連絡帳に目を通しながら思わず微笑んでしまうような，その子らしい姿が浮かんでくる記述，その子の育ちが生活の流れと共に確かに伝わってくるようなもの，保育者の関わりが書かれていて，保護者の子育てに役立つ記述，などのコピーをとっておき，連絡帳の書き方がよくわからないと悩んでいる若い保育者の参考に見てもらったりしてもいいですね。反対に子どもを否定的に見ていたり，親の不安をかき立てるような書き方をしているもの，やりとりがなく一方通行であるようなものなどは，アドバイスが必要になります。連絡帳こそ，その子の成長の過程で自分がどのように育てられてきたかを振り返り自分史を物語る貴重な資料になります。「あなたのご両親と一緒に私たちもお手伝いをさせてもらいました」というメッセージを送りつづけたいですね。

4 ひかり保育園の実践

　保護者と一緒に子どもを育てるためのツールとして大切にしているのが連絡帳です。その日あった出来事や，気になったこと，ちょっとしたエピソードなど，担任がぜひ伝えたいことを書き込みます。それと同時に，当園ではインターネットのホームページに毎月2000枚を超える写真と動画をアップしています。主に子どもの遊びや生活の様子で，その写真に撮影されていることと連絡帳の書き込みがリンクしているため，保護者に連絡帳の内容がわかりやすいという印象を与えていると思います。

　毎年おこなっているアンケートのなかのコメントから，また各学年の保護者懇談会に主任として参加してみて，絵本の読み聞かせがなかなか難しいことに気づきました。絵本を読み聞かせすることは大事なこととわかっていてもなかなか毎日つづけることができていかない，それはなぜかと保育者の間でも話し合いが何度もおこなわれました。

　「ご飯を食べることと同じように，日常の生活のなかで絵本の読み聞かせを組み込んでいくことができたらよいのに」と話し合いのなかで意見が出て，そのことについて保育者の気持ちは一致していました。

　まず，絵本の読み聞かせがどうして大切なのかということを保護者にわかってもらうため，また保育者もいっしょに学ぶために，出版社の方や絵本作家の方に園に来ていただき勉強会を開きました。保護者と保育者が一同に集まり「絵本の読み聞かせの大切さ」を聞いて思いを共有することはとても意義のあることと思います。

　"継続は力なり"で毎年4月に開かれる勉強会は5回を数え，そのころから少しず

つ絵本の読み聞かせが，保護者のなかにも浸透してきたように思いました。そのことをとくに感じたのは朝の0，1，2歳児の検温のときで，体温を測りながら保護者が子どもに絵本の読み聞かせをする姿が多くみられるようになり，保護者も子どもも，とてもおだやかな顔をしています。いまなら連絡帳を従来のものと変更して絵本の欄を設けても，きっとよい結果につながるのではと，図5-1の形を提案しました。0，1，2歳児の保育者も共感してくれ，後は記入する欄の大きさや他の項目とのかね合いを確認し，いままでの項目に絵本の欄を増やして保護者とやりとりをはじめました。保護者から「大変だ」「面倒だ」という意見がでてくるのではないかとの心配もありましたが，はじめてみると，ほとんどの保護者が絵本の欄に多くのコメントを記入してくれています。しかも絵本を子どもに読み聞かせしたときの様子が細かくていねいに書かれていたり，絵本を一緒に見た兄弟との関わりのエピソードも書き込まれたり，他の欄も同様にていねいに書いてくれるようになったのです。

　その後，年度末のクラス懇談会に主任も参加して，保護者と連絡帳について話し合う機会がありました。

　　・昼に読んだ本の名前がわかるから，家で読んであげる本が選びやすいです。
　　・朝の検温のとき，絵本を読んであげるとじぃーっと見て聞いているんです。
　　・隣の子どもが読んでもらっている絵本に興味をもつから，ほかのお母さんとも絵本のことで話が広がり仲良くなったんです。

などとうれしい報告もあり，思いきって絵本の読み聞かせについて欄をつくったことはよかったと思いました。

　とはいうものの，3，4，5歳児の絵本の記入欄の継続は難しく（絵本の欄を記入する専用のファイルを用い，保護者と園とでやりとりをしていました），いつの間にかファイルをもってこなくなり，保育者も十分返事を書けず，わずか一年で終わってしまいました。いつも使っている連絡帳に組み込まなかったことが反省されます。「絵本の読み聞かせ」の欄に，保育者が返事を記入する時間の保障もないままにはじめて

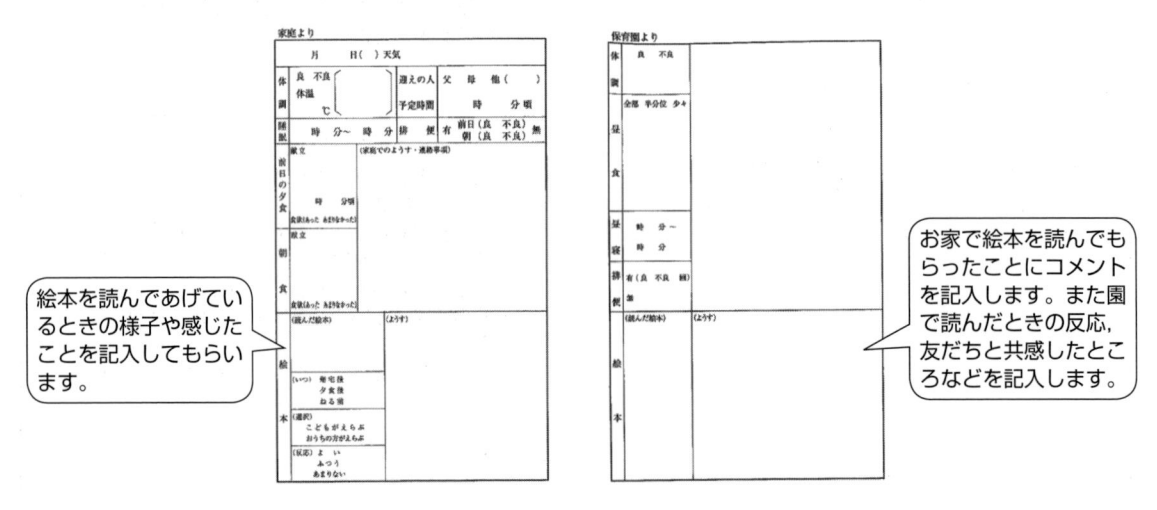

図5-1　0，1，2歳児用連絡帳

しまい，見通しの甘さが大いに悔やまれました。今また前回の反省をふまえ，復活できるように話し合いをすすめています。

連絡帳を担当保育者が記入した後，主任保育士の立場として時々見せてもらっています。そのときの視点としては

・生き生きとした子どもの様子が伝わっているか。
・発達を意識しながら肯定的に子どもの様子を伝えているか。
・保育者が伝えたいことが具体的に保護者に伝わっているか。
・保護者が質問していることにきちんと応えられ，やりとりができているか。

などについて確認しています。そしてもし表現が適切でなかったときには，他のクラスの保育者とも意見を交換しながら"伝え合うこと"を意識し具体的な表現へと導いています。

これまでも大切にやりとりしてきた連絡帳が，園と保護者をつなぎ，子育てのために活用されるように今後も見直しをしていきたいと思い，アンケートを実施しました。

アンケートは0歳児から5歳児の子どもたち全員の保護者に対しておこなったアンケートで，じつにさまざまな意見を吸いあげることができました。もう少しアンケートの項目について細かくした方がよかったのではとの反省もありますが，ここで書いていただいた意見を大切に受け止め，次のステップのために保育者全員で共有していくことが大切だと思っています。

〈アンケート結果〉　【100世帯配布したなかで54世帯回収】

・連絡帳は活用できていると思いますか

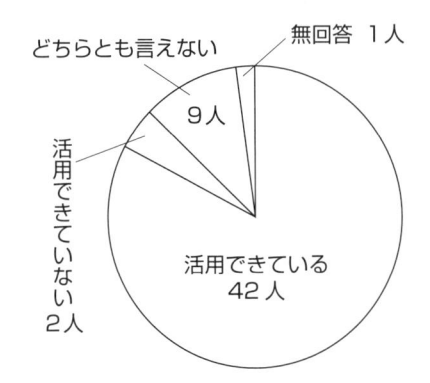

活用できている　42人
どちらとも言えない　9人
活用できていない　2人
無回答　1人

【活用できない理由】
・仕事が忙しく，しっかり記入ができていない。（2件）
・園からの返事は2〜3日に一度。遊びの様子は，子どもから聞けばわかる。私は毎日記入している。

【活用できていると思う理由】
・生活の様子が良くわかる。
・楽しみがある。
・発育表の記録は，成長の様子がわかるのでつづけてほしい。
・毎日書いてもらいありがたいと思う。
・言葉で言えないことを文にして伝えられる。
・成長の記録として，とっておきたい。

・今使っている連絡帳は記入しやすいですか

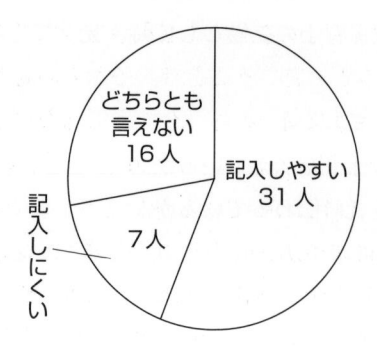

- どちらとも言えない 16人
- 記入しやすい 31人
- 記入しにくい 7人

【記入しにくい理由】
・表紙がしっかりしていればよい。
・厚くて中心が書き辛いし，のり付けが悪く，バラバラになる。（2件）
・書くスペースが不足。
・土日の記入は，きつい。
・ページが開きにくい。

・改善して欲しい欄がありますか

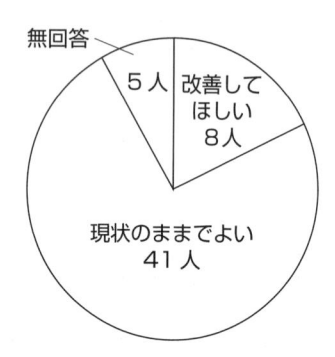

- 無回答 5人
- 改善してほしい 8人
- 現状のままでよい 41人

【改善してほしい点】
・園で先生に読んでもらった本の様子はあまり書かれていないので，欄を狭くしてもよいのでは。（2件）
・自由に書いてよいと言われると，逆に何を書けばよいか悩む。
・項目を指定してもらった方が書きやすい。
・項目に分けていると書きにくいので1つの方がよい。（2件）
・3歳以上は　連絡帳はなくてもよい。
・基本の食事，排泄，睡眠，迎えについては区切って記入欄がほしい。
・3歳以上児が使っているフリーの連絡帳がよい。
・もう少し丈夫な素材にしてほしい。（2件）
・体温，天気は不要。絵本の反応は ├─○─┼───┤（よい　ふつう　あまりない）の書き方がよい。

4　保護者からの相談対応・苦情対応を考える

❶　苦情は宝

　人間関係が希薄化してきた現在ですが，人はみんな，幸せになりたいと願っています。また親になれば，まずは子どもの幸せを願ってやまないことでしょう。しかし，核家族や，働く女性も増えた現在，子育てにおいてはネットや雑誌での情報のみを頼りにし，現実的な知識に乏しく，臨機応変性や柔軟性がないことが感じられます。また，多くの情報が混乱していることから，余計不安感を募らせている保護者も多く見受けられます。

　昔は，当たり前のように祖父母からの知恵の伝達や，助け合いなどがおこなわれ，自分が経験してきたことを次の世代につなげる役割がきちんと果たされていました。地域も密接な関係を保ち，「地域みんなで子どもを育てていこう」というコミュニティもあり，隣の子の世話も焼いてくれるような人も存在し，だからこそ善悪の区別や思いやりの心が育まれていたように思います。しかし，いまでは，世代間交流や地域

の機能が消えつつあるなか，その大切な役目を保育園が担っていかなくてはならない時代に入ったのだと思います。

　相談にくる保護者は，日頃の信頼関係ができているからこそ本心を伝えてみようという気持ちになります。親のサインを見逃さないということは，子どもの背景を知り関わっていくことにつながります。また，保護者同士の語り合いも大切な場と考えています。「自分だけではない」という思いが，悩みを緩和してくれるのだと考えます。

　「苦情対応」も主任保育士が請け負っている園は多いことと思います。「苦情」は園にとって宝といわれます。保育園の内部では気づかないことを伝えてくれるからこそ組織のあり方を考え直すチャンスが与えられます。相談，苦情どちらも，大切なこととして，しっかりと耳を傾けることが必要です。そして，聴く側の人間として心がけていることも，同じであるように思います。それでは相談対応および苦情対応をおこなううえで，大切にすることをお伝えしていきます。

相談対応および苦情対応で大切なこと

① 聴く場所と姿勢について
　子育ての相談や苦情を申し出（意見や要望を含む）てくる方々は，大変緊張しています。話しやすい部屋の確保，雰囲気づくりに心がけ，「お話しを聞かせていただきます」という態度で迎え入れる心の準備が必要です。

② 受容と共感の姿勢で誠意をもって
　聴いてくれていると感じることで，話している方はすっきりするものです。
　園内研修などでロールプレイをして相手の立場を理解する経験をすることも有効です。

③ 感情はもち込まない（忍耐）
　プロとして受容と共感は大切ですが，感情のもち込みはタブーです。相手の言動に感情が動きそうになったときは，心のなかで深呼吸をして聴くようにします。そうすることで相手も落ち着いてきます。

④ 個人情報保護法について
　必ず伝え，「守ります」という約束をしてから話を聞くようにします。それを伝えるだけでも，少し落ち着いて話しはじめる方がいます。

⑤ 相談（苦情）を受ける際は，主旨を明確に
　時間の約束をすることで，お互いに心の準備，整理ができます。

⑥ 記録をとることについて
　前もって「忘れてしまうといけないので，記録をとらせていただきます」ということを伝えます。残しておくことで，再度確認し相手を理解したり，園の考えの整理をします。関連機関につなげる際も有効です。

⑦ すぐに結論がでないとき
　簡単に答えをだせない問題に対しては，園長に相談し園全体の意見として答えるよう一旦保留にして次の約束をします。ダラダラ話を聞かないようにします。

⑧ 関連機関へつなぐ場合
　病的な場合や家族問題に関しては，保健師や病院との連携や第三者委員の介入をお願いします。連携場所については一つの表にして掲示しておくとすぐに活用できます。

⑨ 必要に応じてクラス担任の同席を得る
　クラス運営や子ども同士のこと，また成長発達の心配などの相談において，保護者が担任の同席を望んだり，主任保育士が同席した方がよいと判断した場合は，保護者に理解をいただきます。受け答えにおいては保育者自身の学びにもなります。その判断は園長と相談します。

⑩ 「苦情」と意識しすぎずに聴く姿勢を保つ

> モンスターペアレントという言葉を耳にしてから10年以上が過ぎますが，誰もみんな，「私はモンスターです」などという保護者はいません。私の対応する方大半が「園のためを思って言わせていただきます」という枕詞を添えてから意見・要望を伝えてくる方ばかりです。話のなかには自分本位な理不尽な内容もありますが，基本は「子どもの幸せを願っている」と感じ，まずは話してくれたことに感謝し，言葉を選びながら園の方針をわかりやすく伝えていきます。

❷ 保護者理解を深めるために

　保護者に保育内容を理解してもらう計画のなかには，「保育参観」，担任との「個別面談」などがあります。その他，「保育参加」と称して，保護者の「一日保育士体験」をおこなう園もあります。体験終了後，園長，主任と語り合う時間を設けて普段担任には話せないことを聞いたり，園の方針などで疑問に感じている部分を率直に話してもらうことも，保護者の相談や苦情が少なくなる一つの方法だと思います。実際にそのような時間をつくっている園の保護者アンケートには，「①保育士体験をおこなうことで，保育者の仕事のおもしろさや大変さが理解できた。②わが子の家と違った姿に感心した。③担任の先生以外に，園長，主任と語り合う時間があることは，とても有難く，保育の内容で疑問に思ったことや子育ての相談などをさせていただきました。担任の先生とは違った面から，親身になって一緒に考えていただき助言もいただけてうれしく思いました」という意見も記載されていました。このように，主任保育士も直接保護者の話を聞く時間をつくることで，保護者の疑問，質問から，日常見えない保育の一面も知ることができ，保育内容を見直すきっかけや，改善につながるのではないでしょうか。

　保護者同士で語り合う「クラス懇談会」も，とても大切です。子育てに悩みをかかえる者同士が語り合いの場をもち，お互いの経験を伝え合うことで「自分だけではないんだ」という安心感を得ることもあったり，共に考え合ったりする場面が見られます。この場合は，主任保育士が主導で会をすすめてしまうと緊張感もあり意見が出にくい場合がありますので，その進行役は担任の保育者がよいと思います。進行役の保育者は，事前に主任保育士と綿密に打ち合わせ，発言しやすい雰囲気づくりすることが必要です。懇談するグループ編成は，園側で意図的に同じような家庭環境の保護者4，5人の少人数グループを設定することで話しやすくなります。また，主任保育士は話し合いを見守り，内容によってはその輪に入り，アドバイスをすることも大切です。

　これらの機会を設けることも，相談や苦情を大きくせず一歩手前で止めることにもなるのだと思うのです。

> **事例** 父親の子育て理解 （「おやじの会」設立で父親の子育てへの関心が高まった）
>
> 　菜の花こども園では4年前父親の子どもへの意識調査のアンケートで，「仕事が忙しく保育園に顔を出す機会が少ないお父さんが保育に目を向けるきっかけをつくり

たい」「子どもたちの体力向上のためにもっと魅力的な園庭にしたい」という思いを受け保護者会長を中心に「おやじの会」を設立しました。内容は，園庭築山づくりからはじまり，夏のバーベキュー，秋の芋煮会，自転車練習会，冬の段ボール迷路づくりなど……「子どものためにおやじができること」というスローガンを掲げ，年間数回の活動をしています。こんなことからも，保護者の園への理解，協力が得られており保護者との関係は良好です。作業を終えたおやじたちは，夜の一杯でおやじの子育ての悩みを語り合ってもいるようです。

春：園庭築山づくり　　冬：段ボール迷路

❸ ひかり保育園の実践

　当園では毎年多くの職員が「カウンセリング」を目的にした研修を受ける機会が多く，受容，共感，傾聴の大切さを意識しながら学んでいます。数年前からエピソード記録を記入した後，エピソード記録の内容について職員で話し合いをつづけてきました。担任一人で子どもを見ていくより複数の保育者の視点でみていく方が，はるかに支援につながることを話し合いのなかで確認しました。主任としては，担任保育者を支えながら，園全体の保育者が協力し合う態勢づくりにも目を向けていくことに気づきました。これからも保育の質の向上を目指していくためにも，エピソード記録をつづけていきたいと思います。さらにこの実践を積み重ねていく内に保護者からの相談や苦情も，自分のこととしてとらえて話し合いに参加する職員がわずかに増えてきたことを感じるようになりました。

　それを実感できたのは，毎年10月半ばにおこなう全園児の保護者を対象にしたアンケートの結果でした。少しずつですが，保育者の努力が保護者にも認められてきたように思います。たとえばアンケートの欄に，

【子育て支援や悩みごとへの相談対応についてどう思いますか？】

という項目を設けていますが，その反応は「よい」と回答した保護者がほとんどで，その理由として，

　・保育者が一緒になって考えてくれる。
　・困ったとき親身になって相談にのってくれた。
　・わかりやすく答えてもらえる。
　・担任だけではなくどの保育者にも相談できる。

などの答えがあり，園内外の研修を含めその成果が少しずつ表れている印象を受けました。しかし，次の項目の，

【保護者の要望・意見への対応はどうですか？】のところでは
・主任が忙しそうでなかなか声をかけられない。
・親の立場としては園にお世話になっているのだから従うのは仕方ない。
・園や保育者との情報交換の場があれば意見もいいやすいのだけど……。

このような保護者の記述から，要望や意見があってもなかなか言えない状況でもあるということがわかりました。園の方針で園外に散歩に行き自然とふれあう機会も多く，電車で市外に出かけることもあり，手作り弁当が必要なときもあります。回数も多いのでそこに不満をもっている保護者もいることも見えてきました。

アンケートの結果をふまえ，職員の間でもいろいろと話し合いがなされました。

経験年数が5年未満の保育者が多い当園では，
・連絡帳や口頭での保護者との話では日常の様子を伝えることが精いっぱいで，園の方針について聞かれても十分に答えられない。
・苦情や，保育についての疑問を話し合える場があればよいと思う。
・障害児保育の指定園なのでその対象の子どもの保護者に対してのフォローを何とかできないだろうか。
・子どもの発達の姿の理解が十分伝わらない。

といった意見が話し合いのなかで聞かれました。ではいったいこの状況をどうしていくのが望ましいのか園長を中心に保育者全体で考えていきました。

その話し合いをもとに園の情報を逐一発信していくため，園長がホームページを立ちあげ，園内の「見える化」をはじめました。子どもたちの日常の何気ない表情，子ども同士の関わり，けんかの様子，ときには保育者に注意を受けている場面，遊びのなかで子どもが考え工夫しているところ，一人遊びに集中している子ども，とにかく子どもの成長を追っていく文字通りの追跡フォトです。そこに成長を伝える園長のコメントが入ります。

下記のスタイルで載せたものを家庭のパソコンまたはスマートフォンで見られます。また写真に加え，お便りも載せて見てもらうことにしています。

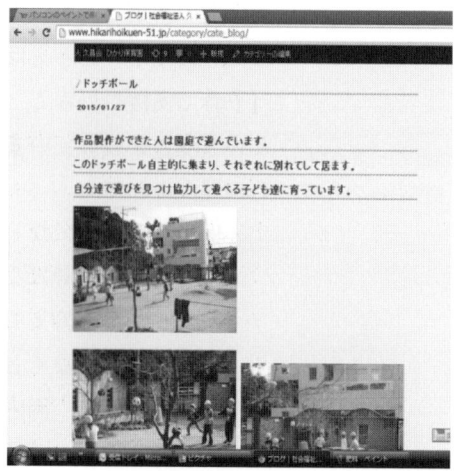

この追跡フォトを続けていく内に，園の考えや疑問，不安に思うことにも次第に理解が深まっていったと思います。何より子どもの発達や状況がわかってもらえたことはよかったと思います。

　保育者から見た子どものよいところ，肯定的にとらえているところをお便りや連絡帳で記し，そこがどういう場面であったかを写真を通して伝えていきます。また写真という媒体を使って保護者と保育者が互いに思いを語り，ありのままの子どもの姿を大事にしながら，成長を見守っていくことが双方にできてきたと感じます。さらにいつどの場面を撮影されているのかわからないので，保育者も程よい緊張をもって保育にあたり，子どもたちと向き合う姿勢も自然と正されて，カメラのなかの子どもの眼差しを意識することで，保育者もまた自分を育てていくことが求められています。

　また追跡フォトと並行して，いままでも子育ての相談を職員室で細々と受け入れていましたが，主任としてこれでいいのか，もっと何かできることはないか，と考えていました。そこで懇談会以外でも保護者と語り合える機会はつくれないか，月に一度，限られた時間のなかでも保護者が自由に来て話をするコミュニケーションの場所として，また保育者もそこに参加することによって保護者支援として学ぶ機会になれば，保育にも役立つのではないかと思ったのです。園の方針や考え方に不満をもっている保護者がいたらきちんと理解してもらえるように，言葉でも伝えていくことができたらと思い，そのことを園長に相談すると「いまは核家族が増えて，子育てでわからないことがあっても相談できない保護者も多いから，少しでも力になれるといいね」と言ってくれ，職員会でも主任の思いを保育者たちも理解してくれ，一歩踏み出すことができました。

　会の名前は「芙蓉の会」と呼び，園に関わりのある方，または子育てをしている方が参加しています。時間は16時から18時の間で参加できる時間に参加してよいということになっています。「芙蓉の会」をはじめて間もなく参加された保護者のなかに児童精神科のドクターをされているお母さんがいて「こういう会があると子育てを頑張っている方にとって励みになりますね」と言ってくださり，子どもたちの体や心の発達について，医学的な立場から細かくていねいに教えていただきました。一年後「芙蓉の会拡大バージョン」として子どもにとっての遊びの必要性，子どもの脳の発達，感覚統合などについて話していただき，保育園全体でいろいろなことを学ぶ機会にもなりました。

　毎月第4火曜日におこなわれる「芙蓉の会」では，単に悩みを解決していく場としてではなく，投げかけられたことについて一人ひとりが真剣に考え，意見を出し合い，そのなかから解決の糸口を見出していける場にしたいと考えています。そこで必要になるのが思いを"つなぐ"という主任の役割です。進行役としてつねに念頭においていることは何かを指示したり教えたりすることではなく，みんなの意見を引きだし気づきを大切にしていくことを心がけることだと思います。

　ときには，保護者一人ひとりを認め支えていくこともなかなか思うようにいかず，葛藤した時期もありましたが，大事なことは場の雰囲気をつかみながらゆったりとす

すめていくことだと思います。なかには「芙蓉の会」で解決が難しい問題もありますが，迷わず園長に相談し，関係機関（市の子ども課・発達センター・県の児童相談所・市教育委員会など）につなげていくようにしています。

　　あるとき「芙蓉の会」のなかで苦情について話し合ったことがあります。

　　私たち保育者は保育指針や園の理念をもとに，子どもたちの環境や遊び，生活を組みたてているのですが，活動の内容や環境について，保育者（主任を含む）の言葉が足りなくて保護者にわかりにくく，伝わらないといった意見を聞き，伝わってこないことが重なると苦情になりやすいことも見えてきました。芙蓉の会での意見はすぐに職員会でも伝え，保育者の言葉が足りなくてうまく伝わらなかったことは真摯に受け止め，職員会でも周知して保育者一人ひとりの問題としてとらえていくよう働きかけます。そのためにも職員みんなが思っていることを率直に言えたり，相手の思いに気づいたりできる関係づくりを日頃からつくっておくこと，また園長と保育者の仲立ちをし，園の考えをしっかり伝え理解してもらうことも，大切な主任の役割といえると思います。

　　こうして「芙蓉の会」も毎回の積み重ねを大切にしていきながら，時々子どもたちの活動を知ってもらうため，ワークショップもおこないます。今月は手仕事の一つ草木染をやってみました。草木染を選んだ理由は，園の先輩から受けつがれてきた草木染の文化を守り，子どもにも，保育者にも保護者にも伝えていく役割を主任として担っているからです。6月に年長のカリキュラムにも「草花で布を染めてみよう」という課題があるので，子どもたちの活動を知ってもらうよい機会と思い体験してもらいました。園庭になぜ草花を育てているのか話し合ったり，手仕事の大切さを伝えることで，園の大事にしていることをわかってもらう機会にもなります。同時に染めをするときに子どもが味わう〈わくわく感〉を感じて，できたものを「すてきだね」と周りに認められる喜びも味わってほしいと思っています。

　　こうしてさまざまな活動をおりまぜながら「芙蓉の会」は今年6年目に入ります。ここまで継続できたことは園長をはじめ保育者たちが側で支えてくれ，何より保護者が育ててくれた会だからつづけてくることができたのだと思います。

　　これまでのあゆみで，園長がインターネットを利用した追跡フォトで子どもの姿を

芙蓉の会でのワークショップを楽しむ保護者

詳しく知らせるようになり、保護者が子どもの発達や保育の内容に理解を示し、園と保護者と双方で子育てをしている実感も強まってきました。そしてこの「芙蓉の会」を通して保護者と語り合うきっかけもできてきたので、これからは苦情を困ったこととして対応するだけでなく、支援をするという気持ちで取り組んでいきたいと思います。

5　地域や他機関・小学校との連携

❶　地域における子育て支援

近年、保育園の役割は非常に重要になっています。子ども・子育て支援法の施行により、保育園は一段と期待されるようになってきました。とりわけ、保育園は、地域の子育ての中心的役割を担っています。それだけ、専門機関として認知されてきているともいえます。こうしたことをふまえて、地域や他機関・小学校との連携における主任・副園長の役割を考えていきましょう。

保育所保育指針では、地域の子育て支援について、次のように示されています。

資料1　（平成20年3月28日告示）
3　地域における子育て支援
(1)　保育所は、児童福祉法第48条の3の規定に基づき、その行う保育に支障がない限りにおいて、地域の実情や当該保育所の体制等を踏まえ、次に掲げるような地域の保護者等に対する子育て支援を積極的に行うよう努めること。
　ア　地域の子育ての拠点としての機能
　　(ア)　子育て家庭への保育所機能の開放（施設及び設備の開放、体験保育等）
　　(イ)　子育て等に関する相談や援助の実施
　　(ウ)　子育て家庭の交流の場の提供及び交流の促進
　　(エ)　地域の子育て支援に関する情報の提供
　　　　　　　　　　　— 以下略 —

各保育園では一時保育や子育て相談から園庭やプールの開放、行事へのお誘い、園

"ケンパケンパ"どっちが速い？　　　　　　"玉ねぎの収穫"どれが一番大きいかな

便りの配布等々，さまざまな事業に取り組まれていることと思います。

　これまで保育園は，地域資源の活用として，公園や児童館・児童家庭支援センター等公共施設の利用，地域のお祭りやイベントへの参加等を積極的におこなってきました。今後は，こうした地域の協力による資源の活用と同じように，保育園も地域の在宅乳幼児の子育て支援の社会資源として活用してもらう機会がますます増加してきます。子ども・子育て新制度は，さらにそれを計画的にすすめる制度でもありますので，地域における保育園の活用が加速されるのではないでしょうか。

　こうしたことをふまえて，主任・副園長の役割を考えてみましょう。

> **事例** 園庭開放から水遊びへ
>
>　都会のM保育園では，これまで土曜日の園庭開放事業をおこなってきました。最近ではお父さんが3歳未満児を連れて遊びに来る姿も珍しくなくなりました。ある土曜日のこと，園庭開放の当番であった主任保育士のV保育士はあるお父さんから「小さい子を連れて入れるプールが近くにないので，こちらの保育園で夏はプールをしてもらえませんか」という相談を受けました。V主任保育士は園長にすぐ相談しました。園長は「確かに小さい子が入れるプールは少ないけれど，保育園も土曜日は子どもが少ないし，職員も週休の割振りをして少ないから，プール遊びはしていないのよね。でも，水遊びだったらできるかもしれないわね。ビニールプールを用意して，1，2歳児限定で楽しむ機会を設けてみるのもいいかもしれないわね」と。そこでV主任保育士が土曜当番のときに試してみることになりました。
>
>　チラシをつくって掲示したり地域に配ったりした効果もあって，思いのほか多くの1，2歳児の親子が集まり，なかには，はじめて利用する親子もいて，楽しそうに水遊びを楽しみました。相談をしたお父さんが「ありがとうございます。狭いマンションで水遊びをする庭もないし，子どもの歓声は近所迷惑にもなるので，神経質になっていたのですが，こうして安全な場所で，水遊びができて，本当に助かります。後片付けとか手伝いますので言ってください」と言われ，実施してよかったと思いました。しかし，夏季期間毎土曜日の実施となると保育に支障も出てきますので，V主任保育士は，園長と相談して，今後は，他の保育園や児童館，児童家庭支援センターなどと協力して，交互に取り組めないか連携を考えたいと思いました。

　このように，保育園が社会資源として活発に活用されるには，保育園が受け皿としてある程度準備しておく必要があります。当然のことながら，現在保育園に在籍する子どもの保育をおこなうことが第一になりますが，保育に支障がない範囲で，地域の子育て支援の中核的役割を果たしていることを自覚することも必要になります。この事例のように，在宅乳幼児の子育て支援のニーズに前向きに応える姿勢が大切になってきます。すべてを保育園で担うことはできませんが，主任・副園長として，近隣の保育所等児童福祉施設や自治体関係機関と相談・連携して地域の在宅乳幼児の子育て支援に貢献できることはないか，積極的に取り組むことが求められています。

❷ 発達に遅れのある子どもと家庭の支援

保育所保育指針では，障害のある子どもの保育について，次のように示されています。

資料2（平成20年3月28日告示）
1　保育の計画
　(3)　指導計画の作成上，特に留意すべき事項
　　ウ　障害のある子どもの保育
　　　　　　　　　― 中略 ―
　　(ウ)　家庭との連携を密にし，保護者との相互理解を図りながら，適切に対応すること。
　　(エ)　専門機関との連携を図り，必要に応じて助言等を得ること。

このように家庭との連携とともに障害に関わる多様な専門機関との連携が重視されています。こうしたことをふまえ，主任・副園長としての役割を考えていきましょう。

事例　発達が気になる子ども

主任保育士のH保育士は，4歳児クラスのJ保育士から「以前からKちゃんの発達の遅れが気になっていたのですが，先日の個人面談で保護者から『来年は小学校に入学するのでどこか専門的な支援を受けた方がいいか』という相談を受けましたが，どう対応したらよいでしょうか」という相談を受けました。H主任保育士はすぐさま園長に「児童家庭支援センターでおこなっているたんぽぽ相談（児童発達支援事業）を紹介したいと思うのですが，いかがでしょうか」と相談しました。園長は「わかったわ。保護者に紹介したら，児童家庭支援センターにも連絡を入れてください。クラスでの子どもの様子や保育の様子をJ保育士と一緒にまとめておいてください。それから就学相談についての相談窓口は，教育委員会になるので，5歳児クラスになるとそうした相談もあることを伝えておきましょう」という指示を受けて，児童家庭支援センターの児童発達支援事業につなげました。児童家庭支援センターでは，児童発達支援センターがおこなっている保育所等訪問支援事業も勧められたので，園長に報告後，早速児童発達支援センターに連絡をしてその手続きについても調べました。

一方，子どもの様子，保育の様子をJ保育士とまとめる過程で，Kちゃんの日常の生活はほぼ一人で自立しているけれども，集団で活動しようとすると，友だちについていけずに一人離れてしまうということがわかりました。この状態を改善するためにも，Kちゃんの困っていることをJ保育士にあげてもらい，それを一緒に分析しました。それによると，Kちゃんは，保育士の言葉だけの指示についていけないのではないかということがわかってきました。そこで，H主任保育士も保育に参加しながら，保育者の言葉の指示がわかるように意識的にホワイトボードや紙に絵や字をかき，時間については教材の時計を使ってわかりやすく示しました。また，園長と相談して，Kちゃんの個別日誌をつけることにしました。こうした保育の工夫もあったためか，Kちゃんが集団に参加する時間がもてるようになりました。ま

> た，H主任保育士は，こうした保育のポイントを「お楽しみ会の開始時間をわかりやすく時計に印をつけたら，遊びを中断して席に座ってくれました」など具体的に連絡帳に書いて家庭にも知らせていくようにしました。
>
> 　3カ月後，Kちゃんの保護者との面談のなかで，たんぽぽ相談（児童発達支援事業）に行って，週一回のサークルに参加することにしてきたことや，発達ノートをもらってきたので保育園でも記載をお願いしたいこと，就学については，Kちゃんの成長の様子を見て，Kちゃんが一番居心地のよい学校を一緒に考えましょうといわれたことなどを話し，最後に「思い切って先生に相談したせいか，保育園に行くのを嫌がっていたKも，最近は自分からすすんでいくようになりました。私がKを怒ることも少し減った気がします。相談してよかったです」と吹っ切れたように話してくれました。

　このように，障害児と認定されてはいなくても発達に遅れが見られたり，人との関わりに課題をもっていたりする子どもが増えているといわれています。そうした子どもの保護者に専門機関を紹介することは，簡単なことかもしれませんが，それだけではなく，日常の保育のなかでできることはないか，よく見直すことは非常に重要なことで，まさに主任・副園長の役割だと思います。

　この事例のように，担任の保育者と一緒に保育を振り返り，その子どもの課題や困難さを分析的な視点で見直し，その解決策を一緒に考えることです。確かに専門家のアドバイスも必要ですが，日常共に生活する保育者とそれをより専門的な視点から援助している主任・副園長だからこそできることであり，こうした行為や作業そのものが保育者としての専門性を高める手段にもなります。

　それだけではなく，子育てに参考になる保育の内容やポイントを，家庭でも取り入れやすいように具体的に保護者に知らせることによって，子どものかかえる困難さが緩和されることがあります。このように保護者との連携を密にし，相互理解をはかるということが，地域の子育て支援を担う保育園の役割として求められています。

　また，専門機関の支援を仰ぐ場合にも，その子どもの発達の様子やどのように保育をしているのか，今後の課題などを具体的に示すことは，専門機関のアドバイスをより精度の高いものにするばかりではなく，一緒に支援をしていくという姿勢で取り組むことができます。

　こうした情報提供や適切な支援ができるためには，主任・副園長として，発達に関する国の制度や所在する自治体のサービス体系などを知っておく必要があります。

　保育園でなじみの深いのは，第一次支援機関である児童発達支援事業などから保育園への専門的支援や相談をおこなうサービス「保育所等訪問支援」でしょう。すでに利用している園も多いかと思いますが，サービス体系の位置づけとして把握しておきましょう。

　また，障害児の保護者との懇談会をおこなったときに，多くの保護者から寄せられ

た声は，所在する自治体のサービスの情報が少ないことだといわれたことがあります。こうしたサービスの体系は，都道府県や区市町村により異なりますので，主任・副園長として保育園の所在地の自治体のサービスの体系を把握しておくことが大切です。保護者からニーズがあった場合には，すぐさま情報提供をしたり，手続きや利用時間などの情報を調べて伝えたりできるようにあらかじめ準備をしておき，園長と相談して保育園で誰でもがその情報を共有できるようにしておきたいものです。

❸ 要保護，要支援の子どもと家庭の支援

現在では，児童虐待や家庭などでの大人からの不適切な関わり方について早期発見，早期対応，発生予防などの視点から保育園の役割が非常に大きくなっています。

児童虐待の防止等に関する法律（児童虐待防止法）では，児童虐待の早期発見等について以下のように規定しています。

資料3　児童虐待の早期発見等

第五条　学校，児童福祉施設，病院その他児童の福祉に業務上関係のある団体及び学校の教職員，児童福祉施設の職員，医師，保健師，弁護士その他児童の福祉に職務上関係のある者は，児童虐待を発見しやすい立場にあることを自覚し，児童虐待の早期発見に努めなければならない。
2　前項に規定する者は，児童虐待の予防その他の児童虐待の防止並びに児童虐待を受けた児童の保護及び自立の支援に関する国及び地方公共団体の施策に協力するよう努めなければならない。
3　学校及び児童福祉施設は，児童及び保護者に対して，児童虐待の防止のための教育又は啓発に努めなければならない。

児童虐待防止法にもあるように，保育園および保育者が「児童虐待を発見しやすい立場にあることを自覚」することが何よりも大切になってきます。

事例　登園しなくなった子ども

副園長のL保育士は，4月に入所してきた0歳児クラスのZちゃんの様子が気になっていました。Zちゃんの家庭は母子家庭ですが，連休明けから登園が10時を過ぎることが多く，お迎えも約束の時間を過ぎることが多くなりました。また，おむつかぶれもひどいうえに，衣服も毎日同じ服を着てくることが多く，明らかに下着も洗濯していない様子です。クラスの担任保育士が，時間のことで注意をした途端，登園しなくなってしまいました。そればかりか，電話にもでなくなり，ますます心配になり，園長に相談して担任保育士と二人で家庭訪問をすることにしました。Zちゃんの家のドアを開けたとたん玄関から床いっぱいに荷物がおかれて足の踏み場もありませんでした。Zちゃんは元気にしていましたが，L副園長は，この様子を見てお母さんからのSOSであることを察知し「お母さん，保育園に来ることが大変だったら，私たちZちゃんを迎えに来てもいいかしら。Zちゃんもお友だちと一緒だと楽しいと思うのよ。どうかしら，お母さんも一人で子育てするのは大変でしょう？　Zちゃんが泣いたりして，夜ゆっくり寝られなかったりするものね」とお母さんに寄り添うように話しかけると「私もZがかわいいし，せっかく保育園

に入れたから，一生懸命働こうとしたら，Zが夜泣きして眠れなくて，起きられなくて，仕事に遅刻したら，もう行くのが嫌になっちゃって，やめちゃったんです。そうしたら，ますます朝起きられなくなって，連絡しなくてすみません。頼れる人も近くにいなくて……」と言って泣き出してしまいました。L副園長は「大丈夫よ」となだめながら，Zちゃんとお母さんを支える手立てを早急に考えていこうと思いました。保育園に戻って，園長に報告して，Zちゃんとお母さんをサポートする緊急の職員会を開催しました。
　次の日から，L副園長を中心に交代でZちゃんの送迎をおこない，園内では保育園の服を着せ，着てきた衣類は保育園で洗濯し，また着せて帰すことにしました。沐浴を欠かさないようにして，清潔を心がけました。おむつも保育園の布おむつを使い，極力お母さんには負担がかからないように心がけました。他のクラスの保育士から「そこまでしなくてもいいのでは……」という声もあがりましたが，いまは，緊急対応ということで，理解してもらいました。
　同時に，所在する自治体の窓口である，児童家庭支援センターに連絡をして状況を報告すると，すぐに関係者を集めて会議を開催し，Zちゃんの支援について要保護児童対策地域協議会との連携も視野に入れ，当面の関係機関の情報の共有と役割分担等を話し合いました。
　1カ月ほど，Zちゃんの送迎をしましたが，お母さんが自治体のひとり親支援サービスを受け，家のなかも片づき，仕事も決まり，時々，ファミリーサポートセンター等のサービスを受けながらも，Zちゃんのお母さん自身が送迎をできるようになりました。L副園長はよかったと思いつつもZちゃんの成長にともなう子育ての危うさを思い浮かべ，これからも見守っていく必要があると感じました。

　このように支援の必要な家庭に対して，どこまでどのように支援するかということがポイントになってきます。主任・副園長として，園長の指示のもと，関係機関や専門機関との連携をはかるうえで，まずは，児童虐待の連絡先や要保護児童対策地域協議会のしくみなどを把握しておくことが大切です。関係機関への連絡を躊躇するケースがしばしば見受けられますが，子どもが犠牲になったケースは必ずといっていいほど，連携が不十分であることが指摘されています。些細なことでもよいので，きちんと報告・連絡・相談をしておきましょう。
　また，主任・副園長の大切な役割は，園内の調整でもあります。なかには支援の公平性を理由として，個別的な支援を快く思わない保育者もいます。しかし，児童虐待に関わることは，子どもの命に関わることですので，危機管理の観点から，個別の子どもおよび家庭への支援は，緊急対応と考えて保育園でできることはしてあげるようにしましょう。園内で共通理解をはかるためにも，日頃から，児童虐待に関する研修を受け，要保護児童，要支援家庭の対応についても園で話し合っておくことも大切です。
　また，園では支援できないことについては，他の機関の支援が頼めないか，関係機

関と相談することも必要です。近年では、たとえば子どもの貧困では、自治体独自でひとり親家庭への支援に取り組んでいる地域もあり、所在地の自治体や関係機関に相談してみるとよいでしょう。

　いずれにしても、主任・副園長として、児童虐待、子どもの貧困、不登校・ひきこもり等々、子どもに関連するさまざまな社会状況について、関心をもち、アンテナを張って日常の保育にあたることが求められています。

❹ 小学校との連携

　保育所保育指針では、小学校との連携について、次のように示されています。

> **資料4（平成20年3月28日告示）**
> 1　保育の計画
> (3)　指導計画の作成上、特に留意すべき事項
> エ　小学校との連携
> 　(ア)　子どもの生活や発達の連続性を踏まえ、保育の内容の工夫を図るとともに、就学に向けて、保育所の子どもと小学校の児童との交流、職員同士の交流、情報共有や相互理解など小学校との積極的な連携を図るよう配慮すること。
> 　(イ)　子どもに関する情報共有に関して、保育所に入所している子どもの就学に際し、市町村の支援の下に、子どもの育ちを支えるための資料が保育所から小学校へ送付されるようにすること。

　小学校というと、文字や数を教えたり、学校教育の先どりをしたりと気が焦る保護者が多いのですが、主任・副園長として若い保育者が保護者などの周囲の焦りにつられて本分を見失わないように支援する必要があります。「生活や発達の連続性を踏まえ」と保育指針にあるように、日頃の保育の充実が小学校生活につながっていくことが何よりも大切になりますので、幼児期に必要な生活や遊びを通した成長の基盤を育んでいきましょう。

> **事例　小学校との連携**
>
> 　B保育園では、就学に向けて毎年12月に年長児が近くの小学校を訪問して、1年生児童との交流をおこなっています。受け入れてくれる小学校でもいろいろ企画をしてくれるので、年長児は就学に期待を膨らませて参加します。今年も小学校との交流会に参加する年長組に主任保育士のX保育士が同行しました。X保育士は、この機会に以前より集団活動のときに一人離れて活動することのあるCちゃんの様子を見たいと思いました。
> 　交流会は30分ちょっとの会でしたが、15分を過ぎたころからCちゃんに落ち着きがなくなり、X保育士がそばについて、交流会の内容をわかりやすく解説し、次に大好きな歌を歌うことを伝えて期待をもたせるなど援助して、何とか30分参加することができました。
> 　その後小学校の先生から、「交流会でほとんどの年長児が静かに話を聞くことが

> できていて感心しました」という感想のなかで「次は，もう少し自然に子ども同士の交流ができるような内容を考えてみたいと思いますが，いかがでしょうか」と言われ，X保育士が折り紙や簡単な工作を教えてもらったり，一緒につくったりすることを提案し，2月の交流会に向けた話し合いがすすみました。

　小学校との連携では，とりわけ年長児は小学校で小学生と交流をもつことで，就学を楽しみにするようになります。また，交流を通して小学校生活をよく知り，小学校の教員との関わりをもち，情報の共有や相互理解をはかることは大切なことです。主任・副園長はこうした小学校との連携の窓口となる機会も多いので，相互理解に努めるよう心がけましょう。

　また，保育園に在籍する子どもたちは，就学と同時に放課後児童健全育成事業，いわゆる放課後児童クラブにも入会することが多くなりますので，小学校との連携と同じように放課後児童クラブとの連携も重要になります。子どもも職員も児童クラブと交流，連携をはかれるよう，主任・副園長として，積極的に児童クラブの見学や交流の機会をもつようにしましょう。

　また，小学校への子どもに関する情報共有となる「保育所児童保育要録」については，若手の保育者から相談を受けることも多いと思いますが，その際，小学校において子どもの理解の一助になるという目的を示したうえで，(1)日ごろの記録を基にする，(2)養護と5領域に分けて整理する，(3)ありのままの子どもの姿やよさが伝わるようにし，否定的な表現は避ける，(4)保育要録についてはあらかじめ保護者に周知しておくなどのアドバイスを心がけましょう。

　「保育所児童保育要録」は，小学校との連携をはかるうえで，重要な役割を果たしますが，あくまで，参考資料の一つです。保育要録だけに頼るのではなく，小学校との交流会や地域懇談会などさまざまな機会を通して，小学校と連携をはかると同時に，主任・副園長として連携の情報や状況について保育園にもち帰り，職員にも報告して情報共有できるように努めることが求められてきます。

第6章　「保育の環境づくり」とその見直し

1　環境を通しておこなう保育

❶　子どもの主体性を尊重する

　「環境を通しておこなう保育」は乳幼児期の保育・教育の真髄であり基本です。乳幼児期の発達に必要な経験が得られるよう，適切な環境をつくりだし，その環境に乳幼児が主体的に関わり夢中で遊べるようになっていく力，すなわち心身の発達を助長し生きる力の基礎を養っていくことを目指す保育です。主任・副園長はこの「環境を通しての保育」の意味を職員間で共通理解し，園全体の環境や各クラスの環境についての点検，見直しを促してほしいものです。

　従来の保育・教育は，ともすると保育者が，いつ，どこで，どんなことを子どもたちにさせたらよいかを考えて，活動や教材を準備し子どもたちにやらせるというかたちで展開されてきました。それは「保育者から与えられる課題」であって，子どもたちが自分のものとして取り組もうとする「自己課題」ではなかったのです。多くの幼稚園，保育園では，この保育者主導の保育が主活動として当たり前のようにおこなわれてきました。そのため子どもたちは「先生，今日は何してあそぶの？」「なにやってくれるの？」などと遊ぶことを保育者に問うなど，受け身の姿勢が目立ち，遊ぶ力が弱くなってしまったことが幼児教育界の大きな課題になりました。本来子どもは知的好奇心に満ち溢れた存在であり，自ら遊びだす力をもっています。その遊びこそ子どもの発達要求，生きる力の原動力です。そのような反省をもとに，1989年度から幼稚園教育要領，保育所保育指針が改訂され「環境を通しての保育」が打ちだされました。

　これは，環境との相互作用によって得た経験が人間の発達を方向づけるという発達観をもとに，乳幼児期の保育・教育は，学校教育とは異なり，子ども自身の興味や要求に基づいた具体的な体験を通して豊かな心情，意欲，態度を養う人間形成の基礎を養うという幼児期の特性を明確にしたものと考えられます。

　2013年の子ども子育て支援新制度においても「環境を通しての教育が，幼児期の保育の根幹」であることを述べていることはいうまでもありません。幼児教育の望ましいあり方は，幼児が主体的に周囲の環境と関わりながら遊びを中心として総合的に指導されていくことを強調したものです。

❷ 応答的な環境構成

　　　　乳幼児が内的求め・興味，関心，好奇心に従って環境に関わり，主体的に活動を展開するように，物や人，自然や社会事象，時間や空間，そこから醸し出される雰囲気を含めて環境を構成し，乳幼児の発達に必要な経験を得られるような状況づくりをすることを環境構成といいます（このことについては第2章第2節保育課程と指導計画を合わせ見てください）。つまり，子どもたちの主体的な活動や学びを促すためには，子どもが興味をもったり，疑問を感じたり，調べたり，試したり，つくったり，表現したりしたくなるような手がかりのある環境を用意することが必要です。その環境構成にあたっては，(1)それぞれの時期の乳幼児の育ちに応じた環境構成，(2)保育者が子どもたちに経験させたいという意図をもった環境，いまどのような経験が必要かを吟味しながら（季節の変化や子ども同士の関係性なども見通し），環境をデザインすることが必要ですが，保育者の「子どもに寄せる思い」がその環境に現れなくてはならないことはいうまでもありません。

　　　　環境の豊かさとは，子どもたちがその環境に主体的に関わることのできる自由さと，その環境から子どもたちが多くの意味や学びを見出すことができるという応答性によって生み出されることを，職員間で確認し合いたいものです。

❸ 「保育の環境」4つの項目を基に環境を見直す

　　　　保育所保育指針の第1章3　保育の原理「(3)保育の環境」には以下の4つの項目を設けて「環境を通しての保育」の具体的実践を述べています。

① 「ア　子ども自らが環境に関わり，自発的に活動し，様々な経験を積んでいくことができるよう配慮すること」

　　　　いま，子どもがしようとすること自体，必要で意味があります。保育者はその遊びのなかで一人ひとりがどんな育ちや力が養われるのかを見届けていきます。すると「この子にはこんな力があった」という発見や，予想外の展開に驚かされることもあります。ときにはその後の遊びの発展していく姿を予測したりします。さらに子ども相互の関係性など多様な側面から見てほしいと思います。それを次なる援助，指導に活かしていきます。

② 「イ　子どもの活動が豊かに展開されるよう，保育所の設備や環境を整え，保育所の保健的環境や安全の確保などに努めること」

　　　　ここではとくに園の音環境・騒音などについて考えてみたいと思います。体操をするときの音楽などをかけるとき，音は大きすぎませんか？　それから保育者の声量です。園に入っていくと子どもの声より保育者の声が大きくて『子どもたちの頭上にはいつもこの保育者の声が飛び交っているのか……』と嘆きたくなることがあります。子どもはまだ聞きたい音とそうでない音を自身で聞き分ける力が弱いです。したがって遊んでいると周囲の音や声がみんな耳に入ってきます。保育者が他の子どもに話す声も，保育者同士の話し声もみんな入ってきます。質の高い保育をしていると感じられる園は，おおよそ保育者の声があまり聞こえてきません。なぜならいま必要な言葉

をその子だけのところに行って話しかけるので，その子にしか聞こえません。そのことを「言葉を届ける」といっています。それぞれに遊んでいる子どもたちがいるところで大きな声で「もう片づけておさんぽいくよ」などと一斉に呼びかける必要はないように思います。遊びが一段落した子どものところに行って「〇〇ちゃん，遊びが終わったのね，それじゃあ片づけて，トイレ行こうか」といえば片づけはじめます。それを見て，"ぼくも……"と片づけだす子もいます。職員のチームワークができているところは，その園の方針や大切にしていることが共通理解されていますから，みんながそれを大切にします。騒音は生活時間が長い子どもたちにとって大脳疲労の原因にもなります。

③ 「ウ　保育室は，温かな親しみとくつろぎの場となるとともに，生き生きと活動できる場となるように配慮すること」

　園は子どもたちにとって生活の場です。とくに生活時間が長い子どもにとって「いまは遊びたくない，ほっとしていたい」などと感じ，ごろんと休みたくなることもあるでしょう。ことに夕方になると子どもたちは疲れてきます。くつろぎの場というのは，休息がとれたりほっとひとりになれる居場所を意味するのだと思います。各保育室には写真のような場が設けられているでしょうか。

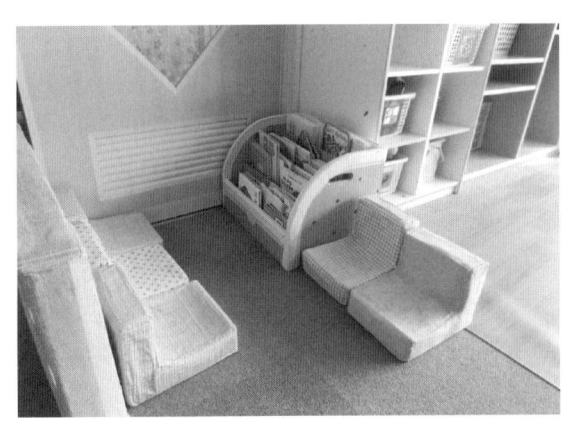

ほっとできる絵本コーナー

④ 「エ　子どもが人と関わる力を育てていくため，子ども自らが周囲の子どもや大人と関わっていくことができる環境を整えること」

　いま，多くの園では保育室の入り口に鍵やストッパーがついています。また探索活動の活発な1，2歳児保育室には，戸棚や引き出しにも子どもが開け閉めできないような仕掛けがされています。さらにテラスを仕切る柵にも鍵がついています。保育者や保護者が出入りするたびにその鍵を開けたり閉めたりしなければなりません。私が保育者をしていた二十数年前は，保育者の人数はいまより少なかったのですが鍵はついていませんでした。もちろん2階の階段のところには鍵がついていましたが，園内のどこでもが子どもたちに開かれた場所でした。探索の活発な1，2歳児は，よく廊下に出ていきました。テラスに出ていく子がいると「そうかおんもに行きたいのね」

と保育者同士で連絡をとり合い，テラスや外に連れ出しました。各保育室がオープンであることは，それだけ人との交流が広がり，クラス担任だけでなくよそのクラスの保育者とも交わり，異年齢の子ども同士との交わりも豊かになります。「園の子どもはどの子もみんな私の子」という気持ちで，どの子どもも責任をもって見る態勢ができているかどうかがポイントになるのではないでしょうか。子どもの主体性をほんとうに大切にしていると思える園の多くには鍵がありません。あったとしても日頃はかけることはありません。保育所保育指針のこの項目は，ぜひとも園内研修で取りあげていただきたいと願っています。

❹ 保育の中核となる園独自の文化の創造

私は長い間公立保育園で働いてきましたが，公立園は，人事交流をはかるという目的でよく異動があります。その意義はわからないわけではありませんが，一番残念だったことは，異動が多すぎてその園ならではの文化ができにくいということでした。

たとえば私が年長組の担任だったときのことです。運動会で力を出し成長した子どもたちの次なる"育とうとする力"に応える活動として，私は木工を考えてみました。木工は「子どもたちの本気を引き出し，失敗や葛藤をともなう活動」だからです。力を抜いたりいい加減なことでははかどらない活動です。年中組のときも船づくりをし，うまく浮かばせるのに試行錯誤し，やり遂げたときの達成感はそれは大きなものでした。

幼児クラス全体で打ち合わせを重ね，プールにシートを敷きそこでいつでも木工をしたい子が集まれるようにしました。予想通り3歳児クラスの子どもたちから年長児まで異年齢での関わりもよい刺激になり，いろいろなものが出来上がっていきました。年長児たちは，自分たちの遊びに必要なものをつくりだす楽しみを生み出していきました。はじめは木片と丸棒を使って写真のような動く車を夢中でつくり，出来上がると滑り台のスロープから走らせてみたり，自動車レースと称して誰の車が一番早くゴールするかの競い合いを楽しんだりしていましたが，そのうち年長児の誰かが「自分たちが乗れる本物の乗物をつくろうよ」と言いだし，そこで年長組の協同活動がはじまりました。そして1カ月近くかかって大きなバスをつくりあげました。

そこまでのプロセスには，どんなバスをつくりたいかみんなでイメージを共有するため，近くの車庫にバスを見に行ったり，大きな模造紙に書いてみたりし，その後大工さんをしている園児の保護者にアドバイスをしてもらい，11月下旬，とうとうその箱バスが完成しました。

出来上がると早速小さい子どもたちを乗せてあげようと，乗り物ごっこが園全体ではじまりました。本物の動くバスなので小さいクラスの子どもたちの喜ぶ顔が，年長児たちの誇りと達成感をもたらします。この乗り物ごっこは年長児が卒園するまでつづきました。せっかくつくってもらったバスも長いこと乗りまわしたため動かなくなったり，運転手さんがいなくなってしまったことで，次年度からは新しい年長さんが引き継いでくれることになりました。そして例年年長さんの「卒園制作」は木工でと

クラスのみんなでつくった大型バス（年長組）

木工でよく走る車をつくったよ 　　　　　　　　お客さんをのせてのりものごっこ

　いう園の活動が継続していきました。乗り物以外にも子どもたちが入って遊べる家や，飼育していた兎の小屋や一緒に遊ぶ柵など，生活に必要なものをつくっていく活動が4〜5年続きました。その間木工が幼児の集中できる活動の一つとして浸透していったことはいうまでもありません。しかし園長が変わり，年長のときの担任だった私も異動していくうちに，木工活動はおこなわれなくなったそうです。

　その園ならではの文化として継承されていく原動力は，「夢中になれること」と「おもしろさ」そして「子ども同士の協同」といえるのではないでしょうか。その手ごたえが「課題克服の喜び」になることはいうまでもありません。この「夢中」「おもしろさ」「協同」の活動を，園文化として継承していけるように支えていくことも主任・副園長の役割であり，陰になり子どもたちや保育者の協同を時間をかけてつないでい

ってほしいものです。この積み重ねを継承していくエネルギーはもちろん子どもたちの意欲です。あなたの園にはどんな園文化が継承されていますか。

❺ 園独自の文化について考える

　人間の発達は社会的，文化的環境との関わりを除外して考えることはできません。どういう文化環境に育つかが，子どもの発達を大きく方向づけるからです。ちなみに家庭で子どもたちは，親が日常的にやっていること（とくに楽しんでやっている好きなこと）を知らず知らずのうちに見て吸収していきます。そしていつしか子どもが成長していくと親のやっていた，とくに親の好きだったことを継承していることに驚かされることがあります。「蛙の子は蛙」と伝えられてきた諺通り，子どもの能力や生き方は，親と似るということです。子どもが長い時間経過のなかで親の文化を受け継いでいくのと同じように，園児は園の文化的環境のなかで育っていきます。たとえば保育者の服装一つとっても園でどう考えているでしょうか。「どうせ汚れてしまうのだから」と運動するわけでもないのにいつもジャージ姿の保育者たち，また逆に園の生活や行事にふさわしいときと場合をわきまえた服装を心がける保育者たちは，子どもたちの目にどう映っているでしょうか。また，食事の準備ができるまで「お口はチャック，手はおひざ」と言って全員が揃うまで待たせている1，2歳児クラスの食事のひととき，待ち時間が長ければ長いほど子どもは無気力になっていくのですが，そういうことがわかっていても集団保育なのだから，みんな一緒を大切にとおすすめられる園と，支度に時間がかかるので手を洗い支度のできたおなかがすいた子から「今日の食事は鶏のから揚げとサラダと……」とメニューを伝えながら個別に「いただきましょうね」とすすめていく園。何を大切にしているのか？　園の文化によって子どもたちの精神性・内面の育ちも違ったものになってきます。

　最近私は『文化的営みとしての発達』（バーバラ・ロゴフ著，當眞千賀子訳，新曜社，2006年）という本を読み，大きな衝撃を受けました。この本のねらいは「人の発達の文化的パターンについての理解を深めることです」と書かれていました。そして最も重要だと学んだことは，「人々は文化コミュニティの一員として発達する」という立場を展開していたことでした。たとえば「子どもたちが他者に対して責任を持つのに十分な知的発達レベルに達するのはいつごろか。子どもたちにはいつ頃赤ちゃんのお世話を安心して任せられるようになるか？　米国の中産階級の家庭では，子どもたちはおそらく10歳になるまで自分で身の回りのことをしたり，他の子どもの面倒を見たりすることはできないとみなされていることが少なくありません。英国では，14歳以下の子どもを大人の目の届かない所に放置するのは違法行為となっています。しかし世界中の多くのコミュニティでは，5歳から7歳頃には他の子どもの世話をする責任を担い始めます。たとえば，オセアニア諸島のカワラアエの人々については，次のような報告があります。3歳児は庭仕事や家事を上手にこなすし，年下の妹や弟の優れた子守り役であり，社会的なやり取りもすっかり板についている。（中略）子どもたちはいつ頃鋭いナイフを安全に扱うのに必要な判断力と運動調整能力を備えるように

なるか？ 米国の中産階級の大人たちは，5歳以下の子どもがナイフを扱えるとは思っていないことが多いのですが，コンゴ民主共和国のエフェの人々の間では，赤ちゃんたちが日頃から安全に鉈を使っています」。

このように変化に富む子どもたちの発達の姿を知り，かつての日本の戦後の貧しかった家族，自分の子ども時代を思い出していました。小学1年生のとき，自分も家族の一員として家事の役割を負い，家庭を支えてきたことです。人いちばん早起きだった私は，家族がまだ寝ている朝，薪をくべてお釜でご飯を炊きました。"おいしいね"と家族が喜んでくれることが私の誇りでした。家庭のなかで子どもの出番をつくり責任をもたせる意味は，はかりしれません。同じように園生活において，私たちは子どもをどこまで信じ任せる保育をしているでしょうか。改めて職員みんなで考えていきたいことです。

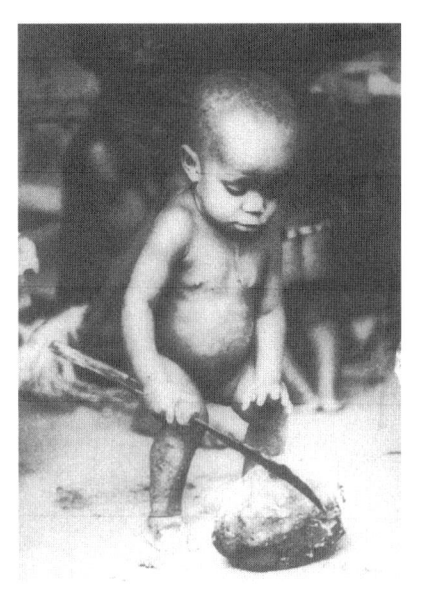

生後11カ月のエフェの赤ちゃんは鉈で上手に果物を割る

また，少子化できょうだいが減り，核家族化で多様な人間関係を結ぶ場を失っている子どもたち。地域のつながりも断たれ，異年齢で群れてあそぶ姿も見られなくなってしまいました。こうした人間関係の重層構造が現在，ことごとく崩壊しています。昔は「親がなくても子は育つ」といわれてきましたが，今は皮肉にも「親があっても子は育たず」の時代になってしまいました。

「人間とは何か？」を考えると，一つは，人間というものは，優れた文化をもったものということができます。文化というものが人間自身をつくりだしていくとも考えられます。「人間の文化は，遊びのなかで発生したものではないか」というホイジンガーの定説を，子どもたちから遊び環境を奪い，遊びの魅力を取りあげてしまったわれわれ大人は，もう一度重く嚙みしめなくてはならないと思います。

子どもの成長にとって一番大切なことは，子どもが子ども同士で遊ぶこと，子どもが子どもたちだけで遊ぶ体験（子ども自身による文化の創造）こそが，子どもの復権につながります。そのような文化を園でつくっていくことはできないでしょうか。本田和子氏曰く「子ども＝納税者予備軍」ではありません。いま，子どもたちが集まって生活している園だからこそ，子どもたちによる，子どもたち自身の文化の創造を支えていけるのではないでしょうか。子どもが子どもでいられる文化です。私たち保育者は，そこで学びとった「子どもの価値・子ども存在の意味」を地域や社会の，子どもを知らない大人たちに語っていかなければなりません。主任・副園長の役割はまさにそこにあるのではないかと思います。

2 　共有の場は主任保育士たちの出番

❶ エントランスは園の顔——保護者の目線を子ども目線に変える

　これからの幼児施設は選ばれる時代に突入していきます。見学に来た方がまず感じるのは，まずはそのとき目から入ってくる第一印象なのですが，どちらかというと大人目線の随分綺麗でおしゃれな印象を与える園が増えてきました。それは保護者の目線を意識している部分が大きいのかもしれません。しかし，園はそこで生活する子どもたちが喜んで遊べる楽園づくりであり，生活する大人の姿から多くのことを学べる文化をつくっていくことです。

　私たちはまず見た目の印象をよくするために花を植えたり，清掃したり，綺麗に環境整備をおこなっていると思います。そのことはとても重要なことなのですが，単に公園のように整備するだけで大丈夫でしょうか。どんぐりを公園に拾いに行ったらきれいに掃除されていてほとんど見つからなかったという体験はないでしょうか。そこには子どもの遊びを豊かにするための子どもの目線や動線を考えた環境整備が大事ですから，何でもきれいにすればよいというわけではありません。砂場も子どもたちの遊んだ姿が想像できるような状態で残っていると，見学者に遊びの豊かさを紹介することができます。このようなことを意識すると，その園の理念が反映されるものになっていきます。ですから最初の保護者の好印象を意識しつつも，その視線を子ども目線のものに変えていく仕掛けが必要であり，子どもの世界のすばらしさを知ってもらえる工夫こそが，園のエントランスには必要だと思います。そして，このような園全体のデザインを考えるときに，さまざまな発想で広くものを考える主任・副園長の役割はとても大きいものがあると思います。しかし，自分でその仕事をすべて背負い込むということではありません。いかに多くの人の協力を得ながら，みんなと協働の仕事ができるように発想しながらすすめるかということです。時間も余裕もない現場の保育者たちに，変化を与えることで，保育が変わり子どもたちの遊びも豊かになるという実践を示すよい機会になるはずです。

❷ 廊下の見直し

　クラスの部屋と廊下の境界で叱られている子どもがいます。どうやら部屋から勝手に出て来てしまったようです。廊下は他のクラスや玄関，トイレ，給食室，園庭など，いろいろなところとつながっていますか

エントランスや廊下を異年齢児が交われるくつろぎの場に

ら，子どもからするとわくわくするとても魅力的な場所なのかもしれません。一方，保育者からすると子どもの姿が目の届かないところに行ってしまうので，何とか阻止しなくてはなりません。そのような対策としてあるのでしょうか，保育室には子どもの手の届かない場所に鍵がかかるようになっているところがたくさんあります。鍵が必要な場合もあるでしょうが，子どもの権利や災害時なども含めその扱いには十分な配慮をするとともに，園全体で確認しておくことが必要です。このような標準化も主任やリーダー層たちの重要な仕事だと思います。

さて，それではどうして子どもはクラスから飛び出すのでしょうか。子どもにはそれなりの理由があり，保育者を困らせるという気持ちはありませんから，そのことで叱られるという環境は見直した方がいいと感じます。たとえば，一人ひとりの様子をていねいに観察すると，室内のざわつき感や音がうるさく感じてしまうとか，もっと身体を動かして遊びたい，遊びたいおもちゃがない，外に対する興味がつよい，ただ単に担任に追いかけてほしいなど，さまざまな理由が考えられるはずです。そのことを考え，部屋のなかにその子の居場所をつくらないかぎり，部屋から廊下に飛び出すといった光景はなくならないと思います。

ここまではクラスの保育環境を見直すという提案ですが，そのスペースを活用することもできます。子どもの目線に変えて見ると，長細い廊下は遊び場としたら迷路のようにいろいろなところとつながっているので，知りたがり屋の子どもにとっては冒険心がかきたてられる楽しい場所なのかもしれません。そこで，廊下とつながっているクラスや事務室，給食室などと調整をしながら，廊下を子どもが安全に活動できる共有のスペースとして考えることもできます。ただし，廊下は避難用の通路にもなっていますから，家具など置かずに，遊んだらすぐに片づけられるようにする配慮も求められます。

長い廊下をそのまま活用するとしたら，センターラインをビニールテープで描いて，雑巾がけごっこや，飛行機飛ばし，的当て，こま回し，けん玉コーナー，ブロックコーナーなど，室内では狭くてできないような遊びのスペースとしても考えられます。途中に段ボールなどでお店屋さんコーナーをつくっておけば，商店街のような遊びにもなります。小さいクラスではマットなどを置いて廊下を障害物遊びのコーナーにすることも可能です。さらには逆の発想で，絵本やパズルのコーナーなど静かな空間として利用することもできます。

このように共有の場をうまく活用するには保育者間の連携が何より求められます。そのためには保育者間で何でも話し合え，クラスを超えたすべての子どもたちをみんなで保育するという信頼関係が必要です。このような連携をとることが，廊下のような共有の場を使う大きなメリットといえますし，クラスをもたない主任・副園長にとっては腕の見せどころになるかもしれません。共有の場をどのように使うかは，そこにいる人たちの価値観が共有化されないと展開されません。子どもの生活の場として考えながらも色やライン，絵画，ライトなどで季節を感じられるようにセンス溢れた美しい空間にするのも一つの方法です。子どもが好むという理由での原色を使った装

飾やキャラクター，アニメなどは私たちの生活空間には氾濫しすぎていますから，そのことを少しおさえて，大人にとって心地よい落ち着いた空間なるよう考える必要があります。

❸ 園庭環境を考える

1 自由度と多様性を意識した園庭

地面にできた水たまりを二人の男の子が交代で跳び越えながら遊んでいます。よく見ると身体の少し大きい子がリードし，もう一人が真似をして遊んでいます。そして，跳び越える距離をだんだんと広げていることがわかりました。最初は「ここまで跳べるか」といった様子でしたが，友だちがだんだん頑張る姿に共感していったのでしょうか，友だちが長い距離をジャンプできたときには駆け寄って一緒に喜んでいました。こんな競い合いや共感の繰り返しが子どもたちの遊びのなかではよく起こっています。こんな自然な遊びができたのも園庭に水たまりがあったからです。しかもちょうどよい長細いかたちをしていたのです。

園庭があるメリットは子どもたちが身近で遊びの予測を立てることができるということです。たとえば穴掘りをして楽しかったと思ったら，その遊びを翌日も予想してつづけることができるからです。遊びにはこのような連続性（時間）という環境が保障されていることが非常に重要になってきます。まずはこのことをおさえてわくわくするような園庭環境を考えてみましょう。

2 フラットで安全？ 障害物のない園庭のリスク

新しい園の園庭は極力事故のリスクを減らすために設計されたのでしょうか，最小限の遊具ときれいに整備されたフラットな園庭で，子どもがどこにいてもすぐに発見できる見晴らしのよい環境でした。そこでの遊びはボール遊び，縄跳び，三輪車や車などに乗って遊ぶというようなよく見る光景ですが，子どもたちの動線がばらばらで，いつ衝突が起きないかというハラハラ感がありました。

一方，遊具がたくさんあり，見通しが利かず，オープンな場所が少ないという園で

トンネルのある築山　　　　　　　　　　　いつでも水を使って遊べるよ

は出合いがしらの衝突や転倒の事故が発生しやすく，鬼ごっこやボール遊びが思うようにできない環境になってしまいます。

保育室の環境は一生懸命考えますが，園庭の環境はあまり考えられていない園もあります。変えようのないものという先入観があるのかもしれません。しかし，経験年数の長い職員が多くなると，花壇や畑をつくったり，ままごとコーナーや虫などを探す場所，洗濯干し場，築山など，生活を豊かにする楽しい工夫がどんどん増えていきます。保育者たちはあまり意識してないようですが，このことで子どもたちは興味も広げますし，好きな基地がたくさんできます。こうなると，何となくふらふらとして落ち着きがなく動きまわる子どもの姿が減ってくるのです。これは何もないオープン状態の保育室の環境と似ているかもしれません。

3 地面について

園庭の地面を意識したことがありますか。子どもたちの足元はどんな素材でできているでしょうか。きれいな芝生がいいとか汚れないクレーコートのような素材がいいとか，転んでもけがをしにくい砂地がいいとか，いろいろと園のこだわりが見られる場所かもしれません。しかし，ここでこだわってほしいのはさまざまに自然を感じることのできる多様性に富んだ環境です。ドイツで見た園にはレンガ，石，木，砂利などさまざまな素材でできている歩道がありました。砂場があり，花壇や芝生，土，アスファルトと，その変化に合わせるように子どもたちは遊びを変えていました。

子どもが毎日遊ぶ地面を意識して見てください。土団子一つつくるにしても子どもたちがいかに地面と対話し，どこの土がいいのかを繰り返し調べたり，教え合ったりしている姿に出会うはずです。

私の園（諏訪保育園）では近隣の空き地を借り，どのような園庭にしたいかを保育者たちと考えながら使いはじめました。とりあえず周囲に畑をつくり，築山を2つつくり，後は野生の草が生えるのを待ちました。しかし，水がないと作物は育ちません。そこで子どもと保育者がリヤカーにポリタンクを乗せて水を運び，毎日水やりをおこないました。不便な生活は子どもたちに水の大切さを伝える機会にもなりましたし，リヤカーの扱いにも慣れていきました。雑草は種をまかなくても自然に生えたので，短く刈りそろえておくと予想通り今度はそこにたくさんのバッタやトンボがやってきました。周囲にそれだけ自然が残っているという証拠なのでしょうが，改めて自然のたくましさを感じますし，いかに子どもたちを喜ばせることができるのかということがわかります。

三輪車に乗るときにも舗装路と，坂道，砂地とではまったく抵抗が違うことを子どもたちは学んでいますが，あえて乗りにくいところでチャレンジしている姿も発見できます。このように，地面一つとっても多様性に富んでいると多くの学びがあります。自然があると子どもたちの遊びは放っておいても豊かになります。まずは子どもの足元がどうなっているか考えてみてください。

4 ESD的発想による保育環境

　春には園庭にちょうちょ，夏にはセミ，秋にはバッタが，そんな小さな命と毎年出合い，網を持った子どもがそれを追いかけながら，年々捕まえるのが上手になっていく，そんな体験がこれからの子にとってどんな役に立つのでしょうか。これからますます増えるであろう室内でゲーム機やタブレット片手にいろいろなバーチャル世界を楽しむ遊び。単純に考えると後者の道を選んでいるのが私たちの現状ですが，自然遊びの楽しさに向けての揺り返しというのはあるのでしょうか。

　じつはそんなことを考えることが保育理念と直結するばかりでなく，園庭の環境ともつながっているのです。2005年に国連で採択されたESD（持続可能な開発のための教育）への取り組みについても関心をもってください。そこには，この先どんな観点で教育していくことが重要なのかというヒントを，たくさん読みとることができるはずです。

　このようなことを考えながら，先の問いについてもう一度考え直してみましょう。私たち自身が自然の一部であるため，自然と調和しながら生きる力はずっと求められていきます。そう考えると乳幼児期に感じた自然遊びの楽しさは，そのまま大人になったときに，そのような環境を大切にしようと考える根っこの部分になるはずです。そのためには，アリやだんごむし，トカゲ，ちょうちょといった小さな命と触れ合うことのできる，多様性に満ちた園庭が必要だということがわかるはずです。かつての原っぱのようなところで穴を掘ったり虫を探したり，草花遊びをする環境が地域から消えていく現在は，子どもたちのためにどのような環境が必要なのかということを，保護者や地域の人たちに伝える必要があります。園庭はその意味でも地域の手本になるような場所なのです。

資料1　ESD

　ESDはEducation for Sustainable Developmentの略で「持続可能な開発のための教育」と訳されています。

　今，世界には環境，貧困，人権，平和，開発といった様々な問題があります。ESDとは，これら現代社会の課題を自らの問題として捉え，身近なところから取り組む（think globally, act locally）ことにより，それらの課題の解決につながる新たな価値観や行動を生み出すこと，そしてそれによって持続可能な社会を創造していくことを目指す学習や活動です。

　つまり，ESDは持続可能な社会づくりの担い手を育む教育です。

　ESDの実施には，特に次の二つの観点が必要です。

○人格の発達や，自律心，判断力，責任感などの人間性を育むこと
○他人との関係性，社会との関係性，自然環境との関係性を認識し，「関わり」，「つながり」を尊重できる個人を育むこと

　そのため，環境，平和や人権等のESDの対象となる様々な課題への取組をベースにしつつ，環境，経済，社会，文化の各側面から学際的かつ総合的に取り組むことが重要です。

出所：文科省・日本ユネスコ国内委員会。

---

5 遊具・道具を考える

　大型の遊具をつくるのは大変ですが，限られた環境のなかで子どもたちが豊かな遊びを展開するためには，やはりおもちゃや遊具が必要です。しかし，最初からすべて

板でつくったぴょんぴょんはねる橋

手作りの木製遊具

園庭の隅につくった田んぼ

そろえておく必要はないと思います。必要に合わせて，子どもや保育者たちがそろえたり減らしていける環境でいいと思います。シャベルも園芸店に行けばいろいろなサイズのものが手にはいります。板やパイプなど自由に使えるおもちゃは遊びをダイナミックにします。タイヤと板があれば橋をつくることもできます。四角い雨トイは水路遊びに役立ちます。ビニールのシートは池がつくれます。ビニールホースもいろいろなサイズや長さをそろえておくと砂遊びや水遊びに使えます。建設資材なども役立ちそうなものがありますので，安全性を考えて用意してみてください。木工のできる木のテーブルやいす，お店屋さんごっこができそうな小屋などもあると，遊びの基地ができるので，そこを起点にごっこ遊びがはじまります。そして，できればこのような工作は，保護者の手などを借りて，子どもと一緒につくっていくプロセスが企画できるとさらに子どもの遊びを刺激すると思います。

　おもちゃで遊ぶのではなく，おもちゃや道具を使って仲間と遊びをつくりだすプロセスこそが遊びのおもしろさです。子どものイメージが広がるような素材をそろえてみてください。

　園にはクラスの子と他の子どもたちと共有して使う場があります。それはトイレであったり，階段や廊下であったり，玄関であったりします。これらの共有の場をどのように使うかによって，子どもたちの活動エリアは随分広がるはずです。クラスも含

めた園全体が共有の場という考えをもつことによって，子どもたちの活動範囲はさらに広がります。

3 子どもの主体性を育む環境

❶ 子どもたちの絵をみんなで楽しむ（ひかり保育園の実践）

１ 布でつくった額に子どもの絵を入れる

「これどうやってつくったの」。子どもが不思議そうに尋ねてきました。子どもが指でさした先には羊毛でつくった葉っぱのペンダントがゆれていました。「これはひつじさんの毛なんだよ」「へぇ～ひつじさん！」と驚いた様子でペンダントを見つめていました。子どもが保育者の言葉に「はっ」とするとき，物を手にとって見つめるとき，心が動いて意欲につながっていくようです。そのために，子どもたちの周りにあるものを私たちは大切にし，できるだけ本物を見せてあげたいと思っています。こうして立っている私の目線の先にも，絵本作家の『じごくのそうべい』で有名な田島征彦氏の原画がかかっています。それもきっと園長の本物を大切にするようにとのメッセージで，保育者にも，またそこに集う子どもたちにもそして保護者にも伝えたいという気持ちが感じられます。

「絵画」を大切にするのと同様に子どもたちの絵も大切にしています。子どもたちの絵は，保育者と一人ひとりの子どもとの共感や対話で描かれた心の思いやねがいです。だからこそ大切に額縁に入れて，年長の保育室に限らず廊下や各年齢の保育室，玄関，ときには園外の壁の掲示板など，いろいろなところに掲げるように工夫しています。年長組の子どもたちの絵を年下の子どもたちは目の当りにしながら暮らすのですから，より一層あこがれの年長さんへの思いが募ってくるでしょう。次の写真は布をモチーフに額縁のように飾りました。これも保育者の工夫でできる技です。当園の大切な文化の一つになっていると思います。

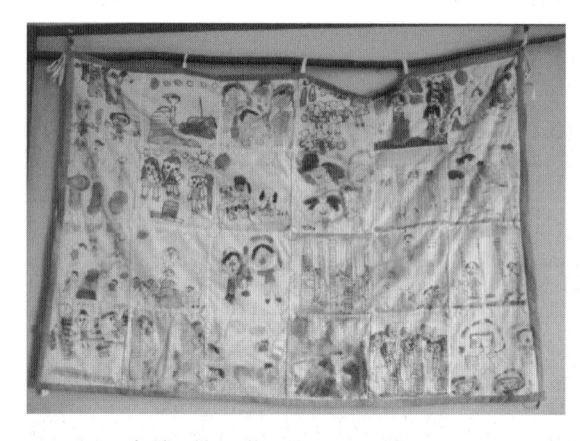

年長の絵24枚の絵をつなぎ合わせ一枚の絵として仕上げたもの

布に書いた一枚の絵を別の布でくるみ額縁のようにつくったもの

布でつくった額縁に子どもの絵を入れるという方法についてですが，これは裁縫の技術とセンスが必要です。私は常々生活するなかで保育者一人ひとりの得意とするところを把握しておくようにしています。このときのきっかけは，保育者の目につきそうなところに子どもの絵を布でくるみ額縁のように仕立て，壁に一枚飾っておきました。それに気がついた保育者から「これ素敵ね。絵がすごく生き生き見えるね。でも縫い物苦手だから無理かな」という声が聞こえてきました。周りにいた保育者にも意見を聞いています。そこへ通りかかった私が「○○さんに相談してみたら。縫い物すごく上手だよ」と助言をすると，早速○○さんを中心に「額縁をぬう会」が開かれ，○○さんは得意な縫い物のコツをていねいに教えてくれ，みんなで糸と針をもって学び合い額縁を縫うことができました。

　しかし，なかには「どうしてこういう飾り方をするのだろう」と疑問をもつ保育者もいると思います。そういうときは，その保育者の興味がありそうなところをよく観察して，美術館や版画展，絵本が好きならば作家展に誘い，一緒に行って共感することを大事にしていくようにします。また普段から四季を感じさせるものや手作りのもの，目に優しい色を使ったものを生活する空間に飾り，子どもにも保育者にも豊かな感性が育っていってほしいと願っています。

2　あこがれの年長さんが卒園した後に

　年長が卒園した後，園に残された年少の子どもたちは，名残惜しさがなかなか消えません。大好きで，いつも隣でいろいろ教えてくれた，かけがえのない存在だった年長の子どもたち。そんな年少の子どもたちのために保育者は年長が編んでくれた花のモチーフを中心に部屋をつくっていきます。壁一面に花がちりばめられ，卒園した彼らを感じることが，子どもたちを勇気づけます。

　そしていよいよ新しい活動がはじまります。

　近くを流れる佐奈川は絶好の遊び場所です。満開の桜の下で，白つめ草の冠づくり，たんぽぽの茎笛，草すべりなど，遊びは果てしなく続きます。帰りは桜の花びらのおみやげとたんぽぽの花束で両手がいっぱいです。そんなおみやげを大切に運んでくれた子どもたちと一緒に，水に浮かべたり生けたりしながら，小さいクラスへと「春」のおすそ分けをして，みんなに喜んでもらいます。

　花や虫を持ち帰った子どもたちはその名前を知りたがります。そのために，絵本や図鑑を部屋や廊下に置いておきます。

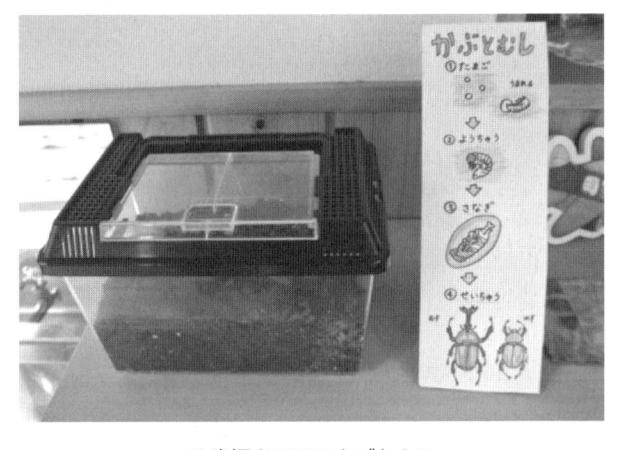

3歳児クラスのカブトムシ

春はにわかに部屋も廊下もにぎやかになる季節で，うなぎ，めだか，ザリガニの水槽，アゲハの幼虫の飼育箱であふれかえっているのです。そこにカブトムシも仲間に入ります。ここで保育者にいつも伝えていることは，飼った小動物の世話をみんなで役割をもってやり遂げることができているか，クラスで役割を話し合う機会を設けたり，小動物を飼う手段や方法をきちんと知らせたり，その後，実際に飼って育てることができているかどうかの見守り，またこのことを通して子どもたちの何を育てていこうとしているのかを確認していきます。
　保育者が子どもに「大切だ」と思うことを伝えたいように，園長や主任保育士にとっても大切なことを伝えたい気持ちは同じです。とくに保育室は，子どもたちが長い時間過ごすところなので，安心できる空間となるよう配慮がいると思います。
　・季節に合ったものが置かれているか
　・遊具や玩具は年齢に合ったものか
　・危険なものはないか
　・絵本はすぐに手にとれるように配置してあるか
　・担任保育者の思いや大切にしているところはどこなのか
など，誰もいなくなった保育室で子どもの目の高さになって子どもの動線の確認をしてみます。子どもの気持ちになって入口に立ってみたり，保育者の部屋づくりの意図を感じたりします。そこで主任保育士として気になるところがあれば他の保育者の意見を聞いてみようと職員会で提案します。ポストイットも全員の意見が集まるのでよい方法として用います。
　話し合いの方法は，実際にその保育室に全員が集まり，保育室を見渡しながら気づいたことを書いていきます。そうすると，担任保育者の配慮が見受けられるよいところや，もう少し工夫することでもっと効果的に見えるところなど，今後の参考になる意見が多くあげられます。主任保育士が気づかなかったことを指摘されたりすることもあります。この話し合いを通して担当保育者をはじめ，他の保育者も保育室の環境を客観的に見ることの意味や，自らの問題点に気づくこともあり，話し合いの大切さを感じとっているようです。

3　年長さんの畑仕事

　カブトムシが成虫にかわるころ，年長さんが毎日水やりをしている畑にキュウリやミニトマトにナス，ピーマン，オクラ，落花生，がなります。
　畑は園から離れたところにあるので，水やりも容易ではなく，2リットルか3リットルのペットボトルに園の井戸水を汲み畑まで往復します。
　みんな汗だくになりながら，籠を背負い，毎朝，毎夕出かけていきます。とくに大変なのが畑の草取りですが，楽しくできるように工夫しています。
　グループ別に袋を決め，どのチームが早く草を袋にいっぱい詰めることができるかと競い，しかも収穫したものがもらえるというご褒美つきなのでやる気も出てきます。形はいびつなものが多く，折れ曲がったきゅうり，円を描いたようなもの。くっつい

たミニトマトは「ハートに見える」「地球に見えるね」と,仕事の汗をぬぐいながら互いに満足しておいしく食べています。

また,自分たちだけで食べるのではなく,年下の子どもたちに分けてあげると,「おいしーい！ うまい！ おひさまの味がするね」と大絶賛されます。ときには,給食のサラダに,お泊まり保育のカレーに使われ,年長さんの野菜は大活躍です。何よりみんなの役に立てている充実感に支えられている年長さんなのです。

私たち保育者は子どものための環境を"子ども用の環境"として限定するのではなく,私たちがやってみて気持ちがよかったこと,一緒にできたらうれしいことを子どもたちの発達に合わせてつくりだしていくことを大切にしています。

これから畑の草取りに行ってきます

4　竹馬への挑戦がはじまる

秋は年長児にとって特別な季節です。体を思いきり動かして遊ぶことや日頃の散歩で培った力を発揮するときでもあります。何にでも挑戦できる力が備わってきています。

がんばろうかい（運動会に当たるもの）で年長児は,入場の竹馬行進をします。竹馬は,乗りこなすまでに一カ月近くかかります。お母さんや,お父さんも時間をつくっては練習に付き合ってくれています。竹馬を乗りこなすため,テラスに一本歯の下

竹馬に乗る5歳児

岩登りで全身を鍛える4歳児

駄を置いていつでも遊べるようにしたり，園庭の角材を平均台のように並べ，いつでも乗りどこでも遊べる環境を日常のなかに組み込んで，バランス感覚や平衡感覚を養うようにしています。

さて2週間もすると，ほとんどの子どもの竹馬の足台が大人の腰の高さくらいまであがってきます。最終的には大人の背丈くらいの高さになりますが，高さではなく，これはあくまでも自分への挑戦，その過程を大切に見守りたいものです。

「がんばろうかい」が終わると次は「どこまであるけるかい」があります。いままでの散歩とは異なり朝7：30に出発すると夕方18：00ごろまでかかる長い散歩です。（23キロメートル）

途中には登山も含まれています。ここでも，田んぼのあぜ道の草花を摘んだり，リースにつかう葛のつるをとったりして楽しみながら歩き，石巻山（豊橋市）が近づいてくると子どもたちは走って山に駆け登ります。その石巻山の頂上で，あまりの景色の雄大さに感動し「あー日本に生まれてよかった」という言葉が聞かれたこともありました。

このようにさまざまな経験や体験を通して，子どもたちはたくましい力を身につけ育っていくのですが，保育者も同じで，豊かな感性や，豊かな環境をつくりだす力は，日常の積み重ねが大切だと思います。

さいわい当園は園外保育が多い園なので，散歩を通して子どもも保育者も草花の名前を知り，季節の移り変わりを肌で感じて自然に興味をもつことができます。主任が同行すると，子どもたちが「この草はなあに？」と聞いてきます。「これはヨモギ，消毒の役目があるんだよ」と答えるとみんな次々に草花の名前を尋ねてきます。保育者と実際に道を歩きながら「ここはドングリやぎんなんが落ちるところだから見逃さないでね。ここは車が多いから回り道をしましょう」と先輩として経験したことを伝えていき，保育者が安心して散歩に取り組むことができるようにサポートしていきます。道を歩いていてムラサキカタバミ（根っこ）が食べられる草と知って，さっそく摘んで食べる子どもたち，その姿に思わず「子どもたちってすごい」と感動している保育者たちの姿があります。そして「私も食べてみたらおいしかったです！」と感激して，素直に子どもたちと笑い合う姿がやがて豊かな感性につながっていくと思います。

季節の変わり目，それぞれの保育室で保育者はいままでの話し合いや経験を活かして部屋づくりをします。「3歳児の保育室は次の活動のため壁にリースを飾ってあるのか」「4歳児がこの前和紙を染めていたのは，旗をつくるためだったのか」と保育者の意図を感じとりながら保育室を見て回り，廊下やホール

桜の木の下で花びらを集めてあそぶ子どもたち（4月）

の片隅，子どもたちがよく遊ぶスペースに，自然の物や子どもたちが散歩で摘んできた草花，拾ってきた木の実を飾って保育室と雰囲気をつなげていきます。さらに保育園全体の環境に統一感がでるようにコーディネイトしていくこともつねに心がけています。

　子どもたちの周りにあるもの，環境はとても大切なものです。そこにいる園長の，主任保育士の，担任保育者の，メッセージが込められていなければ豊かな環境とはいえないでしょう。そのメッセージが適切で，当園の子どもに合ったものであるためにはまだたくさんの学びと経験が必要です。子どもの育ちを大切にする環境を保育者一人ひとりが意識し，互いに思いを出し合い，ときにはぶつかりながらも"子どもの自主性を育む環境"を全員の保育者で目指していきたいと思います。

❷ 園の装飾を見直す（かもめこども園の実践）

　園の装飾について大事にしたいことは，居心地のよさでしょうか。鉄筋コンクリート造りの園舎を改修の機会に，木の素材を多く使い家具や床をフローリングにと木製

玄関ホール

玄関周りの設えと装飾①

玄関スロープにハーブの香り

玄関周りの設えと装飾②

仕立てに，部屋から廊下を行き交う様子や園庭が見渡せるようガラス張りの明るさ，自然光を取り入れる園舎づくりに取り組んできました。乳幼児の子どもたちが家庭を離れ，長時間過ごす生活の場である園が"もう一つのおうち"のようにくつろげる空間，居場所であることがとても大切です。また，保護者にとっても毎日通う園は，どこか素敵と感じ出入りしやすいことがとても大事で，親子に原風景として，心に刻まれていく場所でもあるはずです。"居心地のよい"子どもと共に過ごす生活の場づくりを職員間で共有し，それぞれの部屋やコーナーをデザインするとき，子ども目線の高さと，大人目線の高さを意識しての展示を工夫し，装飾していきます。

　また，装飾で使う色は，自然物に合う控えめな色彩，落ち着く色でまとめます。子どもの生活環境に自然物を取り入れることで，園内の生活空間が和らぎ，さりげなさと落ち着きと安らぎが生まれます。

　日本の園では古くから壁面装飾といって季節ごとに色画用紙などを使って壁に子どもたちの喜びそうな装飾を切り張りして飾ってきました。運動会が近づくと「動物たちの運動会・よーいどん」でスタートから走り出す動物たちのかけっこ。運動会が終わると今度は落ち葉に潜って遊ぶ子どもたちの姿に早変わり，そしてクリスマスには……など，次々保育室の壁に保育者が創る装飾が貼られていきました。子どもたちが喜ぶからとかわいいキャラクターも登場し大賑わいの保育室だったりすることもありました。もちろんいまでもそうした装飾がなされている園はないわけではありませんが，果たしてそのような装飾が，子どもたちの生活の場にふさわしいものであるかどうかを見直してみる必要があるのではないでしょうか。

　季節にふさわしいものであってほしいということから，貼っては外し，また1～2カ月経つと新たに貼り替える……そうした目まぐるしく貼り替えられる装飾を子どもたちは心に残しているでしょうか。

　保育室は，子どもたちにとって心身ともに心地よい場所であることを最優先しながらも，そこで生活する保育者自身にとっても気持ちが安らぐ心地よい場であってほしいものです。そもそも園は，家庭に代わる場です。前述のような室内装飾をしている

玄関ホールに季節のテーブルとベンチ　　　　　　　食事などサンプルケースと食育ボードを活用

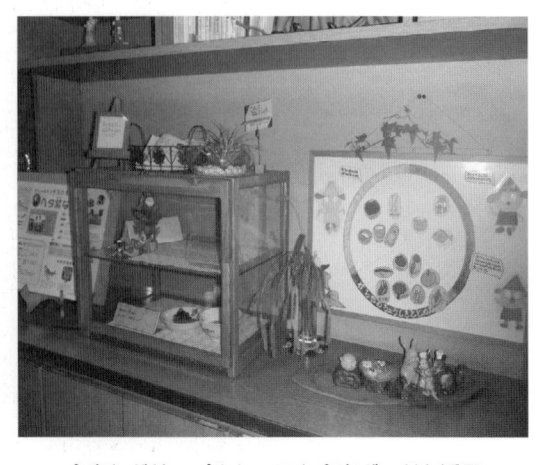

家庭はまずありません。家庭では花瓶に花を飾ったり，植木鉢を置いたり，絵の好きな家庭は額縁入りの絵を飾ったりしています。花は生き物ですから枯れたら替えますが，絵などはほとんど変えることはありません。子どもたちの視線からいつもそこに絵があります。きっと大きくなってどこかでその絵と同じものを見つけたら「うちの玄関にいつも飾ってあった絵だったな」と思い出すことでしょう。感性が著しく育まれる幼い子どもたちにとって，本当に心安らぐ環境とはという視点で改めて考えてみることもいいですね。以前からずっとやってきたことだからというだけで，装飾も年中行事のようにしてしまわないことを考えてみましょう。

　子ども目線の高さには，子どもの作品を額に入れて飾ったり，季節の花や農園で採れた夏野菜，栗やアケビといった季節の自然物を置き，紹介したりします。大人目線の高さには絵本の啓蒙や子どもの生活や遊びの様子を写真で語り，手作りの額に入れて飾ったり，保護者と共有したい童詩をイーゼルや壁面を利用して紹介しています。

玄関ホールつづきの廊下の壁面には，子どもの描画を飾るアートコーナー。額に入れ，コメント付で展示。その下には子どものスナップ写真などで遊びの様子を紹介するなど，美的に飾ります

園庭の自然物や童詩を紹介

玄関ホールの突き当たりは，保護者への発信ボード。子育て支援ニュースなどを掲示。グリーンで彩りを添えます

絵本ルームの入り口には季節の絵本を紹介。
足元には季節の花を飾る

絵本の表紙を見せて飾れる絵本ルーム。
地域の親子も含め，絵本の貸し出しもしています

絵本紹介ボード

トイレ入り口の壁面に絵を飾る。床にはベンチ

　このことが園内の装飾となり，園生活を保護者に発信し，園の思いを伝えるコミュニケーションツールにもなります。
　園内には観葉植物もたくさん取り入れ，玄関や各部屋，コーナーで大事に育てています。日常生活のなかで水やりや世話をする保育者の姿に子どもや保護者が出会っていきます。親子がグリーンや季節の草花や自然の便りに癒され，ホッと憩える場が園生活の暮らしのなかにあることを大切にしています。

乳児室

小窓にカフェカーテンとモビールグッズを飾る

子どもの遊びの様子をスナップ写真で飾る

3歳以上児の部屋のインテリア

部屋の壁面装飾

手洗い場上（コーナー）の壁面装飾

4 安全な環境の点検と整備

❶ 怪我をさせないことが安全保育？

　新聞やテレビで乳幼児の保育施設における事故や死亡が報道されると，他人事ではなく緊張し心が痛みます。厚生労働省が2014年1月1日から12月31日までの，保育施設における事故報告を公表しています。

資料2　保育施設における事故報告集計（平成26年1月〜12月報告について）

平成26年1月1日から12月31日までの間に厚生労働省へ報告のあった，保育施設における事故報告を取りまとめました。

1．事故報告の対象
　保育施設において発生した「死亡事故や治療に要する期間が30日以上の負傷や疾病を伴う重篤な事故等」を報告の対象としています。

2．事故報告の概要
　平成26年度中に報告のあった事故は177件でした（認可保育所155件，認可外保育施設22件）。
　負傷は160件（骨折が133件，指の切断や唇や歯の裂傷等のその他が27件，意識不明と火傷は0件）で，年齢別では5歳児の54件が一番多く，4歳児35件，3歳児22件と続きました。事故の発生場所は園内（室外）が70件，園内（室内）が67件，園外が23件でした。
　死亡事故報告は17件で，年齢別では0歳児の8件が一番多く，1歳児5件，4歳児3件となりました。事故の発生場所は園内（室外）が1件，園内（室内）が15件，園外が1件でした。

	負傷等					死亡	計
		意識不明	骨折	火傷	その他		
認可	150件 (135件)	0件 (0件)	124件 (104件)	0件 (2件)	26件 (29件)	5件 (4件)	155件 (139件)
認可外	10件 (8件)	0件 (1件)	9件 (3件)	0件 (0件)	1件 (4件)	12件 (15件)	22件 (23件)
計	160件 (143件)	0件 (1件)	133件 (107件)	0件 (2件)	27件 (33件)	17件 (19件)	177件 (162件)

※（　）は平成25年の事故報告件数
※「意識不明」は，平成26年12月末時点の状況
※「骨折」には，切り傷やくも膜下出血等の複合症状を伴うものが含まれる
※「その他」には，指の切断，唇や歯の裂傷等が含まれる
※「死亡」のうち1件は，SIDS（乳幼児突然死症候群）

参考：認可保育所と認可外保育施設の施設数と利用児童数
①認可保育所
　施設数24,425か所　　利用児童数2,266,813人（平成26年4月1日現在）
②認可外保育施設（事業所内保育施設を除く）
　施設数7,834か所　　利用児童数200,721人（平成25年3月31日現在）

出所：『保育の友』全国社会福祉協議会，2015年4月，24ページ。

　死亡事故が17件，年齢別では0歳児の8件が最多，1歳児5件，4歳児3件でした。0，1歳児は，自分で危険を察知して身を守ることができません。何かを察知したとしても言葉で訴えることすらできません。保育者の手厚い養護が求められます。2011

年度の厚生労働省における同じ報告書が手元にありますが，死亡事故は14件あり，やはり０歳児が最多で７件，３歳以上児は０件でした。死亡事故を起こしやすいのは午睡中の０〜２歳，治療に要する期間が30日以上の負傷や疾病をともなう事故などの怪我は３歳から５歳に多かったようです。

　ここで子どもの事故を未然に防ぐための「安全管理」と「安全指導」について考えてみます。前者は「子どもの生活する環境を整備し，事故を未然にふせぐこと」，後者は「子どもの育ちを見通しながら，子ども自身に基本的な行動のあり方を体得させ，子どもなりに危険に対する予測や判断ができ，安全に行動できるようにすること」です。「保育所保育指針」の第３章「保育の内容」の健康領域にも「⑨危険な場所や災害時などの行動の仕方が分かり，安全に気を付けて行動する。」ことがおさえられています。

　安全保育というのは，「怪我をさせない保育」ではなく，子どもの成長とともに，「自分で自分の身を守れるようになっていく力を養っていくこと」でもあります。子どもは精いっぱい遊びに挑戦することで必ず失敗やリスクが生まれます。「だからやめなさい」ではなく，どの時点がその子の限界なのかを把握することが重要です。子どもは本来自己治癒力や自己回復力をもっています。小さな怪我をすることによって危険に対する自己管理能力や人への思いやり「ぼくも転んでけがしたとき痛かった，今転んで泣いている○○ちゃんもどんなに痛いだろうな……」など，自分の経験を通して相手への思いやりや配慮を学習していきます。どこからどこまでを怪我というのでしょうか。ちいさな怪我は怪我とはいわず，傷ができたと分けて話すようにしてはいかがでしょうか。

　われわれ大人も子どものときはたくさんの傷をつくり，怪我もしてきました。大きな取り返しのつかないような怪我は，断じて防がなければなりませんが，小さな傷を体験しながら「今度は気をつけよう」と自身で注意するようになります。

　多くの園では，主任・副園長がこの安全管理，指導の責任者になっているのではないでしょうか。しかし，ここをどう考えていくか最も悩まれることでしょう。

　まず「安全管理」が行き過ぎると，子どもたちの遊びが制限され，たくさんの「お約束」で子どもたちを拘束し，安全な遊び方を子ども自ら身につける機会を奪い，その結果として保育者の思いもかけないような怪我が増発してしまうのではないでしょうか。40年ぐらい前から子どもたちが戸外で遊ぶ環境がなくなってしまい，運動遊びの不足から"子どもたちの体が危ない""体力の低下が著しい"と訴えられてきました。現場で直接子どもたちと関わっている保育者たちからは「遊んでいても簡単に怪我をしてしまう」「すぐ疲れたっていう」「椅子に座るとすぐもたれる」「こんなちょっとした段差にひっかかって転んだだけなのに骨折してしまう」「転んでも手が出ないので顔面や頭の怪我が多くなっている」「鬼ごっこは楽しくっていいけれど，走っていてよけられずによくぶつかってしまい，それが怖い……」「外に出たがらない子もいて，誘い出すのに大変」など，たくさんの悲鳴です。

　だからといって「あれも危ない」「これも危ない」と遊びに対して禁止や制限ばか

りしていたら，前述の通り体力も健康も危うくなり，発達の歪みも生じてしまいます。さらに子どもの怪我に対する保護者からのプレッシャーも大きく，保育に対する「葛藤」はほんとうに深刻です。

❷ 園には安全配慮や「リスクマネジメント（危機管理）」の義務がある

保育者の仕事は「養護」，すなわち「子どもの生命の保持と情緒の安定をはかるために大人がおこなう世話」です。保護者からは大切な子どもの命を預かっています。子どもの命を守り育てること，そのために最も必要なことは何でしょうか。

① ヒヤリハットを記述し検討する

リスクマネジメントとは，事故を未然に防ぐためにおこなわれるもので，事故が起こるかもしれない危険性（リスク）をまず把握します。実際にはリスクは現実化されなかったけれども，現実化されそうだったヒヤッ，ハッとした体験・インシデントに気づき，事故が起こりうる危険性や可能性として把握します。そしてインシデント事例をみんなで分析します。「インシデントがなぜ起こってしまったか」を見直し，今後の事故防止へつなげます。

② 園内環境の点検，整備

いつも全員で環境点検をすることは難しいので，主任・副園長をリーダーとして安全管理委員会を組織し，園の安全チェックリストをつくり，「危険と思われるすぐに修理改善を必要とする所」「危険度は少ないが改善が必要な所」の項目を設け，定期的に園内の環境点検をおこないます。そのチェックリストは，全国私立保育園連盟で出版している『保育園の安全配慮チェックリスト』にも詳しく掲載されていますので，参考にしてください。点検したことを次に全体の会議で報告検討します。職員全員での点検整備も年間計画に加え，期に1回はおこなうとよいと思います。

③ 保護者に保育園の方針，確かな情報を伝える

年度の最初の保護者懇談会などで園の「安全管理」や「安全指導」についての話し合いをするといいでしょう。「どこからどこまでを怪我というか？」「子ども自身が自分で自分の身を守れるようになっていくために，園としてどういう保育をしているか？」。それは子どもたちからあらゆる危険を排除してしまうことではないこと，危険がある所で子どもたちの判断力が養われていくこともあることなどを伝え，子どもたちが本来的にもっている，自らを守る能力や感覚を鍛えていくことも遊びが果たす役割であることなど，保護者の子ども時代を振り返ってもらいながら話し合います。そして保育者も保護者も基本として子どもは成長しつづけその過程においてはみんな葛藤があること，失敗や小さな怪我をして痛い思いを味わったり，友だちとのトラブルがあったり……それが成長の原動力になっていること，転ばないで歩けるようになった子はいないことを確認し合います。大人からはだめイメージに思われること，紆余曲折こそが，子どもの成長の過程だということを共通理解していきたいものです。

> **資料3　事故の3要素についてのチェックポイント**
> (1) 子ども：異常はないか？　体調の変化はないか？
>   動き方，息づかい，明るさ，笑い，食べ方など
>
> (2) 保育士：自らのコンディションはどうか？
>   ストレス，健康状態，疲労など
>
> (3) 環境：安全な環境にあるか？　現場対応整備状況は？
>   ルーティング時とイベント時の差に隙間ができる
>   化学物質によるシックススクール症候群の保育園版はないか？

出所：全国私立保育園連盟編『保育園の安全配慮チェックリスト』筒井書房，2003年，8ページ。

❸ 事故が起きたときの対応

　事故が起きたときは，(1)事実をきちんと把握する，(2)適切な救急処置をする，(3)緊急の連絡体制で，責任者（留守のときは次の人）にすぐ連絡をとる，(4)保護者には事故が起きたときの状況，職員の対応，その後の処置，をありのまま伝え，詫びる，ことが大切です。

　主任・副園長は，職員全員会議を開き事故報告をおこないます。非正規職員にも必ず伝えるようにします。事故が起きた状況，対応，そしてなぜ起きてしまったのか。当事者の考えを聞き，職員間のなかでの事実関係をはっきりさせ，みんなで考えます。そしてそこででた大切な学び，共有しておかなければならないことを明確にします。そして主任・園長が話し合ったことがあればそれを伝えます。会議記録は必ずとるようにします。

　次頁の図は私が園長をしていたとき，園にすでにあった「受診のめやす」です。事故に限らずどんなときに受診をしたらよいかが一目でわかり，とても参考になりました。事務室の目立つところに貼っておくとよいかもしれません。

❹ 子どもたちの運動能力，体力を伸ばす保育を柱にする

　子どもの体力，運動能力が低下し，さらに多くの子どもたちは毎日自家用車または自転車で登園します。中村和彦氏が『子どもの体が危ない』（日本標準出版社，2004年）という本のなかでその原因をわかりやすい図にしています。

　文部科学省では子どもたちの「体力・運動能力調査」をおこない，1985年前後をピークに著しく低下の傾向にあることを報告しています。またこのような体力，運動能力の低下は「低年齢化傾向」にあり，小学校低学年，さらには乳幼児期からはじまっていることを指摘しました。体力，運動能力の低下の直接的な要因としては，「基本的な動きの未習得」「運動量（歩数）の減少」をあげています。そこで文部科学省では2012年3月に幼児の身体活動のあり方を示した「幼児期運動指針」を策定しました。それが全国すべての保育園，幼稚園に配布されているはずなのですが保育園の保育者の多くは知りません。それではとても残念です。その内容がとてもいいので改めてこ

資料4　受診のめやす

○ 頭部打撲
　→脳外科又は救急車
出血やくぼみができた
意識がない
痙攣している
顔色が悪く嘔吐を繰り返す

○ 目を打つ・刺す→眼科
出血がある
目が開けられない
涙が止まらない
瞬きが多い

○ 口唇挫創→口腔外科
傷の深さ広さ出血量が大きい
傷跡が残る可能性大
→形成外科

○ 耳鼻→耳鼻咽喉科
刺して出血した
異物を詰め込んだ

○ 誤飲した
　→総合病院小児科
漂白剤やトイレ用洗剤など
ガラスやびんの破片
お金や電池

○ 顔面挫創・擦過傷
　→形成外科
傷跡が残る表皮がむけた傷

○ 骨折した
　→固定して整形外科
内出血や出血，腫れ，変形がある
激しい泣きや顔色不良
腕や足に力が入らず使わない（鎖骨骨折）
腋下を支えて抱くと泣く

○ 歯の打撲→歯科
ゆれや出血がある

○ 異物が喉に詰まった
　→救急車を呼ぶ
目を白黒させる
顔や唇の色が青くなる
呼吸が苦しそうでぜーぜーしている

○ 肘がぬけた（肘内障）
　→整形外科
（腕を引っ張るとおこしやすい）
だらんと腕を伸ばして使わない
動かすと痛がりおもちゃがもてない

○ 裂挫傷→止血して外科
傷口が大きい，出血が多い
傷が深い
傷に汚れがついている
傷にガラスなどが入っている
縫合の必要がある

○ 指をはさんだ→外科又は整形外科
出血，内出血，腫れがひどい時
骨折が疑われる場合

○ 水におぼれた→救急車
呼吸していない（蘇生法参照）
顔色口唇色不良
意識がない

救急車を呼ぶめやす
意識が無い→人工呼吸など
呼吸していない→蘇生をしながら
唇の色が紫色
頭，胸，お腹の激痛を訴える
大量出血
骨折
吐血や下血

○ やけど→救急車，軽傷は皮膚科
全身の10％以上の熱傷
足首から下や顔の熱傷
皮膚がむけてしまった
傷が深く白っぽい灰色の皮膚

○ 蜂に刺された→病院
腫れがひどい
一度に何箇所も刺された
息苦しい様子→救急車

（平和保育園）

幼児期運動指針

普及用パンフレット
幼児期運動指針策定委員会

幼児は
様々な**遊びを中心**に、
毎日、合計60分以上、
楽しく体を動かす
ことが大切です！

※この指針は、運動習慣の基盤づくりを通して、幼児期に必要な多様な動きの獲得や体力・運動能力の基礎を培うとともに、様々な活動への意欲や社会性、創造性などを育むことを目指すものです。

※幼児にとっての運動は、楽しく体を動かす遊びを中心に行うことが大切です。また、体を動かすことには、散歩や手伝いなど生活の中での様々な動きを含めます。

※この指針における幼児とは、3歳から6歳の小学校就学前の子どもを指します。

文部科学省

幼児期運動指針 Q&A

Q1 どうして幼児期運動指針が必要なのでしょうか？

A1 社会環境や生活様式の変化から、現代の幼児は体を動かして遊ぶ機会が減少していると考えられます。そのため、多様な動きの獲得の遅れや体力・運動能力の低下だけでなく、運動・スポーツに親しむ資質や能力の育成の阻害、意欲や気力の減弱、対人関係などコミュニケーションをうまく構築できないなど、子どもの心身の発達にも重大な影響を及ぼすことが懸念されます。
このような状況を踏まえると、幼児期に主体的に体を動かす遊びを中心とした身体活動を、生活全体の中で確保していくことは大きな課題といえます。そこで、幼児期の運動の在り方についての指針を策定しました。

Q2 なぜ、合計60分以上という時間の目安を立てたのですか？

A2 幼児が自発的にたくさん体を動かすことは、多様な動きを獲得したり、体力・運動能力が高まったりすることに効果的だと考えられますしかし、「たくさん体を動かしましょう」というだけでは、どの程度の量を確保したらよいのかわかりません。そこで、実行可能でわかりやすい目安を立てる必要があることから、「60分以上」として示しました。また、運動の時間だけが問題なのではなく、どのような身体活動を行うかがより大切になってきます。ですから、この時間が絶対的なものではなく、運動量を確保するための目安と考えてください。
また、「合計」という言葉が付加されているのは、楽しく体を動かす遊びや、散歩や手伝いなどを含めて、それらの合計が毎日60分以上になることを示しています。ですから、60分間の運動プログラムをつくることを推奨しているのではありません。幼稚園、保育所などでだけでなく、家庭での身体活動も含めて、体を動かす機会を増やすことがねらいです。

Q3 体を動かすことにはどのような意義がありますか？

A3 幼児期において、体を動かす遊びを中心とした身体活動を十分にすることは、基本的な動きを身に付けるだけでなく、生涯にわたって健康を維持し、積極的に活動に取り組み、豊かな人生を送るための基盤づくりとなります。
楽しく体を動かす遊びは、生涯にわたって運動・スポーツを楽しむための基礎的な体力や運動能力を発達させ、様々な活動への意欲や社会性、創造性などを育む機会を与えています。ガイドブックには、幼児期の運動の意義として「体力・運動能力の向上」「健康的な体の育成」「意欲的な心の育成」「社会適応力の発達」「認知的能力の発達」の5項目について説明されています。

📖 詳しくは「幼児期運動指針ガイドブック」第2章を参照してください。

Q4 幼稚園・保育所だけで取り組むのでしょうか？

A4 幼児にとって体を動かすことは遊びが中心ですが、散歩や手伝いなど生活の中での様々な動きも大切です。そのため、幼稚園・保育所などに限らず、家庭や地域での活動も含めて考える必要があります。
登園日がない日でも体を動かす必要がありますから、保育がない時間の確保について、保育者だけでなく保護者も工夫をすることが望まれます。体を動かすことが幼稚園や保育所などでの一過性のものとならないように、幼児が園生活で体を動かして遊ぶ様子などを家庭や地域にも伝え、連携し、共に育てる姿勢をもつことが大切です。

📖 詳しくは「幼児期運動指針ガイドブック」第3章を参照してください。

幼児期運動指針のポイント

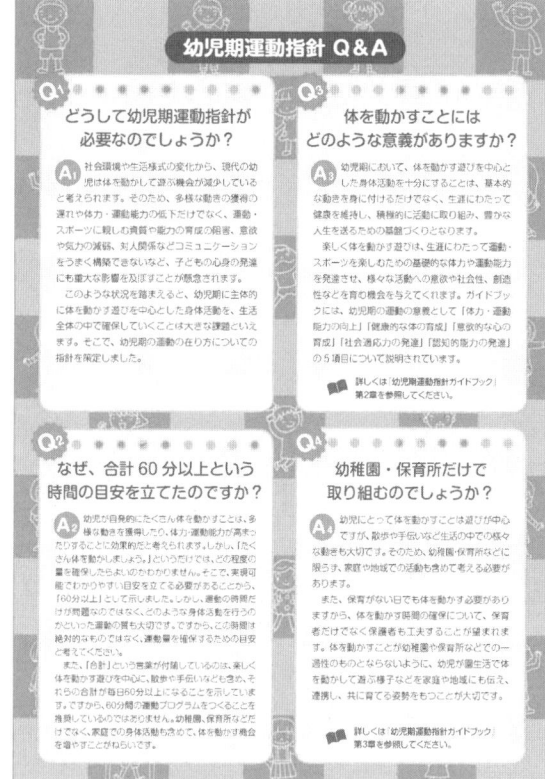

📖 詳しくは「幼児期運動指針ガイドブック」第1章を参照してください。

ポイント1 多様な動きが経験できるように様々な遊びを取り入れる

ポイント2 楽しく体を動かす時間を確保する

ポイント3 発達の特性に応じた遊びを提供する

①幼児期は運動機能が急速に発達し、多様な動きを身に付けやすい時期です。この時期に体をたくさん動かすと、普段の生活に必要な動きをはじめ、とっさの時に身を守る動きや将来的にスポーツに結び付く動きなど、多様な動きを身に付けやすくなります。

②体を動かす遊びには、多様な動きが含まれます。ですから、幼児が夢中になって様々な遊びをすると、結果的に多様な動きを経験し、それらを獲得することができるのです。

①ある程度の時間を確保することは、その中で様々な遊びをし、結果として多様な動きを獲得することにつながります。幼児期運動指針では、多くの幼児が体を動かす実行可能な時間として、「毎日、合計60分以上」が望ましいことを目安としています。

②文部科学省が実施した調査では、外遊びをする時間が長い幼児ほど体力が高いものの、4割を超える幼児の外遊びの時間が1日1時間（60分）未満でした。

①幼児期における運動は、適切に構成された環境の下で、幼児が自発的に取り組む様々な遊びを中心に、体を動かすことを通して、生涯にわたって心身ともに健康的に生きるための基礎を培うことが重要です。

②幼児期は心身の発達が著しい時期ですが、その成長は同じ年齢であっても個人差が大きいので、幼児に体を動かす遊びを提供するにあたっては、一人一人の発達に応じた配慮が必要です。

③体を動かす遊びが自発的に行われるようにする必要があります。遊びが楽しく、幼児が自ら様々な遊びを求めるようになれば、遊びもさらに広がり、一層、多様な動きを獲得できるようになります。

幼児期において運動を身に付けていくにあたっては、トレーニングのように特定の動きばかりを経験したり、運動の頻度や時間が高過ぎ、時間の感覚にストレスが加わるなどにつながったりしないよう注意が必要です。

③「毎日、合計60分以上」という目安は、世界保健機関（WHO）をはじめ多くの国々で推奨されている世界的なスタンダードです。もちろん時間だけが問題なのではなく、様々な遊びを中心として、散歩や手伝いなど多様な動きを経験することが必要です。

幼児ぎらいほど、体を動かして遊びますが、本来はすべての子どもに含まれるべき動きなのですが、環境や友達などの要因もあります。そのため、遊びを含む1日の生活の中で「毎日、合計60分以上」と設定しています。

③幼児はその時期に発達していく体の諸機能を使って動こうとしますから、発達の特性に合った遊びを提供することは、無理なく多様な動きを身に付けることができるだけでなく、けがの予防にもつながります。
また、幼児の身体諸機能を十分に生かし活動意欲を満足させることは、幼児の有能感を育むことにもなり、体を使った遊びに意欲的に取り組むことにも結び付きます。

※幼児に早急に結果を求めるのではなく、小学校以降の運動や生活にもわたってスポーツを楽しむことができる基盤を育成することを目指すことが重要です。

第6章 ●「保育の環境づくり」とその見直し ●207

こに掲載させていただきます。ポイントとしては，(1)多様な動きが経験できるようにさまざまな遊びを取り入れること，(2)毎日合計60分以上の楽しく体を動かす時間を確保すること，(3)発達の特性に応じた遊びを提供することを具体的に示しています（これは3歳以上児を対象にしたものです）。

園でも子どもたちの現実をふまえ，子どもたちに楽しく，のめり込めるような運動遊びを体験させたいものです。とくに鬼ごっこは心の底からわくわく，ドキドキの興奮をかきたて，夢中になれる活動です。楽しく継続していく運動遊びを取り入れて，子どもたちの体力の回復に園ぐるみで取り組んでいただきたいと思います。体も心も健康な子どもたちに育ちますように……。

5 ヒヤリハットの整理と活かし方

❶ 大きな事故に隠されたヒヤッとハッとする瞬間

保育の現場において子どもの予測できない動きによる「ドキッ」とする瞬間は多くあると思います。そして，この「ヒヤリハット」という言葉が多くの人に知られるようになり，このヒヤリハット事例を整理するときに大切な考え方が「ハインリッヒの法則」です。ご存知の方もおられると思いますが，1件の重大な事故の背後には29件の軽い事故があり，300件のヒヤリハット事例が存在するという考え方です。

では，保育の現場においての「ヒヤリハット」の整理は，どのようにしたら日常の保育に活かすことができるのでしょうか。

❷ ヒヤリハット事例の分析結果（恵和保育園の実践）

当園は園児が330名職員が65名の，田んぼの真ん中にあり広い園庭が自慢の保育園です。冬になると雪や雨が毎日のように降るため，外遊びの時間は少なくなりますが，一年を通して外で過ごすことが多い保育活動をおこなっています。

ここでは，当園でのヒヤリハット事例の報告と分析について紹介します（園によって，どこからどこまでを「ヒヤリハット事例」として扱うかは異なるかもしれませんが，環境も違えばまた，分析結果も変わってくるのでご参考程度にお読みください）。

私たちの園における「ヒヤリハット」は病院への受診は必要なかったが，園の看護師もしくは保育者による応急手当を必要とした事例としています。たとえば，転倒して切り傷ができたり，打ち身ができたり，また友だちと衝突してたんこぶができたりなど。

報告の仕方は看護師への報告と合わせて，月末の「ヒヤリハット報告書」に記入してもらっています。

記入欄は，①学年②氏名③日にち④曜日⑤時間⑥発生場所⑦発生内容⑧発生部位⑨症状⑩特記事項の10項目になっています。集計をしやすいように，なるべく自由記入欄を少なくしました。内容については転倒・衝突・アレルギー・転落・誤飲・とげ・

ひっかき・嚙みつき・その他という分類になり，発生部位については，口・顔・頭・上肢・下肢・腹・その他に分類しました。自由記入欄を少なくすることで，看護師・保育者もすぐに記入ができますし，集計もしやすくなります。分析のために集計をとるのであれば，なるべく自由記入欄が少ない「ヒヤリハット報告書」を使用するとよいでしょう。

　私が，この「ヒヤリハット報告書」をただファイリングするだけでなく分析をしようと思ったのには理由があります。「水・木曜日は怪我が多いな」と感じる時期や「この前もここで衝突があったな」となんとなく思える部分を明確にしたかったからです。そこで，3年間の「ヒヤリハット報告書」を分析することにより，園での事故防止につながるのではないかと思いました。

　記入時に明確に記入してほしいのは，分析の際に重要になる曜日と時間，発生場所です。「どの曜日にヒヤリハット事例が多く発生するのか」「どの時間帯で気をつけなければならないのか」「どこの場所に危険箇所が潜んでいるのか」を具体的に知ることで，ぐんと減らすことができるからです。

　実際に3年間の集計を表にしてみたら，納得できる興味深い結果が出てきました。月ごと，2カ月ごと，季節ごと，年間を通して，さまざまなパターンに分け，ヒヤリハット事例の平均集計数をグラフにして考察してみると，日常の保育で気をつけなければならないポイントが明確になりました。

　では実際に，分析結果をみていきましょう。

① ヒヤリハット事例の曜日による分析結果

　はじめに曜日別のヒヤリハット事例の平均集計数をグラフにし，考察していきます（図6-1参照）。

〈4・5月〉

　＊ 月曜日が圧倒的に多い。

　　　→(1)週末の疲れによる，(2)新しい園生活に慣れない

　春になりあたたかくなると週末に出かける機会が増えます。新しい園生活に慣れていない時期なので気持ちが落ち着かずに，月曜日の発生率が高くなると考えられます。

　その結果から，春先の園内だよりでは週末のお家でのゆったりタイムを提案したり，月曜日は職員も怪我のないように声をかけ合ったり，遊ぶときは遊具などを使わない遊びをするようにしています。

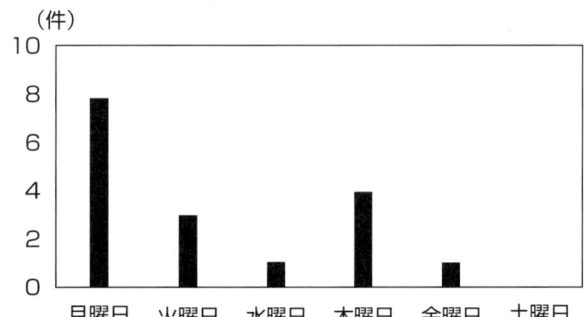

　同じように2カ月ごとのヒヤリハット事例の平均集計の分析結果にもその時期ならではの考察をすることができました。

〈6・7月〉

　＊ 曜日にあまり差はない。

　年間を通して，最もヒヤリ

図6-1　4・5月の曜日別平均集計数

ハット事例数の多い月が6月です。

　梅雨に入り，園内で過ごすことが多くなります。すると，大人もジメジメする日がつづくと苛立つように子どもたち同士のトラブルもではじめます。この分析結果から，梅雨の時期こそ晴れた日の外遊びを思いっきり楽しみ，雨が降っている日には遊具で遊ぶよりもお絵かきや粘土など机の上で楽しめる遊びをするようにしています。

〈8・9月〉

* 水・木曜日が多い。

　夏になり，外で思いきり過ごす時期になります。毎日汗をかいて，お休み日のお出かけもあり，週の中盤でやはり子どもの体にも疲れが出てくるのかなと考えられます。そんな時期の対策として，毎日の早寝のすすめをもう一度お便りでお届けし，職員朝礼では広い視野をもつよう再確認し意識を高めます。また，水曜日はNO残業デーとし，職員も疲れが金曜までもち越さないようにしています。

〈10・11月〉

* 一年間で最もヒヤリハット事例数の少ない月が10月。
* 平均集計数は差がなく水曜日が2件。その他の曜日は1件。

　秋になり公園や山などで落ち葉で遊んだり，木の実を採取したり穏やかな時間を外で過ごすことが多くなります。また，運動会や作品展などの行事がひと段落し，子どもたちも職員もホッとして過ごせる時期なのかなと思います。引き続き，秋は外での季節を感じられる活動をていねいにしていこうと思います。

〈12・1月〉

* 月〜水曜日にかけてヒヤリハット事例数が2件，週の後半は1件もしくは0件。

　全体的には発生件数は少なく，曜日に対する対策は現状維持でよいと思われます。雪遊びなどで思いきり体を動かせることも，静と動の使い分けになっているのかもしれません。また，秋が過ぎると，どの学年の子どもたちも急に大人っぽくなります。クラスでの動きが予測できるようになり，園内でも安心して過ごせるようになっているのかもしれません。

〈2・3月〉

* 金曜日が5件，その他の曜日は1件もしくは0件。

　この金曜日だけ異様に多いのがなぜか，園で話し合っても，正直，はっきりとしませんでした。しかし，思い当たることは，新年度に向けて楽しい時間だけでなく少し背伸びをした活動がはじまることが，子どもたちを疲れさせているのかもしれないという話もありました。「今度は〇〇組さんだから……」という言葉を無意識のうちに発している保育者もいます。子どもの気持ちを締めつけずに，進級することが緊張ではなく，楽しみや喜びになるような声かけと保育活動にしていこうと話し合いました。

　はじめに月ごとの集計を出してみると2カ月ごとにグラフが似ていることに気づき，2カ月おきの平均集計を分析しました。そのグラフから考察をしていると，まるで子どもたちが「先生，この日はこんな気持ちだよ」と教えてくれているような気がしました。

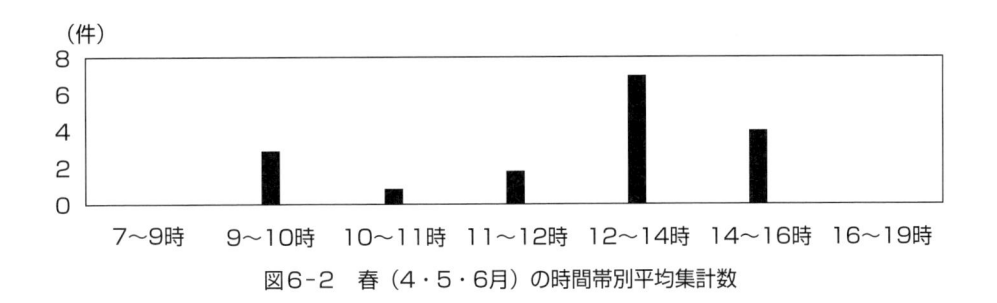

```
(件)
 8
 6
 4
 2
 0
    7～9時  9～10時 10～11時 11～12時 12～14時 14～16時 16～19時
```
図6-2　春（4・5・6月）の時間帯別平均集計数

②　ヒヤリハット事例の時間帯による分析結果

次に時間帯に分けて分析すると、ここでも日常の保育に活かされるような情報が収集できました。この時間帯については、季節の変化による3カ月ごとで分析結果に差がありました。

＊　給食の後の午睡準備の時間帯が多い。

時間帯に何をしているかと振り返ると、保育者は給食の片づけをし、午睡の準備にあたっています。とくに春は、子どもたちは新しい学年での動き方に慣れず、気持ちもまだ落ち着いていない時期です。職員の目が届きにくい時間帯に子どもたちは歯磨きやうがい、トイレなど動きの大きな活動をしているので注意が必要です。

対策として、複数の担任がいる学年では午睡準備と給食の片づけに分担を分けて保育者の視界から子どもを逃がさないよう徹底しました。なんとなく係を決めてはいたのですが、このデータの分析により、保育者の気持ちがより責任感をもって子どもたちの安全を守るようになった気がしています。そして、担任が一人の学年には、声をかけ合いながら園長も含め手伝いに行ける職員が片づけや布団を敷き、担任には子どもから目を離さないでよいように、いままで以上に協力体制を整えました。

＊　次いで、午睡のめざめから延長保育までの時間帯が多い。

午睡の準備時と同様に延長保育の部屋の移動もあり、子どもたちが2階から1階、右から左、左から右へと非常に慌ただしく感じられる時間帯です。では、対策として何をしたか。一斉に移動ではなく、学年ごとに時間を決めて、保育者同士も他の学年に声をかけながら「この時間帯は怪我をさせない」と意識して移動するように徹底しました。

この対策も「いまさら……」と思えるようなことではありますが、数値によって明確に表れていることで、すべての職員が納得をし、行動に移してくれます。

分析結果をみると「この時間慌ただしいなぁ」と自分自身が感じているとき、ヒヤリハットの発生率が高くなっています。また、季節によって気候が変動したり、保育活動の時間が行事によって変わると、ヒヤリハットの発生状況も変わってきます。現状がはっきり見えたことで、保育者の心のゆとりにもつながりました。

③　ヒヤリハット事例の発生場所による分析結果

どこで発生しやすいか分析すると、月によるバラつきがあまりなかったので、3年間の集計をもとに1カ月の平均集計数による分析結果をみていきましょう。

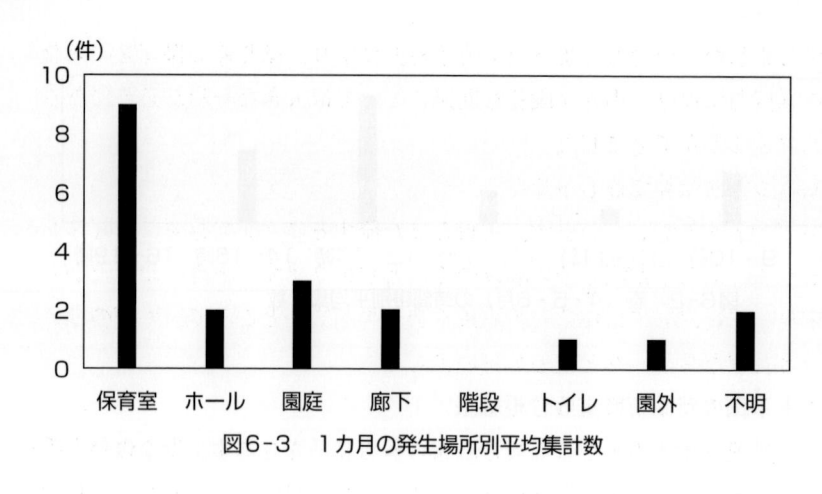

保育室でのヒヤリハット事例がこんなに多く発生していることは意外な結果でした。そして，なんだかショックでした……しかし，さまざまな活動をおこないますし，子ども同士が一番密集するのも保育室です。保育者は保育室に入ると閉鎖された空間で少しホッと気が緩むときもあります。この結果を職員に周知す

図6-3　1カ月の発生場所別平均集計数

ることで，より保育室での過ごし方に責任を感じるようになりました。

同じように驚いたのが，「階段＝危険」という認識があったのですが，階段でのヒヤリハット事例は年間の平均では0件だったのです。

確かに乳児の子どもが園内散歩で階段を昇降するときはすぐに手が届くように近くで保育者が見ていますし，幼児の子どもたちには2階の部屋を使うようになると「階段は一つずつ」「階段はゆっくりゆっくり」と声をかけますし，最後の子どもが昇降するまで保育者は見守っています。

危険箇所という認識がこの結果を生じさせたのだと考えられます。

④　ヒヤリハット事例の内容による分析結果

ヒヤリハット事例の集計から考察する過程で最もおもしろいのが，この内容による分析です。では，実際にみていきましょう。

今回は最もヒヤリハット事例数が多かった「転倒」と，考察しやすい「嚙みつき」についてピックアップしてみましょう。

　　＊　4月は転倒も嚙みつきも発生件数が多い。とくに転倒は年間で一番多い。

月別の分析のときにあげましたが，やはり，新しい部屋での活動で慣れずに転んでしまいます。とくに新入の子どもが多く転倒していたので，対策を考えるために「チャイルドビュー」という子ども目線を体感できるおもちゃのようなメガネを用い，職

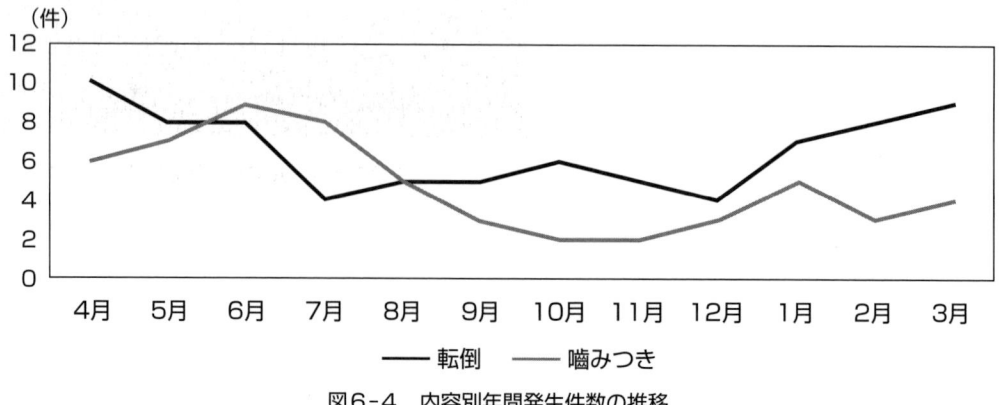

図6-4　内容別年間発生件数の推移

員で園内を観察しました。いつもとまったく違う視界になり、はじめて保育園に来た子どものような気持ちになり、小さな段差も乳児にとっては大きな一歩が必要になるのだなと再確認することができました。

　＊　6月は噛みつきが年間で最も多くなる。

　やはり、梅雨が大きく影響しています。言葉をまだ発することができずに、噛みついてしまう。そして、同じ子が同じ子に噛みつくことがあります。梅雨の時期だからこそ、部屋で密集して遊ぶのではなく、ホールやテラスの広いところで、のびのびと遊ばせてあげなければならないなと改めて思いました。

　＊　1月になると転倒がまた増えはじめる。

　歩きはじめた0歳児クラスの子どもたちの転倒が多くなってきます。歩くのが上手になるのはうれしいのですが、危険が予測されるようななかではなく、安心して歩けることができるように環境を整えました。

　このようにヒヤリハットは年間を通すと、100件は超えます。もし、この100件を振り返らずにいると、気づかないうちに300件になり、大きな事故の発生へとつながってしまうかもしれません。

　時間はかかりますが、集計し分析し考えることで、子どもたちにとって安心で安全な環境づくりへとつながりますし、保育者にとっても危険を明確に予測できることで保育の質を高めることができます。

　園の心のゆとりのためにもぜひ、ヒヤリハット事例の分析をしてみましょう。いままで気づかなかったことが見えてくるかもしれません。

二輪車でトンネルをくぐるのは楽しいな！

参考文献（執筆担当者ごとにあげています。）

〈今井担当箇所〉
今井和子『遊びこそ豊かな学び』ひとなる書房，2013年。
大宮勇雄『保育の質を高める』ひとなる書房，2006年。
岡健「自己評価　その考えと取り組み」『3，4，5歳児の保育』（2，3月号）小学館，2009年。
柴崎正行『幼児の発達理解と援助』チャイルド本社，1992年。
柏木惠子『子どもという価値』中公新書，2001年。
鯨岡峻『両義性の発達心理学』ミネルヴァ書房，1999年。
鯨岡峻『〈育てられる者〉から〈育てる者〉へ——関係発達の視点から』日本放送出版協会，2002年。
白石正久『子どものねがい・子どものなやみ』かもがわ出版，1998年。
新澤誠治・今井和子『家庭との連携と子育て支援』ミネルヴァ書房，2000年。
全国私立保育園連盟編『保育園の安全配慮チェックリスト　Ver.2』筒井書房，2002年。
高橋克徳ほか『不機嫌な職場』講談社現代新書，2008年。
本田和子『それでも子どもは減っていく』筑摩書房，2009年。
マイケル・ジーレンジガー／河野純治訳『ひきこもりの国』光文社，2007年。
森政弘『非まじめ思考法』講談社，1984年。

〈石田担当箇所〉
今井和子『保育を変える　記録の書き方　評価の仕方』ひとなる書房，2009年。
鯨岡峻・鯨岡和子『保育のためのエピソード記述入門』ミネルヴァ書房，2007年。
倉橋惣三『育ての心』刀江書院，1936年。
川喜田二郎『続・発想法』KJ法の展開と応用，中公新書，1970年。
岡花祈一郎ほか『「エピソード記述」による保育実践の省察——保育の質を高める為の実践記録と保育カンファレンスの検討』広島大学学部・附属学校共同研究機構研究紀要（第37号）2009年，229～237ページ。

〈島本担当箇所〉
太田堯『教育とは何か』岩波新書，1990年。
坂井豊貴『多数決を疑う』岩波新書，2015年。
中村桂子『「子ども力」を信じて，伸ばす』三笠書房，2009年。
マーガレット・カー／大宮勇雄・鈴木佐喜子訳『保育の場で子どもの学びをアセスメントする』ひとなる書房，2013年。

〈西垣担当箇所〉
大宮勇雄『保育の質を高める』ひとなる書房，2006年。
鎌田實『空気は読まない』集英社，2010年。
佐伯胖ほか『子どもを「人間としてみる」ということ』ミネルヴァ書房，2013年。

《執筆者紹介》（五十音順／氏名／よみがな／現職／執筆分担／＊は編著者）

浅野君枝（あさの・きみえ）社会福祉法人五郎島福祉会　かもめこども園園長
　　第6章の197ページ12行目〜201ページ

石田幸美（いしだ・ゆきみ）社会福祉法人なのはな　菜の花こども園副園長・主幹教諭
　　第2章の78ページ34行目〜88ページ17行目・第3章の100ページ20行目〜106ページ28行目・第5章の164ページ27行目〜167ページ14行目

＊今井和子（いまい・かずこ）編著者紹介参照
　　はじめに・第1章第1節・第2章（78ページ34行目〜88ページ17行目，90ページ21行目〜96ページは除く）・第3章の97〜100ページ18行目・第4章第1節，第5章第1節，第3節の158〜161ページ17行目・第6章第1節，第4節

犬童れい子（いんどう・れいこ）社会福祉法人地の塩福祉会　小羊保育園副園長・主任保育士
　　第3章第3節

大須賀裕子（おおすが・ゆうこ）豊島区文化商工部図書館課長
　　第1章第3節・第3章第2節・第4章第4節・第5章第5節

三条朋実（さんじょう・ともみ）社会福祉法人浄英会　恵和保育園副園長
　　第4章の135ページ4行目〜30行目・第6章第5節

島本一男（しまもと・かずお）社会福祉法人相友会　諏訪保育園園長
　　第1章第2節，第4節・第2章の90ページ21行目〜96ページ・第5章第2節・第6章第2節

中原裕子（なかはら・ゆうこ）元　社会福祉法人久昌会　ひかり保育園主任保育士
　　第5章の161ページ19行目〜164ページ22行目，167ページ16行目〜171ページ5行目・第6章192ページ7行目〜197ページ10行目

西垣吉之（にしがき・よしゆき）中部学院大学教育学部教授
　　第4章第2節，第3節の135ページ32行目〜137ページ10行目

写真提供協力園
　社会福祉法人五郎島福祉会　かもめこども園
　社会福祉法人地の塩福祉会　小羊保育園
　社会福祉法人相友会　諏訪保育園，長房西保育園
　社会福祉法人なのはな　菜の花保育園
　社会福祉法人久昌会　ひかり保育園
　社会福祉法人　小立野善隣館愛児園
　社会福祉法人愛泉会　えじり保育園
　社会福祉法人　なにわ保育園

《編著者紹介》

今井和子（いまい・かずこ）
元 立教女学院短期大学教授。
子どもとことば研究会代表。
23年間世田谷区と川崎市の公立保育所に勤務し，その後十文字学園女子短期大学，お茶の水女子大学非常勤講師を経て東京成徳大学子ども学部教授，立教女学院短期大学幼児教育科教授。

主著　『自我の育ちと探索活動』ひとなる書房，1990年。
　　　『子どもとことばの世界』ミネルヴァ書房，1996年。
　　　『家庭との連携と子育て支援』（共著）ミネルヴァ書房，2000年。
　　　『0・1・2歳児の心の育ちと保育』小学館，2003年。
　　　『「わたしの世界」から「わたしたちの世界」へ』（共著）フレーベル館，2003年。
　　　『今求められる質の高い 乳児保育の実践と子育て支援』（共編著）ミネルヴァ書房，2006年。
　　　『保育を変える 記録の書き方 評価の仕方』ひとなる書房，2009年。
　　　『独自性を活かした 保育課程に基づく指導計画』（共編著）ミネルヴァ書房，2010年。
　　　『遊びこそ豊かな学び』ひとなる書房，2013年。
　　　『保育士のための書き方講座』全国社会福祉協議会，2016年。
　　　『0歳児から5歳児　行動の意味とその対応』小学館，2016年，他。

主任保育士・副園長・リーダーに求められる
役割と実践的スキル

2016年4月20日　初版第1刷発行　　　〈検印省略〉
2019年7月10日　初版第9刷発行

定価はカバーに
表示しています

編著者　今　井　和　子
発行者　杉　田　啓　三
印刷者　田　中　雅　博

発行所　株式会社　ミネルヴァ書房
607-8494 京都市山科区日ノ岡堤谷町1
電話代表　075-581-5191
振替口座　01020-0-8076

© 今井和子ほか，2016　　　創栄図書印刷・清水製本

ISBN978-4-623-07648-2
Printed in Japan

今井和子・天野珠路・大方美香 編著　　B５判／美装カバー／234頁／本体2500円
独自性を活かした
保育課程に基づく指導計画
　──その実践・評価──

榊原洋一・今井和子 編著　　B５判／美装カバー／272頁／本体2800円
今求められる質の高い
乳児保育の実践と子育て支援

新しい保育講座
B５判／美装カバー

① **保育原理**
渡邉英則・髙嶋景子・大豆生田啓友・三谷大紀 編著
本体2200円

② **保育者論**
汐見稔幸・大豆生田啓友 編著
本体2200円

③ **子ども理解と援助**
髙嶋景子・砂上史子 編著

④ **保育内容総論**
渡邉英則・大豆生田啓友 編著

⑤ **保育・教育課程論**
戸田雅美・渡邉英則・天野珠路 編著

⑥ **保育方法・指導法**
大豆生田啓友・渡邉英則 編著

⑦ **保育内容「健康」**
河邉貴子・鈴木康弘・渡邉英則 編著

⑧ **保育内容「人間関係」**
渡邉英則・小林紀子・髙嶋景子 編著

⑨ **保育内容「環境」**
久保健太・髙嶋景子・宮里暁美 編著

⑩ **保育内容「言葉」**
戸田雅美・秋田喜代美・岩田恵子 編著

⑪ **保育内容「表現」**
小林紀子・砂上史子・刑部育子 編著

⑫ **保育・教育実習**
大豆生田啓友・三谷大紀・松山洋平 編著

⑬ **乳児保育**
岩田恵子・須永美紀・大豆生田啓友 編著

⑭ **障害児保育**
若月芳浩・宇田川久美子 編著

（第３巻以降続刊予定・タイトルは変更される場合があります）

──────ミネルヴァ書房──────
http://www.minervashobo.co.jp/